ALAIN PAGÈS

JOËLLE PAGÈS-PINDON

LE FRANÇAIS AU LYCÉE

Manuel des études françaises

DOCUMENTS POUR LE PROFESSEUR

NATHAN

ISBN 2-09-182838-6

Avant-Propos

On trouvera ici les Documents pour le professeur, correspondant aux exercices proposés dans Le Français au Lycée (édition revue en 1989) (1). Nous avons développé cette documentation pédagogique autant que possible, en étant conscients, cependant, du caractère relatif de certaines solutions que nous donnions. D'autres questions, aussi. Les textes littéraires de ce Manuel ne sauraient être réduits aux seules investigations que nous avons proposées. C'est pourquoi nous avons chaque fois noté les références historiques et bibliographiques des extraits, afin que l'utilisateur puisse tirer profit du choix anthologique qui a été fait (2). Rien ne détruit autant la richesse du message littéraire qu'un recueil d'exercices qui donne des textes en oubliant de les situer...

Nos collègues seront libres d'adapter le contenu de ce Manuel au niveau de leurs élèves, en fonction de leurs choix personnels. Nous nous bornerons à quelques remarques :

1. On peut faire de ce Manuel une utilisation globale, ou simplement ponctuelle. Chaque chapitre a été conçu pour être travaillé comme un ensemble autonome ; les renvois marginaux indiquent les compléments d'information indispensables. L'étude de tous les chapitres de la troisième partie n'est, par exemple, nullement une obligation : on choisira en fonction des besoins du moment les éléments qui peuvent le mieux soutenir la progression pédagogique que l'on aura adoptée.

2. Dans chaque chapitre, les exercices sont de types très variés. Chacun correspond à une exigence différente. Nous n'avons pas jugé utile de construire des batteries d'exercices répétitifs. Mais le professeur pourra éventuellement reprendre les modèles proposés pour les reproduire avec d'autres exemples, ou les appliquer à d'autres textes.

3. Est-il possible de distinguer dans ces trente chapitres ceux qui conviennent plutôt à la classe de Seconde, et ceux qui doivent être réservés pour la Première ? Tout dépend des situations pédagogiques - bien hétérogènes ! - que l'on peut rencontrer... Disons seulement qu'à notre avis, les chapitres 4, 9, 10, 11, 15, 17, 19, 20, 26, 27, 29, 30 pourront être travaillés plus efficacement avec des élèves de Première.

Nous donnons ici, à la fin de chaque chapitre, non une bibliographie exhaustive des questions traitées, mais les références des ouvrages que nous avons utilisés. Ainsi nos lecteurs comprendront-ils le trajet qui a été le nôtre dans ce travail de synthèse que nous avons voulu accomplir ; ils percevront les choix que nous avons faits, et pourront, éventuellement, les nuancer ou les contester... Nous voudrions, en terminant, signaler la dette intellectuelle que nous avons contractée auprès des revues de recherche pédagogique qui nous ont guidés, notamment Le Français aujourd'hui, organe de l'Association Française des Enseignants de Français, et Pratiques. Qu'il nous soit permis aussi de témoigner notre reconnaissance à tous ceux, collègues et amis, qui nous ont aidés dans ce travail, notamment à Thérèse Consigny, Jean-Pierre Guilmard, Marie-Françoise Jouan, Michel Jouatte, Jean et Monique Lancri, Jean Malherbe, Sylvette Ronco et François Saillard.

LES AUTEURS

---

(1) La première édition date de 1982.
(2) Les textes extraits des Annales du Baccalauréat ont été vérifiés dans leurs éditions originales.

I LES SOURCES DE LA DOCUMENTATION

1. Principes de la documentation

(Manuel, pp. 12 - 18)

Les exercices de recherche bibliographique proposés ici veulent donner à l'élève conscience de la grande diversité des documents qui sont à sa disposition, et de l'importance du choix qu'il devra faire parmi eux en fonction de ses besoins. Ils ne supposent ni la maîtrise culturelle ni encore moins la connaissance des ouvrages qu'ils citent en exemples : seules sont requises des qualités d'observation et de déduction logique.

On prendra le système de la Classification décimale universelle pour ce qu'il est : pour une méthode pratique d'identification des ouvrages. Ainsi, admettra-t-on que les cotes puissent être plus ou moins développées selon les ouvrages, ou que la cote d'un ouvrage privilégie tel aspect de son contenu plutôt que tel autre.

EXERCICES

1 Les limites chronologiques du sujet étant définies dans l'énoncé de l'exercice, il faut exclure l'étude de J.C. Payen et J.P. Chauveau. L'ouvrage de l'abbé de Broglie ne convient pas non plus : le titre et la qualité de l'auteur indiquent qu'il s'agit d'un tout autre problème que celui de la poésie surréaliste. On classera les titres restants de la façon suivante :

- Documents primaires (les oeuvres, à disposer dans l'ordre chronologique) : les Manifestes, de Breton (1924 - 1930) ; Capitale de la douleur, d'Eluard (1926) ; Fortunes, de Desnos (1942).

- Documents secondaires (les ouvrages critiques, à disposer du plus général au plus spécialisé) : le Dictionnaire, de Malignon ; l'étude de H. Lemaître ; les deux ouvrages sur le surréalisme de R. Bréchon et C. Abastado.

L'exercice invite à bien distinguer, dans la référence d'un ouvrage, entre la date de l'édition originale et celle de l'édition citée dans la bibliographie : tantôt ces deux dates coïncident, tantôt, au contraire, elles sont distinctes (cas des ouvrages d'Eluard, Breton, Desnos).

2 On exclura, bien sûr, l'ouvrage de G. Capus, qui n'évoque pas l'écrivain naturaliste, mais le spécialiste des sciences naturelles. De même, le Dictionnaire, de Vapereau ne sera pas d'une très grande utilité, car trop contemporain du sujet à étudier : même s'il comporte, dans sa 5ème édition, une notice assez développée sur Zola, les renseignements apportés sont forcément incomplets. On classera les titres restants de la façon suivante :

- Documents primaires : l'oeuvre romanesque : les romans de Zola, les contes de Maupassant, l'ouvrage collectif des Soirées de Médan ; l'oeuvre autobiographique : le Journal des Goncourt.

- Documents secondaires : il faut consulter d'abord l'introduction générale apportée par l'ouvrage de Brunel et Bellenger, puis les introductions particulières au naturalisme apportées par le "Que sais-je ?" de P. Cogny et les deux articles de l'Encyclopaedia Universalis. Ensuite, il s'agit d'ouvrages beaucoup plus spécialisés qu'on lira uniquement pour approfondir tel ou tel point du sujet : ainsi l'étude de Beuchat (deux tomes !) et celle de Dumesnil. Quant aux deux articles cités (d'A. Guedj et de M. Verne), leur consultation n'est en aucune façon nécessaire : les informations qu'ils procurent dépassent le cadre du simple exposé de culture générale.

L'exercice invite, plus nettement que le précédent, à comprendre la nature des informations que peuvent fournir les documents secondaires, qui vont de l'exposé de vulgarisation à l'étude érudite étroitement spécialisée.

3 Sont à exclure : l'ouvrage de M. Raimond, pour des raisons de chronologie ; l'ouvrage de Dournon, qui ne convient pas au sujet. On adoptera le classement suivant :

- Documents primaires : les romans de Rousseau et de Laclos (les titres sont suffisamment explicites).

- Documents secondaires : les études, générales, de P.H. Simon et de H. Coulet ; les études, beaucoup plus spécialisées, de F. Deloffre, A. François et P.M. Masson.

4 Les indications bibliographiques une fois distinguées (la vedette, le titre, la cote, l'adresse bibliographique, la collation), on pourra noter les différences entre les deux fiches :

- Le prénom de l'auteur noté entièrement dans la première fiche, de façon incomplète dans la deuxième (mais la vedette est, de toute façon, l'information la plus importante : elle est répétée).

- la forme des titres : un titre et un sous-titre dans le premier cas, et dans le deuxième cas, un titre avec son origine étrangère et la mention de la traduction.

- L'éditeur : une mention explicite ("Librairie José Corti"), opposée à une raison commerciale fondée sur une métaphore ("Le Seuil").

5 La vedette est ici un "mot-thème", ou plutôt une expression thématique combinant une indication générale ("Littérature", "Littérature française") et une indication spécifique ("Romantisme", "Morceaux choisis"). Pour le reste, les indications bibliographiques sont les mêmes que dans les fiches du catalogue des auteurs. La précision "Ensembles littéraires" est une indication appartenant à la collation (mention de la collection).

6 Les trois premières fiches indiquent combien est complexe un catalogue des matières : un même ouvrage peut être répertorié sous différentes rubriques, si son contenu se situe au croisement de plusieurs domaines scientifiques. Ici, l'ouvrage de Jean Le Galliot appartient à la fois à la critique littéraire (cote : 8.09), à la psychanalyse (sous-ensemble de la classe n° 1, la philosophie, cote : 159.964.2), et à la linguistique (cote : 8.07).

Il est même possible, comme le montre la quatrième fiche, de faire entrer dans les catalogues des matières des noms d'auteurs, qui sont considérés alors comme des thèmes : la rubrique "Balzac" peut ainsi regrouper les oeuvres du romancier (les éditions étant classées d'après leur forme, des "oeuvres complètes" aux "morceaux choisis") et les études critiques portant sur lui.

En ce qui concerne les cotes, il faut accepter leur caractère empirique. Voici, par exemple, quelques divisions de la première classe, celle de la philosophie : 11. Métaphysique / 13. Philosophie de l'esprit / 14. Systèmes philosophiques / 15. Psychologie / 16. Logique / 17. Morale / 18. Esthétique / 19. Histoire de la philosophie. Apparue tardivement, la psychanalyse a été intégrée à cet ensemble, à l'intérieur de la psychologie, et a été décrite sous une cote assez complexe.

7 On notera :

- La netteté de la typographie, qui permet d'éviter toute ambiguïté entre Yves Bonnefoy, Beckett et Joyce, qui sont des titres, et John E. Jackson, Ludovic Janvier et Jean Paris, qui sont des noms d'auteurs.

- La précision de l'adresse bibliographique (l'imprimeur est noté à côté de l'éditeur) et de la collation (mention des illustrations, d'une couverture en couleur, etc.).

- La description apportée par les dernières lignes : elle signale que l'ouvrage n'appartient pas seulement au genre de la critique littéraire ("contient un choix de textes de Y. Bonnefoy"), et elle mentionne l'existence d'une bibliographie (indication qui s'apparente à une mise en abyme : la bibliographie figurée à l'intérieur de la bibliographie !).

Les indications chiffrées sont construites selon des codes relativement clairs :

- le numéro d'entrée (80-128, 80-129, 80-130) dans la Bibliographie de la France indique l'année de la revue (1980 : il s'agit du n° 1, daté du 2 janvier), et le numéro de la notice (ce numéro de janvier 1980 comporte en tout 314 notices).

- la cote de la B.N. ne répond pas à la logique de la C.D.U., mais elle mentionne au moins la taille de l'ouvrage : le format in-16 est obtenu à partir d'une feuille d'imprimerie pliée seize fois ; mais comme les dimensions de la feuille d'imprimerie peuvent varier, les formats obtenus peuvent différer : ainsi les in-16 cités ici ont soit 16 cm de hauteur, soit 18 cm.

- Le chiffre du Dépôt Légal est composé de l'année d'enregistrement (1979, ici) et d'un numéro d'ordre.

- l'ISBN (International Standard Book Number) est une numérotation internationale composée de 10 chiffres divisés en 4 segments : le premier indique le pays d'origine (pour la France, c'est le 2), le deuxième désigne l'éditeur (ici, Le Seuil : 02), le troisième sert à identifier le livre dans la production de l'éditeur, et le quatrième segment est un chiffre de contrôle informatique.

On voit que l'identification d'un livre est multiple : elle est numérique (par le numéro d'entrée dans une bibliographie et la cote) et juridique (au niveau national, par le Dépôt Légal, et au niveau international, par l'ISBN).

ASPECTS MATERIELS DU LIVRE

1. La présentation.

11. Les informations légales : le nom de l'éditeur et le copyright ; la mention du Dépôt Légal et de l'ISBN ; le nom de l'imprimeur, son adresse, le mois et l'année de l'impression.

12. Les informations de contenu : le nom de l'auteur (arbitraire, mais quelquefois aussi motivé, quand il s'agit d'un pseudonyme pris en fonction du genre littéraire visé : cf. Boris Vian / Vernon Sullivan), le titre et le sous-titre, la mention d'une préface, de dossiers annexes... A noter l'importance de deux textes stratégiques destinés à capter la bienveillance de la critique : le prière d'insérer (feuille imprimée jointe au livre) et le quatrième de couverture (au dos de la couverture), qui est un résumé de l'ouvrage, une présentation de l'auteur, avec éventuellement une photographie.

2. L'encadrement.

21. Le format et l'épaisseur : cf. le format standard des best-sellers américains : 16/24 cm, et au moins 450 pages !

22. La couverture et la jaquette : comparer le graphisme de l'une et l'illustration de l'autre, la jaquette répétant la couverture tout en la masquant.

---

8 Les classes d'ouvrages désignées sont :

- 840(091) : histoire de la littérature française.
- 850.07 : linguistique italienne.
- 840-3 : études sur le roman français.
- 840-2(091) : histoire du théâtre français.
- 840:37 : enseignement du français.

- 840.07:37 : ouvrages traitant de la linguistique et de l'enseignement du français (par ex. le livre de J. Peytard et E. Genouvrier, Linguistique et Enseignement du français, Larousse 1970).
- 8.07:791.4 : ouvrages traitant de la linguistique et du cinéma (par ex. l'étude de Ch. Metz : Langage et Cinéma, Larousse, 1971).

9 Cotes : Flaubert, L'Education sentimentale (840-FLA-7) ; R. Monod, Les Textes de théâtre (8-2-MON) ; R. Mauzi, L'Idée de bonheur au XVIIIème siècle (840.09 "17") ; P. Barbéris, Balzac et le mal du siècle (840-BAL-4(BAR)) ; A. Béguin, L'Ame romantique et le rêve (840.09 "18") ; Groupe μ , Rhétorique de la poésie (8.08) ; Anthologie des préfaces de romans français au XIXème siècle (840-3 (091), on pourrait aussi avoir la cote : 840-8) ; Flaubert, Oeuvres complètes (840-FLA-I) ; S. Monod, Histoire de la littérature anglaise de Victoria à Elizabeth II (820(091)MON "18/19") ; E. Zola, Correspondance (840-ZOL-2) ; J. Brenner, Histoire de la littérature française de 1940 à nos jours (840(091) "19") ; B. Guyon, La Pensée politique et sociale de Balzac (840-BAL-4(GUY)).

Ces cotes de la C.D.U. sont rédigées à l'aide d'une ponctuation typographique stricte (ainsi 8-7 désigne un ouvrage sur la satire ou la parodie, et 8.07 un ouvrage de linguistique) ; elles sont plus ou moins développées, selon que l'on souhaite faire du contenu de l'ouvrage une description détaillée ou sommaire (ainsi l'ouvrage d'A. Béguin pourrait être simplement coté : 840.09).

DOCUMENT

Un exemple des divisions de la C.D.U. : l'ensemble "Psychologie" (159.9), subdivision de la classe I.

159.9	Psychologie
.052	Psychologie des masses
.01	Théories. Lois. Psychologie métaphysique. Psychologie rationnelle.
.019	Systèmes et écoles psycho logiques
.07	Recherches expérimentales
.078	Appareils et équipement
159.91	Psychophysiologie. Hygiène mentale
159.92	Développement et aptitudes mentales. Psychologie comparative et différentielle
.922	Caractéristiques mentales. Conscience
.1	Psychologie sexuelle
.2	Influence du milieu naturel et social
.3	Facteurs héréditaires
.4	Psychologie raciale, ethnographique
.6	Influence de l'âge
.7	Psychologie de l'enfant. Paidologie
.923	Typologie. Psychologie individuelle. Tempéraments. Caractérologie
.924	Génie
.925	Expression
.2	Physiognomie
.5	Phrénologie
.6	Graphologie
.7	Chirologie
.8	Mimique. Pantomime (voix, etc.) Classes d'aptitudes. Aptitudes spéciales. Activité créatrice
.929	Biopsychologie. Psychologie comparative. Psychologie animale, comportement des plantes
159.93	Sensation. Perception
.931	Vue
.932	Ouïe
.933	Odorat
.934	Goût
.935	Toucher
.936	Sensations cénesthésiques et kinesthésiques. Sens de l'équilibre.
.937	Observations. Perceptions
.5	Classes de perceptions : espace, couleur, temps, mouvement, rythme, etc.
.7	Synesthésie. Audition colorée.
.938	Psychophysique : psychométrie, temps de réaction

159.94	Fonctions d'exécution
.942	Emotions
.943	Conation et mouvement. Fonctions motrices. Tropismes, réflexes, tendances, insticts.
.944	Travail et fatigue
.946	Fonctions motrices spéciales : locomotion, etc.
.947	Volition. Volonté. Education de la volonté
159.95	Processus mentaux supérieurs
.952	Attention
.953	Mémoire. Habitudes, apprentissage. Mnémotechnique
.954	Capacité créatrice. Imagination
.955	Pensée. Conception. Jugement
.956	Intuition

159.96	Etats mentaux spéciaux. Phénomènes psychiques
.961	Parapsychologie. Hallucinations. Télépathie
.962	Hypnotisme. Suggestion
.963	Sommeil et veille. Rêves. Interprétation des rêves. Somnambulisme. Somnilocution
.964	Psychologie profonde
.2	Psychanalyse
159.97	Psychopathologie
.972	Troubles mentaux
.973	Déficience mentale
.974	Hypochondrie. Mélancolie
.975	Catalepsie
.976	Extase
159.98	Psychotechnique

BIBLIOGRAPHIE

- J. Chaumier, Les Techniques documentaires, PUF, 1971 (Coll. "Que sais-je?"), n° 1419).
- R. Dubuc, La Classification décimale universelle, Manuel pratique d'utilisation, Gauthier-Villars, 1973 (3ème éd.).
- R. Dubuc, Exercices programmés sur la classification décimale universelle, Gauthier-Villars, 1970.
- R. Escarpit, Théorie générale de l'information et de la communication, Hachette, 1976, Coll. "Hachette-Université".
- Classification décimale universelle, Edition abrégée française, Fédération internationale de documentation, 1958.
- H. Vairel, La Présentation matérielle d'un manuscrit dactylographié, Nathan, 1989, Coll. "Nathan-Université".

2. Méthodes de la documentation

(Manuel, pp. 19 - 24)

Les exercices proposés ici ne prétendent pas, bien évidemment, faire acquérir les méthodes de travail que le chapitre décrit. Ils entendent seulement susciter de bon réflexes devant le document. Les procédures d'investigation qu'ils mettent en oeuvr sont d'ailleurs reprises dans les chapitres 26 et 29 de la cinquième partie. Leur but est d'inviter à cette "lecture périphérique" si importante pour le développemen des qualités de choix et de synthèse qui sont fondamentales dans l'intelligence des textes.

EXERCICES

1 Le contenu des ouvrages se manifeste dans les titres de deux façons : par l'indication d'un sujet, et par l'indication d'une forme d'écriture. Le sujet apparaît à travers un nom d'auteur (Pascal, Racine, Corneille, Claudel, Zola) ou à travers un cadre chronologique ("de Corneille à Claudel", "la poésie moderne", "le XVIII° siècle" ; le nom d'auteur peut d'ailleurs être à lui seul une indication chronologique). Il s'énonce aussi comme un problème : "l'idée de bonheur", "la représentation de la réalité", "qu'est-ce que le structuralisme ?", "le réalisme". La forme d'écriture est définie clairement par les syntagmes : "étude sur", "essai sur", qui prennent même la marque du pluriel : "essais sur", "onze études".

Pratiquement, tous les titres de la liste avouent le contenu qu'ils recouvrent : certains, très nettement (les ouvrages de Goldmann, Rousset, Richard, Mauzi, Todorov, de Lattre), d'autres de façon plus allusive (Paulhan, Bachelard, Auerbach). Seul le titre de Roland Barthes, S/Z, demeure mystérieux, ne dit rien par lui-même et exige qu'on ouvre l'ouvrage.

On peut répartir formellement ces titres en deux classes : les titres simples, formés d'un seul énoncé, et les titres doubles, formés de deux énoncés. Les moins ambigus sont les titres doubles ; le deuxième titre (le sous-titre) explique le premier, apporte une précision concrète (par la référence à un écrivain ou à un cadre chronologique) à une formule abstraite : ainsi les titres des ouvrages de Bachelard, Goldmann, Rousset, et, dans une moindre mesure, d'Auerbach. Il n'en est pas de même pour le titre de A. de Lattre où l'on passe, au contraire, du concret à l'abstrait. Quant au titre de Todorov, il se lit par référence aux autres ouvrages de la série "Qu'est-ce que le structuralisme ?", parus dans la collection "Points" (5 tomes). Les titres simples sont d'emblée clairs (J.P. Richard, R. Mauzi), ou mystérieux (R. Barthes). A noter le caractère intermédiaire du titre de J. Paulhan qui déroute volontairement (par sa métaphore initiale, et la fausse référence, d'ordre géographique : Tarbes), sans vraiment livrer son secret : tout ce qu'on devine en fin de compte, c'est qu'il est question de littérature ! (Le livre étudie en fait les mécanismes rhétoriques propres à la critique littéraire : la "terreur" des mots).

2 Les titres des ouvrages littéraires sont beaucoup plus allusifs que les titres des ouvrages critiques. Ils n'indiquent ni un contenu, ni une forme d'écriture ; le genre est souvent spécifié à côté du titre ("roman", "poésies"), mais il n'est jamais intégré en tant que sous-titre : il reste extérieur, simple indication de lecture annexe. Les titres littéraires cultivent volontairement l'effet de surprise (fonction incitative du titre, à côté de la fonction informative : voir chap. 26, Manuel, pp 214 - 215).

- Capitale de la douleur, d'Eluard signifie "sommet" de la douleur (jeu de mot sur la polysémie de "capitale" : cf. latin "caput").

- Les Soirées de Médan font allusion à de prétendues "soirées" au cours desquelles Zola et ses amis naturalistes se seraient réunis pour se réciter leurs nouvelles respectives : mais aucune des nouvelles du recueil ne met en scène une quelconque "soirée" à Médan. Le sujet commun à tous les récits est la guerre de 1870 ; le titre fait référence à une réalité extérieure au contenu même du recueil.

La comparaison entre les titres du XIXème et du XXème siècles (chap. 1, ex. 1 et 2) et ceux du XVIIIème siècle (ex. 3) indique que le resserrement du titre littéraire autour du mystère et de l'allusion est récent. Les romans de Rousseau et de Laclos se présentent à travers des titres doubles parfaitement explicites; le seul mystère réside dans l'emploi de formules indéterminées ("une petite ville au pied des Alpes", "une société ... l'instruction de quelques autres") qui visent à provoquer le désir de la lecture.

3 Les titres que nous avons choisis tout au long de cet ouvrage sont autant de formules qui visent à mettre en valeur l'unité de chaque chapitre et les rapports des différents chapitres entre eux. D'où, par exemple, les expressions des chapitres 27 et 28 : message pragmatique / analytique; parole singulière / duelle / plurielle. Notre volonté a été de marquer le plus possible les symétries et les enchaînements, c'est-à-dire de fournir, dès le titre, un résumé du contenu.

Le découpage de la quatrième partie est fondé sur la nature des épreuves du baccalauréat. A noter cependant :

- la présentation en deux chapitres (23 et 24) du sujet de type 1 ;
- l'ordre adopté, qui va du plus simple au plus complexe, et fait se succéder dans une même unité logique l'explication de texte et le commentaire composé d'une part, la discussion et l'essai littéraire d'autre part.

4 La table des matières est construite sur une logique de la symétrie et de la dissymétrie; elle s'offre à lire comme un poème (comparer avec l'ex. 7, p. 219, chap 26) :

- symétrie des énoncés : local / global ; jeu / jeux ; dessin / dessins ; moteur et circulation / moteurs et circulations.

- dissymétrie de la structure : 3 chapitres d'un côté, un seul de l'autre, mais longuement subdivisé. Un chapitre est toujours une subdivision à l'intérieur d'un ensemble : en parlant de "chapitre unique", Michel Serres postule et nie en même temps la symétrie qui relie les deux parties.

Les sous-titres de la deuxième partie évoquent les volumes des Rougon-Macquart : La Joie de Vivre ("Statues, moteurs, homéorrhèse", "La mer", "Le damier noir et blanc") ; Le Rêve ("La blancheur de la chasuble, de l'aube") ; L'Assommoir ("Greffe") ; Nana ("Mort blanche, mort noire") ; La Conquête de Plassans ("Jeu") ; Au Bonheur des Dames et L'Argent ("L'Etre et l'or, suite au Bonheur") ; La Débâcle ("La crue, suite de l'or", "L'Arche") ; L'Oeuvre ("Le moment réflexif", "Travail et pont", "le nom de l'assassin").

5 La présentation du XVIIIème siècle efface pour le lecteur moderne la hiérarchie des parties et sous-parties, qui se lit cependant dans les oppositions conceptuelles employées par Kant : esthétique / logique ; analytique / dialectique.

1. Théorie transcendantale des éléments
   11. Esthétique
   12. Logique
      121. Analytique : des concepts / des principes
      122. Dialectique : des concepts / des raisonnements
2. Théorie transcendantale de la méthode

6 Dans la mesure où beaucoup de notions sont présentées dans leur architecture conceptuelle, l'index est (au moins partiellement) un thesaurus. Il est aussi complet que possible, mais ne repère pas systématiquement toutes les occurrences d'une notion : il ne signale que les passages susceptibles d'apporter une information réelle. Les renvois à l'intérieur de l'index permettent à l'utilisateur peu familier du métalangage employé dans le livre, de trouver cependant ce qu'il cherche.

Notions du chap. 2 apparaissant dans l'index : lecture (périphérique / interne) ; nomenclature ; bibliographie ; index (des noms et des notions ; thesaurus) ; citation (fonctions de la citation) ; abréviations (techniques des abréviations).

7 Relations logiques entre les notions :

- Relations de synonymie : traduction / transposition ; tragédie / drame ; troubadours / trouvères.

- Relations génériques (du genre à l'espèce) : théâtre classique / tragédie ; lyrisme / troubadours ; poésie du Moyen Age / troubadours.

- Relations spécifiques (de l'espèce au genre) : littérature classique / tradition adaptation théâtrale / traduction ; idiotismes / traduction ; pathétique / tragédie ; tragi-comédie / tragédie.

8 La difficulté, pour les auteurs de l'Encyclopaedia Universalis, a été de faire apparaître en un même endroit de l'ordre alphabétique une notion, la "littérature" qui se formule syntaxiquement de façons diverses :

- comme adjectif (critique littéraire) ;
- comme complément prépositionnel (sociologie de la littérature) ;
- comme nom (littérature comparée).

La nomenclature de l'index neutralise ainsi les différences grammaticales qui sont celles de l'énoncé. Elle doit aussi lever les ambiguïtés sémantiques : comme ici, entre l'idée de la "littérature" et le titre de la revue surréaliste.

Les mots subordonnés sont des noms propres ou des noms communs. Rien ne les distingue dans la typographie : d'où une certaine gêne pour le lecteur, qui peut cependant se fier à la présence des initiales pour reconnaître les noms propres (mais ce n'est le cas ni pour Clarín - pseudonyme du critique espagnol du XIXè siècle, Leopoldo Alas -, ni pour Lieou Hie - critique chinois du Vè siècle après J.C. - ou Dada - nom d'un mouvement littéraire né en 1916).Entre les mots vedettes et les mots subordonnés de la liste, la relation est toujours générique.

9 Deux sortes de citations apparaissent dans ce passage de Montaigne : des citations textuelles (extraites de Tite Live, César et Virgile, elles sont en latin), et des citations qui sont de simples références - lorsque l'opinion de Xénophon ou de Suétone est attaquée. Les trois fonctions que nous avons distinguées peuvent être retrouvées :

- La fonction d'érudition : elle provient des références (Xénophon, Trogus et Justinius, Suétone, Xénophon à nouveau par l'intermédiaire d'un des personnages de la Cyropédie, Chrysantès). Montaigne fonde son raisonnement sur un corpus d'exemples historiques.

- La fonction d'amplification : elle se manifeste avec les citations de Tite Live et de César, qui prolongent en lui donnant plus de force le discours de Montaigne.

- La fonction d'autorité : elle surgit dans la conclusion du passage, au moment où les vers de Virgile interviennent avec une valeur plus ornementale qu'informative ; la force du texte classique est telle, d'ailleurs, que Montaigne n'éprouve même pas le besoin de mentionner le nom du poète latin.

10 Face à des élèves un entraînement de même nature peut être réalisé. Le professeur, après avoir éventuellement préparé son auditoire, prononce une conférence d'une vingtaine de minutes sur un sujet bien précis (par ex. la vie et l'oeuvre d'un écrivain). Cela sans aucun souci pédagogique d'explication : le débit de la parole est soutenu. L'exercice exige de celui qui écoute qu'il sache retrouver le plan de l'exposé, et prendre des notes claires en appliquant les principes de la disposition et de l'abréviation.

AUTRES EXERCICES POSSIBLES

1. Lire la typographie des textes imprimés.
L'exercice pourra etre pratiqué à partir du Manuel des études françaises. Dans la présentation des chapitres, on distinguera :
- Les niveaux du texte : l'exposé / les exercices ; les titres (et sous-titres) / l'exposé / les remarques.
- Les trois types de caractères employés dans l'exposé : romain (texte normal), italique maigre (texte des exemples, notions importantes), italique gras (notions centrales dans le chapitre).

2. Décoder des abréviations.
Les textes des petites annonces dans les quotidiens fournissent une matière suffisamment ample. On observera que les abréviations ne se font pas au hasard, au gré de l'inspiration des annonceurs, mais qu'elles suivent les règles d'un code, - implicite mais parfaitement observé.

3. Pratiquer l'indexation de textes.
Deux voies sont possibles, à partir d'un texte d'idées :
- On relève les termes techniques qui apparaissent comme les clefs du texte.
- Ou on extrait les notions essentielles, sans avoir recours forcément au langage de l'auteur étudié : l'intérêt est de chercher dans le lexique

les termes qui rendent de la façon la plus satisfaisante les concepts repérés. L'exercice permet une approche des problèmes que pose la contraction de texte (voir chap. 23).

BIBLIOGRAPHIE

A la bibliographie du chapitre précédent, on ajoutera :

- B. Chevalier, Méthodologie d'utilisation d'un centre de documentation, Hachette, 1980.
- R. Dubreuil, Méthodes de travail de l'élève et de l'étudiant, J. Bodin, 1977.
- A. Viala, M.P. Schmitt, Faire/Lire, Didier, 1979.
- Pratiques n° 52, déc. 1986 ("Pratiques de la lecture").

3. Le dictionnaire

(Manuel, pp. 25 - 32)

Les dictionnaires sont des instruments de travail à la fois connus et méconnus : connus par l'utilisation incessante qui en est faite, méconnus dans leur diversité et dans leurs formes. C'est ce que marquent les habitudes de langage : on regarde dans le dictionnaire, et non dans le Petit Robert ou le Dictionnaire du français contemporain... Ces exercices invitent donc à une prise de conscience. Ils montrent les différences qui opposent les catégories de dictionnaires, et indiquent les limites qui définissent le contenu de tout dictionnaire. Tels quels, ils constituent une initiation aux problèmes de la lexicographie, la science qui étudie la forme et l'écriture des dictionnaires.

EXERCICES

1 L'exercice porte sur le contenu du dictionnaire de langue. Deux problèmes se posent lors de la recherche alphabétique : où découvrir telle ou telle expression ? Est-il possible même de découvrir l'expression cherchée ? Les réponses qui suivent concernent le Petit Robert (1ère éd., 1967)

- Où chercher ?

A bras le corps : mentionné à l'article corps et non à bras (mais haut-le-corps possède une entrée particulière). Haut fourneau : pas d'entrée particulière, sous-entrée de fourneau. Valet de chambre est mentionné à valet mais aussi à chambre. De même, ci-dessus, mentionné à ci et à dessus. A côté de est mentionné à côté. Quant à vaille que vaille, sa recherche suppose une certaine compétence grammaticale, puisqu'il faut remonter à valoir. Sans coup férir n'existe pas parmi les locutions pourtant nombreuses de coup : il faut chercher à férir, où l'on découvre, curieusement, que ce verbe d'usage vieilli n'a de raison d'être dans la nomenclature qu'à cause de la locution qui le fait survivre...

- Les limites de la nomenclature.

C.G.T. existe dans la nomenclature (le Petit Robert donne même cégétiste) ; mais C.F.D.T. est ignoré. C.E.S. est absent de la première édition du Petit Robert, mais apparaît dans la deuxième. Parisien, marseillais sont mentionnés mais non lyonnais. Ainsi les sigles ou les adjectifs dérivés de noms propres sont-ils sources de difficultés pour le lexicographe, qui ne peut tous les exclure, mais craint en les adoptant de faire dériver sa description de la langue vers une description de nature encyclopédique.

2 Etant donné la méthode du regroupement morphologique pratiquée par le D.F.C. ou le Lexis, il s'agit de savoir si le mot cherché constitue une entrée autonome ou non.

- Mots ne constituant pas une entrée autonome (la plupart, cependant, sont signalés dans la nomenclature à leur place alphabétique, avec un renvoi au mot de base).

Mot cherché...	Expliqué sous l'entrée...	Signalé dans la nomenclature ?
antigel	gel	non, mais mentionné comme exemple à anti -
bascule (= mouvement pivotant)	basculer	≠ bascule (instrument de mesure)
ceci	dans un tableau grammatical regroupant ceci / cela / ça	oui
célébrité	célèbre	oui
demi-dieu	dieu	non
défavorable	faveur	oui
délasser (se)	las	oui
dignement	digne	non
ici	dans un tableau regroupant : ici / là	oui
impénétrable	pénétrer	non
larmoyer	larme	non
presse-papiers	presser	non

- Mots contituant une entrée autonome.
Deux exemples seulement dans cette liste, que l'on a choisis pour illustrer des cas particuliers : bascule (= instrument de mesure), ainsi nettement distingué de son homonyme expliqué sous basculer ; passe-partout, qui n'est donc pas inclus dans la liste des dérivés de passer (passant, passage, passé...).

3 Comparaison entre l'article "allumette" du Petit Robert (P.R.) et du Grand Robert (G.R.) :

- Les renseignements de base : Le P.R. présente la prononciation en alphabet phonétique international et donne une datation étymologique, alors que le G.R. ne le fait pas ; la datation de l'origine des mots est un acquis récent de la science de l'étymologie.

- Les définitions : L'information sémantique n'est pas organisée de la même manière : classement historique dans le P.R., classement rhétorique (sens propre / sens figuré) dans le G.R. La rédaction de la définition est semblable : "Brin de bois, de carton imprégné..." A noter l'habileté stylistique du P.R. qui joue sur l'adjectif "imprégné" pour justifier le deuxième sens d'allumette : on passe tout naturellement du "brin de bois imprégné" au "petit rectangle de pâte feuilletée imprégnée".

- Les exemples : Richesse du G.R. par rapport au P.R. : plus d'exemples littéraires, plus d'expressions idiomatiques. La citation de Gide dans le P.R. apporte une information dérisoire : elle signale seulement l'orientation littéraire du dictionnaire. Plus intéressantes, les citations du G.R. extraites de Jean-Christophe de Romain Rolland et des Poésies de Voiture, exigent une certaine culture de la part du lecteur. Le code même de l'abréviation demande quelque habileté dans le déchiffrement (même si l'on a la possibilité de se reporter à la liste des textes cités, à la fin de la préface). N'hésite-t-on pas devant : "Roll. J. Christ.", en pensant aussi à un ouvrage sur Jésus-Christ qui aurait été écrit par Maurice Rollinat, le poète du XIXè siècle, ou Charles Rollin, l'historien du XVIIè siècle ?

- Conclusion : Un dictionnaire est le témoin d'une époque, d'un point de vue culturel et d'un point de vue scientifique. Rédigé une quinzaine d'années après le G.R., le P.R. n'est pas une reproduction en plus petit de son aîné, mais constitue véritablement un autre dictionnaire, réécrit avec des perspectives méthodologiques différentes et des informations scientifiques nouvelles.

4 L'article "allumette" dans le D.F.C. :

- Trois entrées distinctes, distinguant les homonymes : allumer 1 = produire de l'électricité ; allumer 2 = produire du feu ; allumer 3 (à la forme pronominale) = sens métaphorique. L'ordre des deux premières entrées n'est pas historique, puisque l'électricité vient en tête. Le D.F.C. s'intéresse au français contemporain, étudie une synchronie, non une diachronie. Il présente le verbe allumer, dont la signification est la plus évidente pour le lecteur moderne, avant de présenter le deuxième allumer, le plus ancien. Aussi le mot allumette - qui a pour référent sémantique l'époque du feu, non celle de l'électricité - apparaît-il dans la deuxième entrée : sa signification se dégage de la comparaison que le lecteur doit faire entre les deux premières entrées, car l'information apportée est réduite au minimum. Le D.F.C., par sa méthode de présentation, met l'accent moins sur le mot isolé que sur les oppositions des mots entre eux : il met en évidence des systèmes sémantiques.

- Les exemples littéraires sont absents, mais cela tient à la nature de l'information sémantique que le D.F.C. a choisi de donner. Avec la même méthode de présentation (le principe du dégroupement en homonymes), le Lexis offre des exemples littéraires.

- Conclusion. Le D.F.C. pratique une méthode originale qui combine le dégroupement et le regroupement des mots : le dégroupement au moment de la distinction des homonymes, le regroupement au moment de l'explication du mot, qui est mis en rapport avec d'autres mots de la même famille morpho-sémantique.

5 Les synonymes et les antonymes dans le P.R. et le D.F.C.

- Avant de noter les différences qui proviennent des méthodes d'analyse linguistique, il faut remarquer comment le problème de la synonymie est introduit. Le P.R. propose des rapprochements analogiques sous la rubrique "voir" ; le D.F.C. distingue deux types de synonymes, les synonymes directs et les synonymes à valeur superlative (dans d'autres cas, le D.F.C. note aussi les synonymes à valeur diminutive). Deux modes de présentation typographique : les caractères gras pour le P.R., les capitales pour le D.F.C.

- Le P.R. présente beaucoup plus de synonymes que le D.F.C. Cela tient à la méthode linguistique du P.R. qui insiste sur les analogies. Une autre raison joue également, la richesse de la nomenclature : plus un dictionnaire présente de mots, plus il peut présenter des synonymes et des antonymes. Or, la nomenclature du P.R., avec 55 000 mots, est le double de celle du D.F.C. (25 000 mots). Tous les synonymes notés par le P.R. se retrouvent donc dans l'article du D.F.C. Mais il faut noter que le D.F.C. ajoute copieux, absent de la liste, pourtant longue, du P R. On voit combien la synonymie varie en fonction de l'emploi que l'on fait du mot et du sens qu'on lui prête. De toutes les catégories grammaticales, celle de l'adjectif est la plus ouverte à la polysémie : aussi la synonymie de l'adjectif est-elle encore plus difficile à cerner que celle du nom ou du verbe.

-Les antonymes sont traités de façon beaucoup plus parcimonieuse. Le D.F.C. est très pauvre : petit et mesquin doivent être déduits de petitesse et mesquinerie dans la sous-entrée générosité. Le P.R. donne 11 antonymes pour 28 synonymes ; il énumère trois groupes d'adjectifs qui correspondent aux sens n° 2, 3 et 4 de l'article. Dans les deux dictionnaires, l'analyse de l'antonymie est seconde par rapport à celle de la synonymie.

6 Deux méthodes de rédaction sont possibles : une classification uniquement sémantique des acceptions, ou une classification qui s'appuie à la fois sur le sens et la construction syntaxique du verbe (rêver est intransitif, transitif et transitif indirect).

- Classification sémantique.

I - Rêver, la nuit (pensée inconsciente) : faire des rêves (ex. 1, 5).

II - Rêver, le jour (pensée consciente) : imaginer. Plusieurs nuances possibles : 1. Désirer (ex. 4, 6) ; 2. Espérer (ex. 2) ; 3. Inventer (ex. 7, et ex. 5 selon le contexte) ; 4. Divaguer (ex. 3) ; 5. Laisser aller son imagination (ex. 8).

- Classification sémantique et syntaxique.

I - Rêver, la nuit (faire des rêves) ; a/ transitif (ex. 1, 5) ; b/ transitif indirect (rêver de).

II - Rêver, le jour (imaginer) : a/ transitif : désirer (ex. 6) ; inventer (ex. 5, 7) ; b/ intransitif : divaguer (ex. 3) ; laisser aller son imagination (ex. 8) ; c/ transitif indirect : espérer (rêver de : ex. 2) ; désirer (rêver à : ex. 4).

- Remarque : Les solutions que nous proposons sont beaucoup plus systématiques que celles des dictionnaires de langue courants, auxquelles on pourra se reporter. Sur la construction syntaxique de rêver, voir Maurice Grévisse, Le Bon Usage, pp. 989-990 (Duculot, 1975, 10è ed.)

7 La classification suivante est fondée sur la syntaxe : l'adjectif prêt peut être construit avec un nom animé ou inanimé, et peut admettre ou ne pas admettre un complément prépositionnel.

I-Avec un nom animé : a/ construction absolue : ex. 1, 2, 4 ; b/ construction prépositionnelle : ex. 2.
II-Avec un nom inanimé : a/ construction absolue : ex. 6 ; b/ construction prépositionnelle : ex. 7, et ex. 5 (emploi archaïque : sur le point de).

- Remarque : Le plan de cet article (comme dans l'exercice précédent) est construit selon une perspective synchronique. Il n'est fait aucune analyse sémantique de l'évolution diachronique du mot.

8 Comparaison des dictionnaires encyclopédiques :

- Dans les dictionnaires en un seul volume, on distingue trois types de nomenclatures :
1. Une nomenclature exhaustive faite de noms communs et de noms propres : ex. du Petit Robert (39 entrées/page), du Pluridictionnaire (36 entrées/page) et du Dictionnaire Flammarion (39 entrées/page), qui sont de petit format ; ex. du Larousse L 1 (47 entrées/page), du Dictionnaire Hachette (52 entrées/page), qui sont de grand format.
2. Une nomenclature sélective, faite de noms propres et de noms communs : celle d'Omnis (16 entrées/page).
3. Une nomenclature exhaustive faite uniquement de noms propres : celle du Robert 2 (20 entrées/page).

- Le Petit Larousse est le seul dictionnaire à proposer les noms communs et les noms propres en deux listes. Une comparaison quantitative entre le P.L. et d'autres dictionnaires de la même catégorie doit se faire à partir de plusieurs critères : le type de la nomenclature, le nombre d'entrées par page, le format de l'ouvrage.

- Dans les encyclopédies en plusieurs volumes, l'index permet de compenser le caractère sélectif de la nomenclature. On voit que La Grande Encyclopédie Larousse retrouve à peu près, par son index, le nombre des entrées du Grand Larousse encyclopédique. L'index de l'Encyclopaedia Universalis apparaît, par comparaison, assez restreint, mais il ne faut pas oublier qu'il a la forme d'un thesaurus (voir chap. 2, exercice 8, p. 24).

- Le tableau ci-dessous indique les principaux traits spécifiques des dictionnaires Larousse en un seul volume :

	Noms propres et noms communs séparés	Informations surtout encyclop.	Informations encyclop. et linguist.	Nomenclat. extensive	Nomenclat. sélective
P. Larousse	+	+	-	+	-
Pluridic.	-	-	+	+	-
Omnis	-	+	-	-	+
Lar. L I	-	+	-	+	-

9 L'exercice permet de réfléchir aux informations extrêmement variées que peuvent procurer les dictionnaires spécialisés.

Thomas : classement alphabétique ; nomenclature sélective ; étude sémantique ; perspective non historique ; informations partielles.
Greimas : alphabétique ; extensif ; sémantique ; historique ; exhaustif.

Dauzat : alphabétique ; extensif ; sémantique ; historique ; partiel.
Warnant : alphabétique et non alphabétique ; extensif ; non sémantique ; non historique ; partiel.
Pialat : non alphabétique ; extensif ; non sémantique ; non historique ; partiel.
Niobey : alphabétique ; extensif ; sémantique ; non historique ; partiel.
Cellard : alphabétique ; sélectif ; sémantique ; historique ; exhaustif.

- Remarque : Le Dictionnaire des rimes, de L. Warnant propose un classement phonétique des rimes (à partir des sons voyelles), ainsi qu'un index alphabétique fondé sur la graphie traditionnelle. Le Larousse du scrabble, de M. Pialat offre des séries d'anagrammes classées selon le nombre de leurs lettres (listes de mots de 2 à 8 lettres).

10 Si l'on fait la synthèse des quatre articles AIGLE, on aboutit à une information qui est schématiquement la suivante :

I - Nom commun. A/ N. masc. : 1. Réalité animée : animal ; homme (au sens métaphorique). 2. Réalité inanimée : pupitre ; format de papier ; insigne de décoration. B/ N. fem. : 1. Réalité animée : animal femelle. 2. Réalité inanimée : symbole héraldique ou militaire.

II - Nom propre. A/ Constellation boréale. B/ Ordres de chevalerie (autres possibilités, exclues ici de la comparaison : ville du département de l'Orne, ou ville suisse du Canton de Vaud).

La comparaison des quatre articles pose deux problèmes : comment est organisée l'information dans chaque cas . Quels éléments sont donnés ou refusés ?

- L'organisation de l'information. Sauf dans le cas d'Omnis, la distinction grammaticale entre le masculin et le féminin fonde le découpage de l'article. Mais ensuite deux plans sont possibles : 1. Une division encyclopédique qui énumère les référents du signe aigle : c'est ce que fait le Dictionnaire Hachette, et encore plus nettement le Dictionnaire Flammarion (où les sous-entrées de l'article sont découpées uniquement par rapport aux référents). 2. Une division linguistique qui analyse la sémantique du mot : c'est le choix du P.R. qui propose une analyse rhétorique des acceptions en : signification propre - signification familière - signification élargie.

- L'étendue de l'information. L'analyse linguistique la plus poussée est, bien sûr, celle du P.R. (prononciation étymologique, expressions idiomatiques, synonymes) ; elle est nulle dans Omnis ; les dictionnaires Hachette et Flammarion optent pour des voies moyennes : les informations sont réduites au minimum et l'emploi des abréviations n'est pas toujours clair (ainsi dans le Flammarion, m.s. à côté de aquila peut faire croire que le mot latin est masculin, alors que ces deux lettres signifient "même sens"). Quant à l'information encyclopédique, elle est donnée de façon inégale par tous les dictionnaires. Le P.R. et Omnis font des choix qui se justifient : l'un ne donne que les signifiés du nom commun, ce qui est normal ; l'autre écarte dans la multiplicité des référents possibles ceux qui sont secondaires, ce qui est conforme à la nature de sa nomenclature. Mais les principes de sélection qui animent les dictionnaires Flammarion et Hachette sont plus contestables : le premier compose dans le même article un amalgame plus ou moins heureux de tous les éléments de signification, le second simplifie la réalité du signe, ne parlant ni de la constellation boréale, ni des Ordres de chevalerie ; mais le plus grave, c'est que l'un et l'autre passent sous silence le fait que le signe aigle soit aussi un nom propre, alors que leur nomenclature comporte normalement des noms propres.

11 L'exercice, qui se présente comme une recherche de synthèse, pose la question de l'idéologie du dictionnaire encyclopédique. Citons sur ce point Alain Rey qui, dans la préface du Robert 2, se montre parfaitement conscient des limites de l'information encyclopédique : "Notre nomenclature, comme celle des autres recueils du genre, présente une écrasante majorité d'hommes adultes : comme les enfants, mais pour des raisons beaucoup moins évidentes, les femmes sont mal représentées dans la valorisation culturelle. De même que la présence massive de la race blanche, il s'agit là d'une grave illusion d'optique dont le discours didactique du dictionnaire n'est pas responsable. Les choix sociaux et culturels,

l'établissement de critères reconnus par ceux mêmes qu'ils défavorisent, dépendent de facteurs complexes et reflètent des rapports de force que les théoriciens de la société s'efforcent d'étudier. (...) Il faut, me semble-t-il, insister sur ce fait : les dictionnaires encyclopédiques ne présentent pas une photographie de la réalité sociale et culturelle ; il s'agirait plutôt d'une carte, systématiquement déformée par rapport au réel pour le rendre représentable, selon les lois arbitraires d'une représentation qu'imposent les conditions sociales" (pp. XII-XIII).

12 L'article DEFENSE dans le Petit Larousse :

- Multiplicité des sous-entrées qui mêlent, de façon confuse, le niveau linguistique et le niveau encyclopédique. La distinction entre l'action de protéger et l'action d'interdire n'est pas faite ; elle est seulement évoquée allusivement à la cinquième ligne de l'article. L'énumération encyclopédique domine, et est même assez riche.

- L'illustration (la tête d'un éléphant montrant ses "défenses") a quelque chose de dérisoire. Elle symbolise le signe mais en le simplifiant : sa fonction est purement anecdotique, celle d'une enluminure peinte pour le plaisir de l'oeil.

BIBLIOGRAPHIE

- L.Collignon, M. Glatigny, Les Dictionnaires. Initiation à la lexicographie, CEDIC, 1978.
- J. et C. Dubois, Introduction à la lexicographie : le dictionnaire, Larousse, 1971.
- A. Rey, Le Lexique : images et modèles. Du dictionnaire à la lexicologie, A. Colin, 1977.

  Encyclopédies et dictionnaires, PUF, 1982, Coll. "Que sais-je?".

4. Le savoir littéraire

(Manuel, pp. 33 - 40)

Comme le chapitre 11 de la troisième partie, ce chapitre sur le "savoir littéraire" est une tentative de mise au point de problèmes et de connaissances qui dépassent le cadre strict de ce manuel, Les tableaux y jouent le rôle de simples aide-mémoire, et exigent d'être compris et approfondis par une documentation personnelle. Aussi les exercices ne prétendent-ils pas amener à une connaissance totale de ce qu'ils évoquent. Ils veulent seulement faire prendre conscience de trois grandes questions : les problèmes de la périodisation en histoire littéraire (exercices 1 et 2); l'intérêt, mais aussi les difficultés de l'analyse sociologique en littérature (exercices 3 et 4); la relativité des méthodes et des jugements de la critique (exercices 5, 6 et 7).

EXERCICES

1 Le tableau synoptique devra mettre en correspondance chronologique quatre séries distinctes d'évènements :

- la vie privée de Balzac : les voyages, l'idylle avec Madame Hanska..;
- l'activité intellectuelle de Balzac : le projet de la Comédie humaine, la publication des différents romans..;
- les évènements politiques contemporains : de la Monarchie de Juillet et de la Deuxième République ;
- les faits littéraires et scientifiques de l'époque.

Ces ensembles (vie privée / vie intellectuelle de Balzac ; vie politique / vie intellectuelle de l'époque) recoupent les distinctions qui ont été établies dans la première partie du chapitre .

2 Ces deux présentations de la vie de Jean-Jacques Rousseau sont faites selon deux perspectives opposées :

- la première raconte les évènements de la "vie extérieure" : elle situe l'écrivain dans un temps social (la "gloire", "l'homme traqué") et dans un espace (les Charmettes, l'Ermitage, Montmorency) ; elle lui attribue une cohérence psychologique ("une enfance négligée" entraîne "l'aventure", "l'homme traqué" explique "l'apaisement") ;
- la deuxième évoque les évènements de la "vie intérieure" ou intellectuelle : elle retrace une évolution (des "années de formation" à la "critique" et à la "justification") et dégage une cohérence d'ensemble ("la critique de la vie sociale" ; "l'exaltation de la nature" ; la "justification" autobiographique).

Cependant, malgré ces différences, des principes communs réunissent ces deux résumés biographiques. Ils acceptent fondamentalement les mêmes coupures chronologiques (1749, 1756, 1762) et sont fondés sur une même idée de la cohérence biographique : dans les deux cas, la vie de l'écrivain constitue un récit qui connaît un début, un sommet et une fin, et se compose d'étapes successives.

3 Cette loi sociologique a été établie par H.C. Lehman en 1937 (voir R. Escarpit, Le littéraire et le social, pp. 148-163). Effectivement, Flaubert publie Madame Bovary à trente-six ans (en 1857), Zola, L'Assommoir, à trente-sept ans (1877) ; Sartre fait paraître l'Existentialisme est un humanisme en 1946, à quarante et un ans. Mais Les Méditations consacrent Lamartine à trente ans et Malraux obtient le prix Goncourt avec La Condition humaine à trente-deux ans... Il y a beaucoup d'exceptions à cette loi, qui n'est qu'une tendance statistique.

Les prix littéraires récompensent théoriquement de jeunes écrivains à qui l'on donne la chance de rencontrer un public élargi. Cet âge limite de 35-40 ans constitue donc une indication intéressante, et permet de savoir quel type d'écrivain on couronne. Ainsi Patrick Grainville et Didier Decoin, prix Goncourt en 1976 et 1977 à 29 et 32 ans, sont véritablement de "jeunes" écrivains, au début de leur oeuvre ; au contraire, Yves Navarre, prix Goncourt à 40 ans (en 1980), ou Lucien Bodard, à 67 ans (en 1981), apparaissent comme des écrivains consacrés depuis longtemps : en ce qui les concerne, le prix ne signifie pas grand chose ; il confirme un état de fait.

4 Ces chiffres (extraits notamment de l'article de C. Becker, "L'audience d'Emile Zola", Les Cahiers naturalistes, n° 47, 1974) permettent au moins deux sortes de constatations :

- la fortune littéraire d'un écrivain varie selon les époques, selon les publics. Au XIXè siècle les six romans les plus lus de Zola sont, dans l'ordre : La Débâcle, Nana, L'Assommoir, La Terre, Germinal et Le Rêve ; Au XXè siècle, l'ordre est bien différent : Germinal vient en tête, suivi de L'Assommoir, La Bête Humaine, Le Rêve, Nana, La Curée ;
- les conditions de l'édition ne sont pas les mêmes, d'un siècle à l'autre ; la proportion des tirages varie considérablement. Il faut savoir qu'au XIXè siècle, un tirage de 3 000 exemplaires était considéré comme un beau succès pour un ouvrage, l'année où il paraissait. On voit donc que Les Rougon-Macquart, sans cesse réédités, ont connu jusqu'en 1902 des ventes exceptionnelles. Au XXè siècle, la diffusion par Le Livre de Poche a donné à ce succès une nouvelle ampleur.

5 On prendra en compte les 3 anthologies citées dans la Bibliographie de la p. 36. Voici quelques indications statistiques concernant la place accordée à certains écrivains du XIXème siècle dans les manuels de ces différentes collections : Lagarde et Michard (Bordas), Biet-Brighelli-Rispail (Magnard, 1981) et H. Mitterand (Nathan, 1986).

	Lagarde et Michard Bordas (sur un total de 570 p.)	Ed. Magnard (sur un total de 473 p.)	Ed. Nathan (sur un total de 577 p.)
Chateaubriand	56 p. = 10,00%	8 p. = 1,70%	18 p. = 3,10%
Hugo	66 p. = 11,50%	24 p. = 5,00%	42 p. = 7,20%
Flaubert	21 p. = 3,50%	14 p. = 3,00%	35 p. = 6,00%
Zola	9 p. = 1,60%	18 p. = 4,00%	21 p. = 3,60%
Lautréamont	0 p.	6 p. = 1,20%	6 p. = 1,00%
Laforgue	2 p. = 0,30%	0,5 p. = 0,10%	2 p. = 0,30%

Chacune de ces anthologies reflète, peu ou prou, la vision de la littérature qui dominait à l'époque où elle a été composée. On remarquera notamment :
- du "Lagarde et Michard" aux deux anthologies récentes, la part plus grande accordée à la fin du siècle par rapport au début : Chateaubriand perd de son prestige, l'importance de Zola est reconnue;
- un plus grand souci des "marginaux" dans les anthologies récentes : témoin la place accordée à Lautréamont;
- quelques stabilités étonnantes : celle de Hugo, dont la gloire traverse les époques; celle de Laforgue, a contrario, présence modeste qui n'évolue guère;
- et enfin -c'est peut-être la remarque la plus significative- une plus grande dispersion (et une plus grande variété) dans le choix littéraire de la part des anthologies récentes : les "grands" écrivains (ou réputés tels) n'y occupent pas, comme dans le "Lagarde et Michard", une place prédominante; aucun ne dépasse, en effet, le seuil des 10%.

Voici -pour compléter ce tableau- les chiffres que l'on obtient avec deux anthologies qui se situent chronologiquement entre l'époque du "Lagarde et Michard" et l'époque présente : Coll. "Chassang et Senninger", Hachette, 1966; Coll. "Textes français et histoire littéraire" (H. Mitterand), Nathan, 1979 (2ème. colonne).

	Total = 539 pages	Total = 347 pages
Chateaubriand	34 p. = 6,00%	7 p. = 2,00%
Hugo	48 p. = 9,00%	30 p. = 9,00%
Flaubert	15 p. = 3,00%	38 p. = 11,00%
Zola	9 p. = 1,50%	23 p. = 7,00%
Lautréamont	1 p. = 0,20%	4 p. = 1,00%
Laforgue	2 p. = 0,40%	2 p. = 0,50%

6 Texte de Maurice Nadeau : étude de l'écrivain dans son être individuel et social. Texte de Jean-Pierre Richard : étude du roman comme structure autonome composant un ensemble thématique.

Malgré leur antagonisme, ces deux études signalent un même problème : les "longs moments d'apathie", le "découragement profond" décrits par Maurice Nadeau se retrouvent dans l'univers de la "moisissure" et du "suintement" qu'évoque Jean-Pierre Richard. Chaque critique n'a-t-il pas essayé de commenter, à sa manière, le célèbre : "Madame Bovary, c'est moi !" ?

7 Le mouvement des deux études est identique : Baudelaire est décrit comme un poète qui a su donner à une expérience personnelle une valeur humaine générale. Marcel Raymond a une perspective d'historien : Baudelaire est situé par rapport au romantisme qu'il dépasse. Tandis que Jean-Paul Sartre adopte un point de vue philosophique : Baudelaire vit le drame existentiel attaché à la condition humaine.

Le mécanisme de la démonstration dans les deux textes est semblable. Les deux critiques s'appuient sur la connaissance que tout lecteur possède de Baudelaire pour forger leur interprétation. Leur raisonnement a quelque chose de paradoxal : il s'agit pour eux de rendre compte de Baudelaire -, de ce qu'il a été dans la réalité : le fils de la générale Aupick, l'amant de Jeanne Duval ou bien l'auteur de "La Chevelure" -, et, en même temps, ils souhaitent dépasser cette réalité contingente, et comme la nier, pour mettre en place la vision abstraite d'un homme à la recherche de lui-même. Ainsi les citations de l'oeuvre de Baudelaire, dans le premier texte, les allusions biographiques, dans le second, remplissent elles la même fonction d'amplification : loin de ramener à ce qu'elle désigne, la référence suscite la disparition de son objet.

8 Il s'agit d'un exercice de récapitulation, et, en même temps, de conseils pour l'exploitation des données du chapitre.

BIBLIOGRAPHIE

Quelques titres, parmi d'autres possibles :

- R. Escarpit, Le Littéraire et le Social, Flammarion, 1970, Coll. "Champs".
- R. Fayolle, La Critique, A. Colin, 1964 (1ère éd.), Coll. "U".
- R. Laufer, "La Diffusion du livre", in Littérature et langages : thèmes et langages de la culture moderne, Nathan, 1977 (tome V).
- G. Delfau et A. Roche, Histoire/littérature. Histoire et interprétation du fait littéraire, Seuil, 1977.
- J. Dubois, L'Institution de la littérature, Nathan/Labor, 1978.
- Pratiques n° 32, déc. 1981 : "La littérature et ses institutions".
- H.R. Jauss, Pour une esthétique de la réception, Gallimard, 1978.
  Pour une herméneutique littéraire, Gallimard, 1982.

II LE LANGAGE ET LA COMMUNICATION

5. L'oral et l'écrit

(Manuel, pp. 42 - 49)

Le chapitre 5 constitue, avec le chapitre 6, une initiation aux concepts de base de la linguistique moderne. Il porte sur la phonologie et la prosodie de l'oral, et il est centré sur la notion de signe : d'où l'introduction des concepts d'arbitraire du signe et de motivation partielle, qui sont expliquées selon la perspective saussurienne. La notion de référent complète cette présentation du signe linguistique : posant le problème du rapport du signe au monde, elle permet une étude intéressante des mécanismes de la signification dans les textes de fiction (voir les "problèmes stylistiques").

EXERCICES

1. Lectures

1 a/ Relation entre le signifié et le signifiant : elle est arbitraire, ou partiellement motivée. Selon Saussure, la motivation partielle (ou relative) est la relation de nécessité qu'un locuteur perçoit entre le signifié et le signifiant d'un mot construit (dérivé ou composé), par exemple entre dix et neuf et l'idée de "dix-neuf", ou entre poir + ier et l'idée de "poirier". Porte-Manteau, trente-deux, livreur, contredire, richesse, sagesse sont des signes partiellement motivés ; cette motivation est de nature morphologique (il s'agit de mots composés ou de mots dérivés). Signe également motivé, cocorico : la motivation est ici de nature phonique (cas de l'onomatopée, où le signifiant évoque une impression auditive, mais avec, cependant, une part d'arbitraire). Noter que trente-deux, 32, XXXII sont trois signes de même signifié et de signifiant différent : l'emploi des chiffres, arabes ou romains, réalise une économie graphique par rapport à l'emploi des lettres. Table, assiette, il, Dieu, Pierre, pierre sont des signes arbitraires.

b/ Relation entre le signe et le référent. Les signes de la liste possèdent trois sortes de référents :

- des référents concrets, dont la réalité peut être désignée : table, assiette, porte-manteau, cocorico, livreur, pierre ;
- des référents abstraits, culturels, dont l'existence est non physique mais intellectuelle : trente-deux, contredire, Dieu, richesse, sagesse ;
- des référents qui ne peuvent être déterminés que dans une situation de communication précise : il, Pierre (homonyme de pierre, distinct par son référent) ; ces signes sont des déictiques (voir chap. 6).

2 Transcriptions phonétiques : prudemment [prydamɑ̃] ; gageure [gaʒyr], et non [gaʒœr] ; rumsteack [rɔmstɛk] ; meeting [mitiŋ] ; aggraver [agrave] ; acquisition [akizisjɔ̃] ; où [u] ; houe [u] ['u] ; champ [ʃɑ̃]
L'exercice met en évidence :

- le problème des différences existant entre lettres et phonèmes : les difficultés de l'orthographe ;
- le problème des prononciations exceptionnelles : à l'intérieur du code français (gageure), ou par rapport à un code étranger (rumsteack, meeting).

3 On distingue les phonogrammes (graphèmes transcrivant un phonème), les morpho-

grammes (graphèmes, prononcés ou non, ayant un rôle grammatical) et les logogrammes (graphèmes permettant de distinguer deux mots homonymes à l'oral). Gageure, rumsteack, meeting, acquisition ne sont composés que de phonogrammmes, ont autant de graphèmes que de phonèmes (5 pour gageure, 7 pour rumsteack, etc.). Prudemment, aggraver, ont respectivement 8 et 7 graphèmes à cause des deux morphogrammes t et r, qui sont la marque du suffixe adverbial et de l'infinitif. Champ a trois graphèmes, ch, am et p, qui est un logogramme (distinguant champ et chant). De même, l'accent de où, le h et le e de houe sont des logogrammes (cf. ou, houx, homonymes possibles).

4 L'exercice permet d'appliquer les définitions données p. 43. Utiliser aussi le tableau des phonèmes situé à la fin du Manuel. L'étude des rimes (qui fait l'objet d'exercices approfondis au chap. 14) montre ici une distorsion entre les signifiants graphiques bel et belle, est et aie : les rimes ne sont pas identiques, l'une est masculine, l'autre féminine. Le poète rompt avec l'habitude des rimes entièrement homogènes et maintient un subtil écart entre des signifiants quasiment identiques. Sur les jeux de la rime chez Aragon, voir chap. 14, exercice 6, page 112.

5 Voici une scansion possible (nous ne notons que les pauses, l'intonation se déduit facilement), mais il est évident que d'autres interprétations sont possibles.

- Que l'homme contemple donc / la nature entière / dans sa haute et pleine majesté // qu'il éloigne sa vue / des objets bas / qui l'environnent (Pascal).
- Car enfin / qu'est-ce que l'homme / dans la nature /// Un néant à l'égard de l'infini // un tout à l'égard du néant // un milieu entre rien et tout (Pascal).
-Levez-vous vite / orages désirés // qui devez emporter René / dans les espaces d'une autre vie ! (Chateaubriand).
- Lorsque / dans le silence de l'abjection / l'on n'entend plus retentir / que la chaîne de l'esclave et la voix du délateur // lorsque / tout tremble devant le tyran / et qu'il est aussi dangereux d'encourir sa faveur / que de mériter sa disgrâce // l'historien paraît // chargé de la vengeance des peuples (Chateaubriand).
- O noblesse // ô beauté simple et vraie // déesse dont le culte / signifie raison et sagesse // toi dont le temple est une leçon éternelle / de conscience et de sincérité // j'arrive tard au seuil de tes mystères /// J'apporte à ton autel beaucoup de remords (Renan).
- Je prends la corde dans le sac /// Voilà un autre objet /// ferme le haut du sac // me le pends au cou /// Je sais que j'aurai besoin des deux mains // ou l'instinct / c'est l'un ou l'autre /// et en avant /// jambe droite / bras droit // pousse dix mètres / quinze mètres /// halte (S. Beckett).

6 Les pauses et le débit peuvent être notés de la façon suivante :

Une fois / à Saint-Lazare // tu sais // les gens descendent // et puis // faut aller tourner à la Place // alors / tu sais // un bus / ça se tourne pas comme une voiture // un taxi / il vient // il allait se mettre là-bas /// Il s'arrête / juste à ras de moi // comme ça /// Puis il voyait que j'allais tourner // "Eh ben // je lui dis // pourquoi que tu t'es mis là ? // tu voyais que j'allais tourner ? // Oh / il dit // moi j'ai le temps // je bouge pas // Tu veux pas bouger ?" /// Toc / j'ai mis en première // j'ai tourné // Puis j'ai emmené son aile // tu sais // tu entendais / crac / crac / crac / crac / crac // Tu voyais la voiture / dans le rétroviseur // elle sautait // "Ah / arrête / Ah" // il gueulait comme un veau // "Ah / j'ai dit // mon vieux // tu as pas voulu bouger // moi ça me coûtera cent soixante balles" /// C'est à peu près ça

Pour une étude linguistique de cet extrait d'enregistrement, voir l'ouvrage de J. Peytard et de E. Genouvrier (op.cit., infra, p 24-26).

7 Zola, *L'Assommoir*, chap. XII (Gallimard, coll. "La Pléiade", t. II, p. 751)

"Que d'embêtements ! A quoi bon se mettre dans tous ses états et se turlupiner la cervelle ? Si elle avait pu pioncer au moins ! Mais sa pétaudière de cambuse lui trottait par la tête. M. Marescot, le propriétaire, était venu lui-même, la veille, leur dire qu'il les expulserait, s'ils n'avaient pas payé les deux termes arrièrés dans les huit jours. Eh bien ! il les expulserait, ils ne seraient certainement pas plus mal sur le pavé ! Voyez-vous ce sagouin avec son pardessus et ses gants de laine, qui montait leur parler des termes, comme s'ils avaient eu un boursicot caché quelque part ! Nom d'un chien ! au lieu de se serrer le gaviot, elle aurait commencé par se coller quelque chose dans les badigoinces ! Vrai, elle le trouvait trop rossard, cet entripaillé, elle l'avait où vous savez, et profondément encore !"

8 La ponctuation soutient le rythme de la période chez Balzac et chez Proust : rythme linéaire de Balzac, à nombreux ralentissements (noter les virgules, l'usage de l'italique : "*dit* du Tillet") ; rythme fortement haché de Proust, qui se risque à des ruptures plus importantes (voir l'usage de la parenthèse). Dans les phrases de Valéry, Giono ou Robbe-Grillet, la ponctuation possède toute sa valeur logique car les mots de liaison sont effacés : elle met en valeur la sécheresse de l'expression nominale chez Valéry, la force du langage oral chez Giono, la netteté de la description chez Robbe-Grillet. Quant à la phrase de Butor (extraite de *La Modification*), on appréciera le raffinement de sa typographie, qui combine les pauses brèves, notées par les virgules, et les pauses fortes, créées par les alinéas (noter la mise à distance du deuxième segment de la période par l'usage de la parenthèse associée à l'alinéa).

9 La ponctuation, c'est-à-dire la typographie, joue un rôle fondamental dans "El Desdichado" :

- Les quatre mots en caractères italiques désignent les axes thématiques du poème : *étoile*, *soleil*, *Mélancolie* et *fleur*. Comme l'a écrit R. Faurisson : "Ils nous suggère que le poète a voulu réunir sous le signe de la *Mélancolie*, d'une part, les deux femmes qu'il a aimées et perdues et, d'autre part, leur amant, c'est-à-dire lui-même. C'est ainsi que la *sirène* (ou la *fée*) aurait pour symbole cette *fleur* : beauté sensuelle, accessible, païenne et terrestre, tandis que la *reine* (ou la *sainte*) serait figurée par l'étoile : beauté froide, située au plus haut des cieux. Enfin, l'amant lui-même, le prince (ou le poète) aurait pour symbole le *soleil* qui, "entre ciel et terre", si l'on peut dire, est soit Phébus (qui brûle pour l'*étoile* d'une passion éthérée), soit Amour (qui brûle pour la *fleur* d'une passion charnelle)". (*L'Information littéraire*, n° 2, mars-avril 1968, p. 94). NB/ Nous suivons le texte de l'édition H. Lemaitre (Garnier, 1966) qui donne au v. 4 : "*soleil* noir", et non l'édition de La Pléiade qui propose : "*soleil noir*".

- Les tirets, dans le premier quatrain, renforcent les coupes de l'alexandrin, et ralentissent le débit des vers. Ils détachent ainsi les mots importants, et mettent en place les éléments d'une confession lyrique. Je suis veuf, dit le poète, *le* veuf, parce que la beauté inaccessible que j'aimais, l'étoile, est morte. C'est pourquoi (le tiret, au v. 3, introduit une conséquence) mon luth, qui portait l'image de l'étoile (constellée), n'est plus que le "soleil noir" (l'amour éteint) de la Mélancolie.

- Les points de suspension, au début du premier tercet, donnent toute leur valeur à la recherche d'identité qui est tentée. Qui suis-je ? dit le poète : suis-je l'amant de la légende, qui, comme Amour, a brûlé pour la sirène, la fée ? Ou bien Biron, le héros des croisades, qui, semblable à Phébus, a aimé la reine, la sainte ? Aucune hypothèse n'est choisie ; rien de vient trancher l'alternative, et c'est cette indécision que notent les seconds points de suspension, à la fin de la strophe.

Ainsi, comme c'est souvent le cas dans la poésie du XIXè siècle, la ponctuation est utilisée avec un grand raffinement. Elle donne au poème une épaisseur paradigmatique en soulignant la valeur métaphorique des mots, et elle lui apporte une extension syntagmatique, en désignant les ellipses du récit. Son rôle est de guider le lecteur vers une interprétation : elle a le pouvoir d'une herméneutique.

2. Problèmes stylistiques

10 Mirabeau, Discours du 26 septembre 1789.

- Le discours se compose de deux mouvements : Mirabeau expose d'abord son projet, puis essaie de convaincre l'assistance effrayée. Dans la première partie dominent les exclamations, dans la deuxième, les interrogations. Le passage de l'une à l'autre se fait par la multiplication des points de suspension, au milieu du texte. Le point-virgule, souvent associé à la coordination explicative car, renforce le développement logique de la période.

- Si l'on notait les pauses uniquement en fonction de la ponctuation, le discours aurait un rythme trop rapide. Il faut donc délimiter les pauses à partir des groupes syntaxiques. Par exemple :

Deux siècles de déprédations et de brigandage / ont creusé le gouffre / où le royaume est près de s'engloutir.

Mais on peut choisir aussi d'accentuer tel ou tel mot qui semble important, et bousculer ainsi le découpage syntaxique. Le discours se fait alors plus dramatique, devient martellement, succession de phrases nominales. On peut, par exemple, insister sur les impératifs :

Mes amis /// écoutez /// un mot // un seul mot.

On peut choisir aussi de mettre en valeur les oppositions d'idées : comme ici, l'opposition entre le "petit nombre" et la "masse" :

Car ne faut-il pas qu'un / petit nombre / périsse // pour sauver la / masse / du peuple ?

11 Céline, Voyage au bout de la nuit (1932).

- Dominance des voyelles antérieures claires, surtout [a] : [sa], [mwa], [avɛ], [ʒame]. On peut proposer l'analyse suivante :

ça a débuté / comme ça /// Moi // j'avais / jamais rien dit ///

- Le discours d'Arthur Ganate est dans sa plus grande partie constitué de phrases nominales, incomplètes, brisées avant d'être développées. Les pauses, très nombreuses, sont notées par une grande abondance de signes de ponctuation : points d'exclamation, points d'interrogation. On sait que, dans ses derniers romans, Céline multiplie cette ponctuation de la pause, en faisant des points de suspension un usage systématique. Ici, ce qui a disparu par rapport à un discours normal, c'est la phrase affirmative classique avec son intonation montante et descendante : une phrase cassée, brutale, tantôt montante, tantôt descendante, lui a succédé. Le halètement de l'intonation traduit la véhémence de la pensée.

12 Queneau, Zazie dans le métro (1959).

- Le jeu sur le signifiant Fior / Dior, Fior / parfum indique au lecteur un référent (la marque de parfums "Dior") et lui permet de comprendre l'expression. Mais en même temps, il maintient le signifié dans l'univers imaginaire, qui possède ses propres référents. La caractéristique de la fiction est précisément de construire des référents d'ordre textuel, par opposition aux référents habituels de l'expérience quotidienne. Quant au signifié de Barbouze, il est double : nom arbitraire d'un parfum, mais aussi nom évocateur d'une idée de mystère et de virilité (la "barbouze" est l'agent secret affublé d'une fausse barbe). Ce qui ne peut que produire un effet contradictoire dans l'esprit du lecteur, et lui suggère déjà la nature homosexuelle du personnage, qui ne sera dévoilée qu'à la fin du roman.

- "Doukipudonktan" est créé par Queneau à partir d'une double exigence : la volonté de ne transcrire que ce qui appartient effectivement au langage parlé, et donc de supprimer toute la partie "morte" de la langue, qui ne subsiste que dans un état écrit ; la volonté, également, de lier dans la graphie ce qui est prononcé d'une seule émission de voix, et donc de définir d'une nouvelle façon les limites du mot. Queneau est partisan d'une orthographe phonétique qui utiliserait les signes de l'alphabet classique. "Il s'agit, écrit-il, non de corriger l'orthographe de l'ancien français (celui que j'écris en ce moment), mais de choisir quelle orthographe donner au nouveau français. La plus phonétique semblerait s'imposer ; on pourrait employer l'alphabet : a, â, b, d, e, é, è, ê, f, g (toujours dur), i, j, k, l, m, n, o, p, r, s (toujours ç, ss), t, u, v, y, z, ch, gn, ou, an, in, on en observant cette règle que toute lettre se prononce, et sans jamais changer de valeur, quelle que soit sa position". (Bâtons, chiffres et lettres, Gallimard, 1965, coll. "Idées", p. 22). Les transcriptions de Queneau sont "phonogrammatiques" : elles reproduisent les graphèmes qui correspondent aux phonèmes. Plus facilement lisibles que l'écriture au moyen de l'Alphabet phonétique international, elles sont aussi moins précises d'un point de vue scientifique.

13 M. Duras, Le Ravissement de Lol V. Stein (1964).

Le roman de Marguerite Duras a pour cadre une Amérique sommairement évoquée. Le narrateur, Jacques Hold, est l'amant d'une femme mariée, Tatiana Karl : liaison de routine, brusquement remise en question par la rencontre de Lol V. Stein, une ancienne amie de Tatiana. Le narrateur et Lol V. Stein tombent amoureux l'un de l'autre. Mais pourquoi une attirance si brutale ? C'est cette question qui motive la recherche du narrateur, dont l'espoir est d'arriver à comprendre le personnage insaisissable de celle qu'il s'est mis à aimer.

- les noms propres en ce début de roman apparaissent comme des signes mystérieux. Ils ne renvoient, en effet, à aucun référent de l'expérience habituelle : ni les noms de personnages, ni même les noms de ville, à l'exception de Paris. Le lecteur est d'emblée installé dans un univers autonome dont les référents sont connus du seul narrateur de la fiction. Les signifiants, cependant, manifestent une certaine harmonie, fondée sur l'opposition des consonnes T/L. Ainsi est signifiée une cohérence, une culture qui se révèle être américaine. L'usage du prénom double, le premier abrégé, le deuxième indiqué par une initiale (Lol V. = Lola Valérie), puis vers la fin du texte, des mots visiblement issus du code anglais (Michael, Richardson, Beach) contribuent à un dévoilement progressif. Le code onomastique indique aussi le mélange culturel propre à la civilisation américaine, d'un côté, Michael Richardson, un nom d'origine anglo-saxonne, de l'autre Lol V. Stein, Tatiana Karl, des noms d'origine slave. Ainsi est notée une différence entre les personnages : les signes onomastiques suggèrent d'emblée ce malaise, cette difficulté dans la relation amoureuse qui font l'objet du récit de Marguerite Duras.

- Il faut noter l'usage des tirets, qui s'accorde à cette narration du souvenir, permet au narrateur d'intervenir de plus en plus fortement dans ce récit, et de quitter le rôle de témoin qui semblait, à première vue, être le sien. Le rythme du deuxième paragraphe se modifie brusquement dans la dernière phrase : après une suite de pauses fortes et un débit lent, la narration s'accélère, au moment où surgit le rappel d'un événement qui paraît important.

BIBLIOGRAPHIE

La bibliographie est très étendue. A côté du Cours de linguistique générale, de Saussure (Payot, 1969 ; éd. critique de Tullio de Mauro, Payot, 1981), nous ne citerons que quelques ouvrages directement utilisables :

- Ouvrages de réflexion sur la linguistique et l'enseignement du français :

- J. Peytard et E. Genouvrier, Linguistique et enseignement du français, Larousse, 1970.

- R. Eluerd, L'Usage de la linguistique en classe de français. Critiques et pers-perspectives, ESF, 1979.

- Ouvrages de synthèse sur les théories et les méthodes de la linguistique :

- F. Vanoye, Expression et communication, A. Colin, 1973. Coll. "U" (accompagné un d'un livret annexe donnant un corrigé des exercices).
  Pratiques de l'oral, A. Colin, 1981, Coll. "U".

- J. Mouchon et F. Fillol, Pour enseigner l'oral, CEDIC, 1980.

• J. Gardes-Tamine, La Grammaire, A. Colin, 1988, Coll. "Cursus", 2 tomes (chaque chapitre comporte des exercices d'application).

- Dictionnaires :

• O. Ducrot et T. Todorov, Dictionnaire encyclopédique des sciences du langage, Seuil, 1972 (rééd. Coll. "Points").

• J. Dubois et alii, Dictionnaire de linguistique, Larousse, 1973.

• R. Galisson et D. Coste, Dictionnaire de didactique des langues, Hachette, 1976.

- Numéros spéciaux de revues :

• Pratiques : "L'oral", n° 17, oct. 1977;
"Orthographe", n° 25, déc. 1979;
"Orthographes", n° 46, juin 1985.

• L'Ecole des lettres : "L'orthographe et son enseignement", n° 11, Mars 1990.

6. La communication

(Manuel, pp. 50 - 56)

L'étude de la communication est la partie la plus vivante de la linguistique post-saussurienne. De la connaissance des systèmes de la langue l'intérêt s'est déplacé vers la parole, vers ce qu'on appelle les problèmes de l'énonciation. En articulant le chapitre 6 autour de quelques grands concepts (les niveaux de langue, les déictiques, les fonctions du langage, les actes de parole), nous avons voulu montrer l'unité d'une problématique et son approfondissement graduel du choix d'un langage à la réalisation d'un message. Les exercices montrent comment les concepts mis en place se complètent et se recoupent pour cerner les nombreuses questions stylistiques qui découlent de l'analyse de l'énonciation : par exemple, l'argumentation rhétorique (dans le texte de Mirabeau), le monologue (dans les textes de Céline et de Queneau) ou l'expression de la narration (dans le texte de Marguerite Duras), - questions qui seront reprises plus loin, dans les chapitres 17, 19 et 20.

EXERCICES

1. Lectures

1 Peureux, pleutre, froussard. - Paresseux, indolent, flémard, cossard. - Sale, souillé, dégueulasse. - Dormir, reposer, pioncer. - Ennuyer, contrarier, embêter. - Tuer, occire, bousiller (liquider, zigouiller, etc.). - Se tromper, se méprendre, se gourer. - Se dépêcher, se hâter, se grouiller. - L'eau, l'onde, la flotte. - La prison, la geôle, la cabane. - Un cheval, un coursier, un bourrin (un canasson). - Un chapeau, un couvre-chef, un galurin.

2 Dans le deuxième texte, le niveau de langue familier se perçoit par opposition avec l'usage commun (neutre linguistiquement) qui est manifesté dans le premier texte. Les traits linguistiques de l'oral familier sont multiples :

- du point de vue lexical : usage d'un vocabulaire populaire (zozo, galurin, l'air pied, faire au lieu de dire, bafouiller, panards...) ;
- du point de vue morpho-suntaxique (celui de la syntaxe du mot) : abondance de contractions phonétiques du type "doukipudonktan" (voir chapitre précédent, exercice 3);

- du point de vue syntaxique: constructions fautives (un cou qu'on aurait dit..., au lieu de tel qu'on aurait dit ; qu'il lui fait, qu'il ajoute..., au lieu de fait-il, ajoute-t-il) ; scansion de la phrase à l'aide d'expressions vides sémantiquement, qui appartiennent à la fonction de contact (comme de bien entendu, voilatipas...).

3 Le relevé des déictiques ne pose pas de problème : adjectifs possessifs (mon, ma, tes, notre) ou démonstratifs (ces), adverbes de lieu (là, là-bas). Leur répartition inégale dans les strophes du poème permet de dégager une interprétation.

- la première strophe instaure un dialogue entre un je et un tu. Ce dialogue a pour objet un lieu, qui est désigné : Ces ciels brouillés..., Là tout n'est qu'ordre et beauté...;

- La deuxième strophe ne comporte qu'un déictique, le possessif notre : strophe du rêve, d'un lieu déjà donné et d'une union déjà accomplie ;

- la troisième strophe opère un retour au dialogue, au tu (vois..., ton moindre désir...). Il s'agit de convaincre pour que l'illusion rêvée prenne forme. Le poète hésite entre la volonté d'une communication et le sentiment de la fragilité de cette communication. En désignant une réalité, corporelle et spatiale, il fait un geste qui possède la valeur magique de faire surgir du néant l'objet du désir. Ce que disent les déictiques, c'est ce geste du désir.

4 Le dialogue théâtral exprime alternativement les fonctions expressive et impressive : Eraste, Fantasio, le père Ubu se définissent (f. expressive) ; Harpagon donne un ordre (f. impressive). Quand ce dialogue s'arrête, quand les personnages se cherchent dans un monde absurde, le langage n'est plus que contact : ainsi les paroles d'Estragon dans la pièce de Beckett. Le roman, en particulier le roman réaliste, communique sans cesse des informations ; il est le lieu de la fonction référentielle : par exemple, dans les explications de Lidenbrock ou de Maheu. Au début de Regain, l'oncle Joseph transmet également une information, mais Giono a voulu insister sur la forme orale de son récit : d'où l'importance qu'y prend la fonction de contact. Enfin, le langage utilisé pour lui-même, où le message s'abolit dans le pouvoir des mots, est celui de la poésie : ainsi le langage de la Nourrice, chez Mallarmé, ou de Jupiter, chez Giraudoux.

5 La distinction entre les actes de parole explicites et implicites n'est pas aisée à établir. Elle est faite par J.L. Austin, le linguiste qui est à l'origine de la réflexion sur ce problème (et qui définit sous le concept général d'illocutoire tout acte par lequel le sujet se pose face à un interlocuteur), mais elle est refusée par Emile Benveniste, qui préfère ne considérer comme actes que ceux qui sont accomplis par les verbes performatifs (voir, infra, la bibliographie). Il est évident, en tout cas, que dans les communications courantes l'acte de parole explicite, qui suppose la manifestation claire d'une autorité à l'aide d'un énoncé performatif, est beaucoup plus rare que l'acte implicite. C'est ce qui apparaît dans le texte de Molière. Le Je veux qu'elle sorte de Philaminte signifie "j'ordonne" : c'est un énoncé performatif explicite. Autre exemple net de performatif : la dernière réplique de Chrysale : Aussi fais-je signifie "Je partage votre courroux". Cette affirmation n'est pas la description d'une réalité (puisque Chrysale pense, en fait, le contraire), mais bien un acte volontaire de parole. Les autres énoncés similaires au cours de la conversation (je ne fais que, je ne dis pas cela, je ne veux point...) sont simplement descriptifs ou constatatifs. Quant aux actes de parole implicites, ils sont très nets au début du texte, au moment où Philaminte chasse Martine : il s'agit d'ordres que les trois impératifs successifs (sortez, quittez, ne vous présentez jamais) manifestent sans aucune ambiguïté.

2. Problèmes stylistiques

6 Mirabeau, Discours du 26 septembre 1789.

- Si l'on excepte le "mes amis" du début, la personnalité de l'orateur n'apparaît pas dans ce discours. Le texte efface les déictiques renvoyant au sujet de l'énonciation : le "je vous dis", pourtant si fréquent dans la rhétorique politique, est exclu, et cette exclusion entend conférer au message plus d'objectivité, donner à la prophétie finale un caractère encore plus inéluctable. Les déictiques du texte visent, au contraire, le public des députés en désignant l'objet du débat : "Voici la liste", "ces deux mille notables", "ces tristes victimes" - c'est-à-dire la minorité d'individus qui s'oppose aux "millions d'hommes" évoqués dans les dernières lignes.

- La fonction impressive domine. Elle s'exprime d'abord par une suite d'impératifs (choisissez, ramenez, frappez, etc.), puis, devant les objections que perçoit l'orateur, emprunte la forme déguisée de l'interrogation oratoire : Ne voyez-vous donc pas ? croyez-vous ? La fonction de contact apparaît, dès le début, dans l'extraordinaire "un mot, un seul mot" ; puis elle surgit à nouveau dans les temps forts du discours, au moment où il s'agit d'obtenir l'adhésion de l'auditoire : eh bien, allons, eh...

- Les actes de parole sont implicites puisque le je de l'énonciation n'apparaît pas : ordres et conseils se succèdent sous les deux formes de l'exclamation impérative et de l'interrogation oratoire.

7 Céline, Voyage au bout de la nuit (1932).

- La tonalité familière ou populaire du passage ne provient pas du vocabulaire mais de la forme de la phrase. Deux phénomènes contradictoires caractérisent celle-ci : l'effacement des mots nécessaires, le remplissage par des mots inutiles. Par exemple : restons pas dehors pour ne restons pas dehors, trop froid ou trop chaud pour lorsqu'il fait trop froid ou trop chaud ; ou, au contraire : qu'ils racontent pour racontent-ils, des mots, et encore pas beaucoup, même parmi les mots, qui sont changés pour des mots, et encore pas beaucoup, qui sont changés. D'où un rythme complexe, tantôt rapide, elliptique, tantôt ralenti, insistant. Le vocabulaire reste simple ; les mots, concrets, produisent un effet de réel par leur sobriété même.

- Le monologue d'Arthur Ganate mêle l'interpellation (f. impressive, actes de paroles implicites) et le commentaire sur la réalité (f. référentielle et f. de contact). Le narrateur conclut en soulignant sa valeur expressive : bien fiers d'avoir fait sonner ces vérités utiles...

8 Queneau, Zazie dans le métro (1959).

- Les marques lexicales, syntaxiques et morphosyntaxiques du langage populaire sont analogues à celles qui caractérisent les Exercices de style (voir exercice 2) vocabulaire familier, voire vulgaire (le tarin, la rombière, faire la pige), syntaxe fautive (y a pas de raison, tous ceux-là qui...). Mais c'est un langage qui reste écrit, donc littéraire. Queneau emprunte des traits du langage oral, mais ne reproduit pas un code. Des éléments spécifiques de l'oral sont absents ici : par exemple l'abondance des signes relevant de la fonction de contact (les répétitions, les exclamations) ou l'énoncé inachevé, laissé en suspens. Ainsi, les paroles du chauffeur proposées en exercice au chap. 5 (ex. 6, p. 46) sont caractérisées par des répétitions de mots vides (tu sais), par la présence d'onomatopées (toc, crac), ou par des interruptions logiques. Leur rythme est haché, très éloigné du langage composé et lié de Queneau. De ce point de vue, la phrase brisée de Céline est plus conforme à la spécificité du langage familier que celle de Queneau.

- Le comique de ce début de roman provient d'un retournement des conditions normales de la communication. Dans le monologue initial, d'abord. Les questions que se pose Gabriel portent sur l'origine d'une situation : où est la puanteur ? qui pue ? Mais cette origine ne peut être déterminée : "tous ceux-là qui m'entourent" est une réponse trop vague ; le déictique "ceux-là" reste imprécis : il ne désigne aucun adversaire individualisé. D'où un monologue absurde, car il suppose un conflit qui ne peut être résolu. Dans le dialogue qui suit, la communication est également détournée, mais d'une autre manière. Au lieu de s'adresser directement la parole, les personnages font des constatations (du type : "ceci est..."). La fonction impressive du langage s'exprime indirectement, par le biais d'énoncés qui relèvent de la fonction référentielle.

L'affrontement est latent, il est retardé par la prudence de l'interlocutrice de Gabriel qui se réfugie dans la proclamation de vérités générales. Il n'éclate qu'à la fin du texte, au moment où Gabriel passe enfin au tu : "tu te trompes, p'tite mère, tu te trompes".

9 Marguerite Duras, Le Ravissement de Lol V. Stein (1964).

- Nous sommes au début du roman, et une communication s'instaure sur le mode du témoignage. Le récit cherche à cerner un personnage mystérieux, Lol V. Stein, qu'un autre personnage a bien connu : Tatiana Karl. Le narrateur se présente comme un simple observateur. Il est prudent, et ne veut avancer que ce qu'il "sait". Il connaît Tatiana Karl, qui lui sert d'informatrice. En apparence, donc, un récit classique, introduit par un témoin au rôle passif. Mais deux éléments stylistiques surprennent, à la lecture : le surgissement régulier du je de l'énonciation (en début, ou en fin de paragraphe) qui ne se fait pas oublier derrière son récit, et la modalité du doute, présente dans plusieurs énoncés subjectifs (rien... qui m'ait frappé ; c'est ce que je sais). Que faut-il supposer de ce narrateur insistant ? Les marques de l'énonciation suggèrent au lecteur ce que la suite de l'intrigue va lui confirmer : que le narrateur est fortement impliqué dans l'histoire qu'il raconte, et que cette histoire est celle de son amour pour deux femmes, Tatiana Karl, l'amie, l'accessible, et Lol V. Stein, l'étrange, l'inaccessible.

- Comme dans tout début de roman, la fonction référentielle du langage domine, puisqu'il s'agit d'apprendre au lecteur beaucoup de choses : sur les personnages, et sur le lieu du récit. Mais l'information apportée apparaît vite fragmentaire ; elle est troublée par le doute. L'origine de la communication est mise en question. D'où un déplacement progressif de la fonction du message, d'abord référentielle (de quoi parle-t-on ?) puis expressive (qui parle ?).

- "On danse Tatiana ?" : sans aucun signe typographique qui le marque dans le texte, l'énoncé est le seul exemple de discours rapporté. Il permet d'évoquer la relation d'amitié et de complicité qui unit les deux jeunes filles. Invitation, ordre déguisé, c'est bien sûr un acte de parole implicite, et à un double titre : à cause de l'absence d'un performatif du type "Je t'ordonne, Tatiana", mais aussi à cause de l'emploi de "on" pour "nous". Le glissement de la première personne à la troisième personne accroît l'implicite du message. L'acte de parole s'efface devant l'acte physique de la danse.

3. Création

10 Voici la suite de la parodie de Reboux et Muller "à la manière de" Zola :

"Et il enrageait, s'étranglait dans des accés de toux. Mais il allait la mettre au pas, et plus vite que ça ! On rembourserait le bijou perdu, soit, ou on en achèterait un pareil. Il ne serait pas dit que, parce qu'on était pauvres, on se conduirait en malhonnêtes gens. Mais elle ne l'emporterait pas en paradis!..

Et ç'avait été alors, une fois les diamants remplacés, la vie des pauvres gens qui espèrent toujours en vain un peu plus de bonheur, de vérité et de justice, la vie des sans-le-sou, une vie hargneuse et mesquine, avec les courses quotidiennes au Mont-de-Piété pour y porter une paire de flambeaux, la suspension, l'armoire à glace, avec l'empêtrement des protêts, des billets à ordre, avec les éclats coléreux des encaisseurs essoufflés, suants, furieux d'avoir monté vainement six étages, et qui vous retournaient les sangs à force de crier, quand ils n'exigeaient pas un acompte en nature.

Ah! elle pouvait se vanter de connaître les hommes à présent, la petite Mme Loisel! En avait-elle vu, de ces yeux injectés, où le seul aspect de sa jupe tendue sur ses chairs crevant de santé mettait une flamme lubrique! En avait elle rencontré, de ces mâles allumés dont les mains tremblantes se tendaient vers elle!

Si encore elle avait pu se ressaisir, se purifier corps et âme dans l'intimité réconfortante du foyer... Mais non... Elle était plus malheureuse que les pierres chez elle... C'est qu'il fallait ne pas être en retard, avoir achevé de préparer le manger pour quand retentirait dans l'escalier le pas lourd de l'homme assommé de fatigue et affamé d'un appétit goulu de rond-de-cuir à l'estomac aux impérieuses exigences! Alors c'était le va-et-vient de la lavette visqueuse entre l'eau grasse d'une terrine et la vaisselle encroûtée d'un reste de lapin séché ; c'étaient les borborygmes de l'évier par le trou duquel montaient, comme d'une bouche pourrie, des relents d'aigre fétidité. C'était, le long des marches crasseuses, la descente des ordures charriées dans une boîte de métal dont les angles lui blessaient les cuisses.

Et de chaque palier dévalait chaque jour un tel torrent de gros mots, d'épluchures, de détritus, une telle débâcle d'immondices, que cela remontait parfois comme une régurgitation formidable, comme une éructation géante d'infamie, comme une immense marée, toujours élargie, coulait jusqu'à ses pieds, la flagellait, la suffoquait, l'engloutissait enfin dans l'explosion d'un égoût qui crève et dont la coulée monstrueuse voudrait empoisonner la terre".
Paul Reboux, Charles Muller, *A la manière de*, Grasset, 1964.

BIBLIOGRAPHIE

On se reportera à la bibliographie du chapitre précédent, à laquelle on ajoutera :

- Sur les problèmes généraux de l'énonciation :

• E. Benveniste, *Problèmes de linguistique générale*, 2 tomes, Gallimard, 1966 et 1974.

• R. Jakobson, *Essais de linguistique générale*, Ed. de Minuit, 1963, (Coll. "Points" 1970). NB/ Sur les fonctions du langage, nous n'avons pas exactement repris la terminologie de Jakobson et avons appelé *fonctions expressive*, *impressive* et *de contact* ce qu'il nomme *fonctions émotive*, *conative* et *phatique*.

• C. Kerbrat-Orecchioni, *L'Enonciation. De la subjectivité dans le langage*, A. Colin, 1980.

- Sur la question particulière des actes de parole :

• J.L. Austin, *Quand dire c'est faire*, Seuil, 1970.

• J.R. Searle, *Les Actes du langage*, Hermann, 1970.

• F. Flahaut, *La Parole intermédiaire*, Seuil, 1978

7. Les structures du vocabulaire

(*Manuel*, *pp. 57 - 62*)

Chapitre de réflexion linguistique comme les deux précédents, le chapitre 7 est aussi la suite naturelle du chapitre 3, qui présentait les dictionnaires : il constitue, en effet, une introduction aux problèmes de la lexicologie qui sont liés à ceux de la lexicographie. Science des mots ou du lexique, la lexicologie a longtemps souffert - et souffre encore - d'être prise entre la morphologie et la syntaxe. Toutes les grammaires classiques parlent du lexique, mais en parlent trop vite, en se contentant d'énumérer suffixes et préfixes. Mais depuis quelque temps, la lexicologie se constitue comme science autonome et cohérente, elle fait la synthèse des pratiques hétérogènes qui la composent, et elle offre un corps de notions relativement solides. Pour l'enseignant de français, elle a ceci de rassurant qu'elle est le reflet atténué des grandes préoccupations méthodologiques de la linguistique contemporaine, dont elle réussit à combiner de façon assez harmonieuse principes distributionalistes et principes générativistes.

Deux questions principales constituent son champ d'action, et c'est autour d'elles que nous avons organisé la leçon et les exercices. La lexicologie est d'abord une réflexion sur la forme des mots, sur le système de la dérivation suffixale et préfixale et de la composition. Elle est ensuite une réflexion sur les ensembles de mots. L'idée d'une étude des ensembles de mots - des champs sémantiques ou lexicaux - tend actuellement à être dépassée, d'un point de vue théorique, par les ambitions de la sémiotique française et anglo-saxonne qui produit des travaux impressionnants par leur formalisme (voir en particulier A.J. Greimas et ses disciples). Mais elle nous semble continuer à présenter beaucoup d'intérêt pour l'enseignant de français qui peut, en l'exploitant, développer chez ses élèves leur capacité à repérer et à classer des catégories lexicales et sémantiques, et, au bout du compte, leur plaisir à manipuler les textes.

EXERCICES

1. Lectures

1 1. Passion, fiction : mots simples ; composition : mot dérivé (suffixe -tion).- 2. Secrétariat, résultat : mots dérivés ; baccalauréat : mot simple ; suscitât : forme verbale (désinence -ât du subj. imparfait). - 3. Noirceur : mot dérivé ; peur : mot simple. - Effrayée : forme verbale (désinence -ée du participe passé au féminin) ; portée : mot dérivé ; buée : mot simple.
On trouvera dans Les Clés du vocabulaire, de L. Promeyrat (Hatier, 1975) un grand nombre d'exercices du même type, permettant de distinguer les différentes classes de mots construits.

2 Mots simples : pointe, pointeau ; sentence, mémoire.
Mots suffixés : fraiseuse ; réflexion, entendement, compréhension.
Mots composés : marteau-piqueur, télescope, thermomètre, clef anglaise, tournevis , compte rendu, pense-bête.

Problèmes posés :

- La distinction entre mots simples et mots construits doit se faire à partir d'un raisonnement synchronique, et non diachronique, c'est-à-dire sans recours à l'étymologie ; elle doit également s'appuyer sur la connaissance du système des suffixes (ou des préfixes). Ainsi fraiseuse est un mot suffixé car un utilisateur de la langue française moderne fait sans difficulté le rapprochement avec fraiser, et connaît la valeur du suffixe -eur/euse qui est formateur de noms d'agent (chroniqueur, bâtisseur...) ou de noms désignant des machines (faucheuse, couveuse...). Au contraire, pointeau doit être considéré comme un mot simple ; bien sûr on voudrait faire le rapprochement avec pointe, mais un pointeau n'est pas, comme le suffixe -eau devrait l'indiquer, une "petite pointe" (le suffixe -eau forme des diminutifs : cordeau, jambonneau, éléphanteau...) : c'est un outil qui sert à tracer ou à percer. Le système suffixal du français moderne ne permet pas de considérer pointeau, pourtant issu étymologiquement de pointe, comme un dérivé. De même, des mots tels qu'instituteur ou épicier sont des mots simples, car, en français moderne, un instituteur n'est pas quelqu'un qui "institue" les enfants (sauf à se référer à un sens archaïque du verbe instituer) et un épicier n'est pas quelqu'un qui vend des "épices". Voir sur ce point J. Picoche, Précis de lexicologie française, pp. 17-23 (Nathan, 1977).

- La nominalisation des verbes comprendre, réfléchir donne compréhension, réflexion. Le passage du verbe au nom ne se fait pas par la simple addition du suffixe à la base verbale (comme dans circuler, circulation) : la dérivation se fait à l'aide du radical savant, d'origine latine (cf. de même : absorber, absorption ; absoudre, absolution ; convaincre, conviction, etc.).

- Un mot composé est un mot dont la signification ne peut pas être réduite à celle de ses composants : une clef anglaise n'est pas une clef fabriquée en Angleterre (et s'opposant à une autre clef qui serait "française"), mais un type particulier de clef. On distinguera les "recomposés" formés de radicaux savants non autonomes dans le lexique (télescope, thermomètre), des "composés" au sens strict, pour lesquels l'usage graphique varie : soit la soudure complète des éléments (tournevis), soit la séparation, avec ou sans tiret de liaison (marteau-piqueur, pense-bête ≠ compte rendu, clef anglaise).

3

	Action de	Résultat de l'action	Personne qui agit	Lieu de l'action
Abattre	abattage abattement	abats abattis	abatteur	abattoir
Blanchir	blanchissage blanchiment	blancheur	blanchisseur	blanchisserie
Fumer	fumage	fumée	fumeur fumiste	fumoir fumerie
Obliger	obligation obligeance	obligation	obligatoire	
Produire	production	produit	producteur	

Problèmes posés :

- On notera la spécialisation sémantique des dérivés par rapport à la polysémie des verbes de base : par exemple, abattage (action physique d'abattre) ≠ abattement (terme du vocabulaire juridique : abattement d'impôts - ou du vocabulaire moral : découragement). - Fumoir (pièce où l'on fume) ≠ fumerie (lieu où l'on fume de l'opium). - Obligation (vient de obliger = assujettir) ≠ obligeance (vient de obliger = rendre service).

- On pourrait ajouter à cette liste de noms quelques adjectifs, car certains ont une valeur sémantique autonome qui les différencie des autres formes de la conjugaison verbale. Par exemple : abattu (= découragé), fumant (= qui produit de la fumée, et, au sens familier, extraordinaire), obligeant (= affable).

4 Ab ⟶ abject, abjection. Ad ⟶ adjectifs. Con ⟶ conjecture. Dé ⟶ déjection. E ⟶ éjecter, éjection, éjecteur. In ⟶ injecter, injection, injecteur. Inter ⟶ interjection. Ob ⟶ objecter, objection, objectif, objecteur. Pro ⟶ projection, projecteur, projectile. Sub ⟶ subjectif. Tra ⟶ trajectoire.

Tous ces mots appartiennent à une même famille morphologique. Leur signifiant est partiellement commun, mais les signifiés sont très différents. A l'intérieur d'une même série préfixée les rapports de signification sont assez stables, mais ils se modifient dès qu'on passe d'un préfixe à un autre. Ce sont les préfixes qui commandent la répartition des significations. Sur le problème des familles morphologiques, voir J. Picoche, op.cit., p. 112-126, à qui le tableau qui fait l'objet de cet exercice a été emprunté.

5 Anthropophage : qui mange les hommes. - Calligramme : beau dessin. - Calorifuge : qui protège contre la perte de chaleur. - Fongicide : qui détruit les champignons.- Hydrofuge : qui protège contre l'eau. - Misanthrope : qui hait les hommes. - Misogyne : qui hait les femmes. - Monarchie : gouvernement d'un seul. - Pachyderme : à la peau épaisse. - Philanthrope : qui aime les hommes.

L'intérêt de l'exercice est de faire dégager, par des comparaisons paradigmatiques, la signification de quelques éléments formateurs : "anthropo" (homme) dans anthropophage, misanthrope, philanthrope ; "mis" (haine) dans misanthrope, misogyne ; "fuge" (fuite, d'où protection contre) dans calorifuge, hydrofuge.

6 Adorer le veau d'or : flatter les riches. - Aller voir pêcher les chats : se laisser facilement convaincre. - A l'envi : en rivalisant. - Dès potron minet : à l'aube. - Emporter le chat : partir sans dire au revoir. - Mettre sous le boisseau : dissimuler. - Faire long feu : ne pas réussir.

On trouvera dans le petit livre de P. Guiraud, Les Locutions françaises (PUF, 4è éd. 1973, coll. "Que sais-je ?") une ample matière à réflexion sur ce phénomène étonnant du langage. Rappelons les problèmes lexicologiques que posent les locutions :

a/ D'un point de vue morpho-syntaxique : elles appartiennent à la classe des mots composés, et, comme eux, jouent un rôle syntaxique de noms ou de verbes. On peut cependant les distinguer des mots composés à l'aide de deux critères : ce sont des syntagmes figés (ou "lexies complexes" -par souci de simplification, nous avons parlé p. 58, dans le texte de la leçon, de "mots complexes"), alors que les mots

composés sont le plus souvent des associations syntagmatiques originales; elles possèdent, de plus, une forte valeur métaphorique et culturelle.
La combinaison de ces deux critères permettra de dire, par exemple, que nouveau-né est un mot composé (équivalent du syntagme : "qui est nouvellement né"), pomme de terre, chemise de nuit des lexies complexes (de sens métaphorique trop effacé pour qu'on puisse parler de locutions), et une pomme de discorde ou les écuries d'Augias des locutions. On sait, en outre, que la terminologie grammaticale traditionnelle désigne sous le nom de locutions, des syntagmes figés comme tout de suite, à moins que, auprès de, équivalents d'adverbes, de conjonctions ou de prépositions.
b/ D'un point de vue sémantique : elles sont faites d'éléments qui forment un bloc sémantique. Elles ne possèdent donc que très faiblement la "motivation" sémantique qui est la caractéristique des mots composés ou dérivés (voir chap. 5, Remarque 2, p. 43). Mais l'usage qu'on en fait dans le discours conduit fréquemment à ce qu'on cherche à les expliquer, à les "motiver" de façon erronée : c'est le phénomène de la "pseudo-motivation" (voir P. Guiraud, *op. cit.*, pp. 70 - 76).
Ainsi aura-t-on tendance à mal interpréter : "il n'y a pas péril en la demeure" ou "n'être pas dans son assiette", alors qu'il faut comprendre "le fait de demeurer" et "assiette" au sens de "façon d'être assis"!

7 Le poème est le récit de la disparition progressive d'une personnalité. Dans une première partie, le poète cherche à se définir à travers divers paysages de la mort (un cimetière, puis un boudoir) ; dans une deuxième partie, il s'efface devant une contemplation de l'inanimé avant de s'identifier à un "vieux sphinx" qui ne chante que lorsque le soleil "se couche", c'est-à-dire meurt. L'idée de la mort est partout présente, et on serait tenté de relever presque tous les mots du poème pour en construire le champ lexical. Contentons-nous de noter trois ensembles sémantiques :

- celui du temps qui passe : mille ans, vieux (boudoir), modes surannées, neigeuses années ;
- celui du tombeau : pyramide, immense caveau, fosse commune, cimetière, sphinx ;
- celui de la matière décomposée ou inanimée : longs vers, roses fanées, (pastels) plaintifs, pâles (Boucher), granit.

Autant de représentations de la "mort". Le mot lui-même n'est jamais écrit ou, plutôt, apparaît sous des formes fléchies ou dérivées : deux pluriels (v.7, 10) et la forme préfixée immortalité (v.18).

Jakobson a montré dans ses *Essais de Linguistique générale* que l'organisation de la poésie était celle d'un paradigme, alors que la prose possédait une cohérence de nature syntagmatique. Le poème de Baudelaire illustre parfaitement cette loi formelle : sa progression suit le déroulement de paradigmes lexicaux qui, associés, composent l'idée que nous avons de la "mort" : l'écoulement du temps, la dégradation de la matière, et, pour finir, l'enfermement dans le tombeau.

8 Deux champs lexicaux bien différents : celui de "l'outil" et celui de la "pensée". L'un et l'autre peuvent être organisés selon des distinctions plus ou moins fines qui dépendent de la façon dont on envisage le domaine considéré et des connaissances que l'on a à son sujet.

- Champ lexical de "l'outil" : les outils peuvent être distingués selon leur fonction (percer, graver, voir à distance, mesurer la chaleur, etc.), leur mode de fonctionnement (avec ou sans énergie mécanique), leur rapport à la réalité (transformation ou mesure)...

- Champ lexical de la "pensée" : on peut distinguer les opérations de la pensée : le mécanisme (réflexion, entendement, compréhension, mémoire), le résultat (compte rendu, sentence) et le moyen (pense-bête) ; ou encore les étapes de la pensée : la perception de la réalité (entendement, compréhension), sa connaissance (réflexion), sa description (compte rendu, sentence), sa conservation (mémoire, pense-bête)...

Des diagrammes peuvent aider à la représentation d'un champ, en mettant en valeur les divisions et les relations qui le composent : voir, plus loin, exercice 11.

9 "Et, brusquement, comme les ingénieurs s'avançaient avec prudence, une suprême *convulsion* du sol les mit en fuite. Des détonations souterraines éclataient, toute une artillerie monstrueuse canonnant le gouffre. A la surface, les dernières constructions *se culbutaient*, s'écrasaient. D'abord, une sorte de *tourbillon* emporta les débris du criblage et la salle de recette. Le bâtiment des chaudières *creva* ensuite, disparut. Puis, ce fut la tourelle carrée où *râlait* la pompe d'épuisement, qui tomba sur la face, ainsi qu'un homme fauché par un boulet. Et l'on vit alors une effrayante chose, on vit la machine, disloquée sur son massif, les membres écartelés, lutter contre la mort ; elle marcha, elle détendit sa bielle, son genou *de géante*, comme pour se lever ; mais elle *expirait*, broyée, *engloutie*. Seule, la haute cheminée de trente mètres restait debout, secouée, pareille à un *mât* dans l'ouragan. On croyait qu'elle allait s'émietter et voler en poudre, lorsque, tout d'un coup, elle s'enfonça d'un bloc, *bue* par la terre, *fondue* ainsi qu'un cierge colossal ; et rien ne dépassait, pas même la pointe du paratonnerre. C'était fini, la bête mauvaise, *accroupie* dans ce creux, gorgée de chair humaine, ne soufflait plus de *son haleine* grosse et longue. Tout entier, le Voreux venait de *couler* à l'abîme".
Zola, *Germinal*, VII, 3 (Gallimard, coll. "La Pléiade", t. III, pp. 1546-1547).

10 Pour comparer les emplois du mot *fureur* dans les deux tragédies, il faut tenir compte des contextes immédiats dans lesquels le mot apparaît, c'est-à-dire des micro-systèmes sémantiques (identités et oppositions) dans lesquels il s'inscrit. On constate, dans les deux cas, que la *fureur* désigne ce passage de la raison à la folie qui est le propre des héros tragiques. Les deux pièces de théâtre participent de la même conception de la littérature dramatique, elles sont situées dans le même cadre historique : il est donc normal que les similitudes d'emploi soient très fortes. Les nuances qui séparent les deux textes en sont d'autant plus intéressantes. Un phénomène est frappant, c'est la restriction de signification imposée par Racine au mot. Dans *Cinna*, le mot caractérise tous les personnages (et notamment Auguste et Emilie), dans *Britannicus*, il ne concerne pratiquement que Néron. Chez Corneille, les référents du mot sont multiples (la guerre civile, les passions des personnages), chez Racine, un seul sujet est sans cesse désigné, l'évolution psychologique de Néron. Le mot est statistiquement plus présent dans le texte de Corneille, mais l'idée est plus mobile, elle s'attache moins aux personnages : elle est refusée par la leçon du drame. Moins fréquent dans la tragédie de Racine, le mot évoque une idée tenace, qui prend peu à peu sa place dans le caractère de Néron : tout le drame évolue vers son accomplissement.

2. *Problèmes stylistiques*

11 Mirabeau, *Discours du 26 septembre 1789*.

- Les mots de la liste sont tous des mots simples à l'exception de *effroyable* (dérivé de *effroi*) et de *gratuitement* (adverbe en -*ment* formé normalement sur le féminin de l'adjectif). Pourtant, certains mots semblent être, à première vue, des mots construits, mais ils ne peuvent être rattachés à aucune base en synchronie. Le cas le plus curieux est celui du mot *déprédation* inscrit dans un paradigme dérivationnel incomplet (*déprédation*, *déprédateur*) à qui manque un verbe d'origine.

- Voici un diagramme par lequel il est possible de représenter le champ lexical de la notion d'"argent" dans le texte :

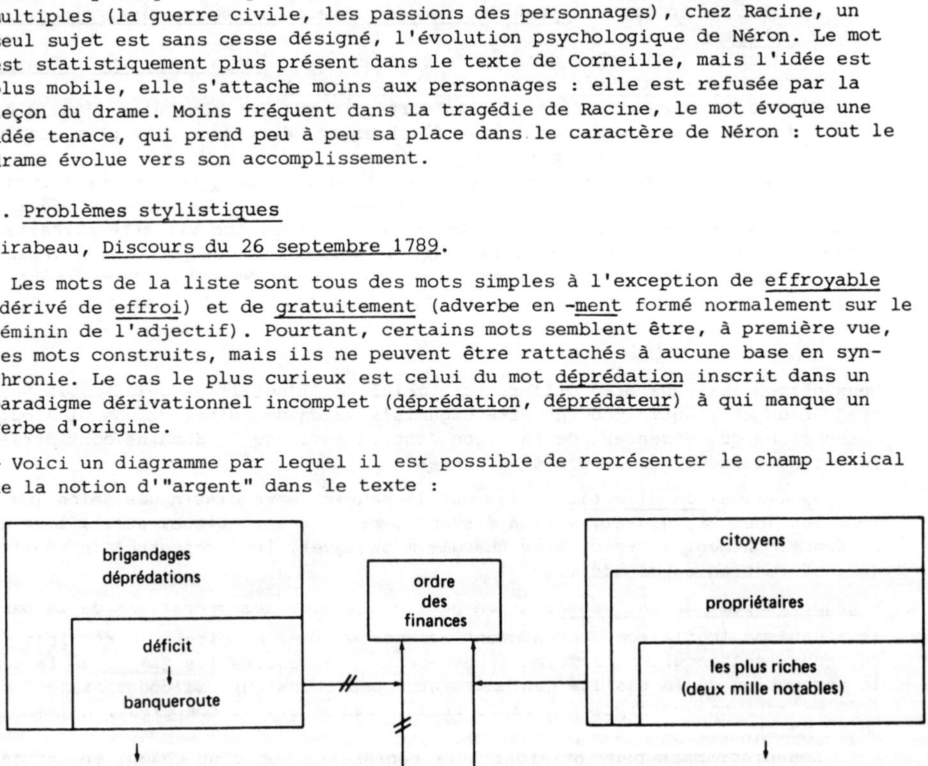

Le diagramme est divisé en deux parties symétriquement opposées : à droite, l'obligation du paiement ; à gauche, le refus du paiement. Les flèches représentent une relation d'implication, les flèches barrées une relation d'opposition. Les rectangles dessinés les uns dans les autres figurent l'idée logique de l'inclusion : le déficit des finances est un élément des déprédations dont a souffert la nation, de même que les deux mille notables les plus riches sont des propriétaires et, de façon plus générale, des citoyens.

12 Céline, Voyage au bout de la nuit (1932).

- Arthur Ganate parle du problème de la néologie. Rappelons ce qu'est un néologisme, d'un point de vue linguistique. C'est un signe nouveau apparaissant dans le système de la langue. La modification néologique peut porter sur le signe dans son ensemble, ou seulement sur le signifié ou le signifiant. D'où la classification suivante des phénomènes de néologie :

1. Modification du signe :
. Le signe nouveau est reconnaissable. C'est la néologie par dérivation ou composition. Ex. : aoûtien (< août) ; supermarché (< marché).
. Le signe nouveau n'est pas reconnaissable. C'est le phénomène de l'emprunt. Ex. : living, parking... empruntés à l'anglais.

2. Modification du signifié
C'est la "néologie sémantique", analysée depuis longtemps par les linguistes et les rhétoriciens : phénomène, banal et fondamental à la fois, de l'évolution du sens des mots et de la polysémie. Les mots changent de domaine d'application, étendent ou réduisent leurs significations : on passe de créneau, élément d'architecture, à créneau, manoeuvre pour se garer ; de fourchette, objet de cuisine, à fourchette, calcul intellectuel, etc.

3. Modification du signifiant :
Le signifiant se modifie, mais le signifié reste à peu près le même : c'est l'abréviation, tendance très forte du langage moderne. Elle prend deux formes : la réduction syllabique (ex. anar pour anarchiste) ou la siglaison.

- Le style fragmenté de ce passage ne permet pas véritablement la naissance d'un champ lexical. Comme le montrent les textes de Baudelaire et de Zola étudiés plus haut (exercices 7 et 9), un champ lexical est l'exploitation d'un paradigme, d'un ensemble thématique. Or, le discours d'Arthur Ganate se refuse fortement à toute mise en forme, à toute thématisation de son propos. On pourrait cependant montrer que le vocabulaire du texte esquisse le champ lexical des "gens de Paris" à partir de quelques oppositions comme : terrasse/rue; être occupé/se promener; être à l'intérieur/être à l'extérieur.

13 Queneau, Zazie dans le métro (1959).

- Voir ce que nous avons dit plus haut sur la morpho-syntaxe des locutions (ex. 6). On peut relever les syntagmes figés suivants : y a pas de raison, ça devrait pas être permis, ptite mère, et, surtout, faire la pige.

- L'unité du texte est organisée autour du champ lexical de "la saleté" et d'une opposition thématique entre la bonne et la mauvaise odeur, la puanteur et le parfum. Tout le comique de ce passage provient de ce que les personnages sont d'accord sur les valeurs exprimées par le vocabulaire, mais totalement en désaccord sur l'analyse de la réalité : quelle est la bonne ou la mauvaise odeur ? Comique de quiproquo donc, puisque les mots ne correspondent pas aux choses.

14 M. Duras, Le Ravissement de Lol V. Stein (1964).
On classera les suffixes selon la transformation grammaticale qu'ils opèrent :

- Suffixes producteurs de noms : à partir d'un adjectif (-esse, -ance/ence : cf. jeunesse, enfance ou vacances - qui est senti comme dérivé de vacant surtout au singulier), à partir d'un verbe (-eur, -age : cf. professeur, mariage) ou à partir d'un nom (-ée : cf. année).

- Suffixes producteurs d'adjectifs : à partir d'un verbe (-ant : cf. charmant, surveillant - qui est un adjectif substantivé) ou d'un nom (-ien/ienne, -aire : cf. terrien, scolaire - qui est dérivé de école par l'intermédiaire du radical latin).

- Suffixe -ment producteur d'adverbes : cf. définitivement.

Le tableau suivant montre le champ des dénominations et des caractérisations du personnage de Lol V. Stein :

Dénominations	Caractérisations	
	Etats	Actions
Lol V. Stein		est née... a vécu
Elle	(a) un père professeur... un frère plus âgé... des parents morts (*)	
Elles (Lol V.Stein et Tatiana)		dansaient... ne voulaient pas... préféraient ..
Elles	étaient charmantes	savaient... demander
Elles		se contentaient ..
Lol		a rencontré M. Richardson...
Lol		devait être fiancée...
Lol		venait de quitter...
Elle	était en vacances	

(*) - Même si le verbe "avoir" est au sens strict un verbe d'action, on peut ranger dans cette colonne les "états" qu'il introduit (cf. J'ai les cheveux blancs et mes cheveux sont blancs).

On peut représenter sur le même modèle le champ des dénominations et des caractérisations du personnage de Michael Richardson qui occupe le dernier paragraphe du texte.

En ce qui concerne le personnage de Lol V. Stein, on notera :

- l'évolution des dénominations (Lol V. Stein/elle/Lol) ;
- l'alternance des états et des actions, actives ou passives. En quelques lignes, le narrateur retrace une biographie complète, qui attribue au personnage une situation sociale, un caractère (cf. colonne des "états") et des évènements qui le définissent par rapport aux autres (cf. colonne des "actions").

BIBLIOGRAPHIE

A la bibliographie notée dans les chap. 3 et 5, on ajoutera :

- Sur les problèmes généraux de la lexicologie :

- H. Mitterand, Les Mots français, P.U.F., 1972 (4ème éd.), Coll. "Que sais-je?" n° 270 (une présentation très claire des domaines de la lexicologie).
- J. Picoche, Précis de lexicologie française, Nathan, 1977 (manuel de synthèse présentant beaucoup d'exercices).
- L. Guilbert, La Créativité lexicale, Larousse, 1975 (ouvrage de recherche, d'un accès difficile mais très riche).

- Sur des problèmes particuliers :

- L. Promeyrat, Les Clés du vocabulaire, Hatier, 1975, 2 volumes (recueil d'exercices; conception traditionnelle de la lexicologie).
- P. Guiraud, Les Locutions françaises, P.U.F., 1973 (4ème éd.), Coll. "Que sais-je?", n° 903.

NB/ La distinction établie entre "champ lexical" et "champ sémantique" varie selon les linguistes. Certains auteurs rangent sous le terme général de "champ sémantique" ce que nous avons appelé ici "champ lexical".

8. La logique de la phrase

(Manuel, pp. 63 - 70)

La reprise des grandes notions grammaticales déjà étudiées dans le premier cycle se fait ici dans une double perspective. Il s'agit :

- de perfectionner la performance écrite des élèves, qui rencontrent toujours de grandes difficultés dans l'enchaînement des groupes de mots (problème des classes et des fonctions de mots) comme dans le maniement des phrases complexes (problème des propositions subordonnées) ;
- d'affiner leur analyse des textes littéraires qui leur sont proposés en leur permettant de préciser la hiérarchie des idées comme les effets de style.

EXERCICES

1. Lectures

1 L'arrivée prochaine de la reine d'Angleterre à Paris. - 2. Son refus catégorique de toute décoration. - 3. L'apparition subite du soleil. - 4. L'attaque immédiate du sanglier. - 5. La réponse aimable du vieillard (ici, la précision représentée par le complément d'objet disparaît dans la phrase nominale, à moins de faire dépendre du nom une subordonnée relative : "la réponse aimable que me fit le vieillard").

2 Voici l'analyse des deux premières phrases :
1 - Fonction dans le G.V. (Groupe Verbal) : on, sujet du verbe apercevoir ; les grenadiers russes, l'arme haute, immobiles comme des statues, c. d'objet direct ; au travers d'une vapeur bleuâtre, derrière leur parapet à demi-détruit, c. circ. de lieu. Fonctions dans le G.N. (Groupe Nominal) : bleuâtre, épithète du nom vapeur ; à demi-détruit, épithète du nom parapet ; russes, épithète de grenadiers , l'arme haute, c. de qualification de grenadiers ; haute, épithète de arme ; immobiles, épithète de grenadiers ; comme des statues, c. de comparaison de l'adjectif immobiles.
2 - Fonctions dans le G.V. : la mule, sujet du verbe pouvoir ; se mettre en route, infinitif c. d'objet ; à cause du mauvais état des chemins, c. circ. de cause. Fonctions dans le G.N. : mauvais, épithète du nom état ; des chemins, c. de détermination du nom état.

3 Voici les phrases complètes :
1 - De grands hêtres s'élevaient presque aussi haut que ces rochers dont l'ombre donnait une fraîcheur délicieuse. - 2. Cette ville se trouve à peu près à mi-route de Moscou à Irkoutsk où il lui fallait arriver sous dix jours. - 3. Elle torturait innocemment le malheureux jeune homme qui suffoquait dans cet étroit horizon. - 4 Je m'amusais d'abord des grandes ombres que nous faisions. - 5. Dans cette région d'ombre s'allumèrent les premières lampes dont les abat-jour verts mettaient sur les tables des ronds de clarté.

4 1. Parce qu'il vient d'échouer dans son entreprise (parce qu'il a récemment échoué dans son entreprise). - 2. Bien qu'il ait une apparence aimable (bien qu'il paraisse aimable). - 3. Pour qu'il poursuive ses travaux. - 4. Si bien qu'il épuisa ses forces (tellement qu'il épuisa ses forces). - 5. Avant que le magasin n'ouvre.

2. Problèmes stylistiques

5 Bossuet, Sermon sur la mort (1662).

- Propositions subordonnées dans la phrase 4 : qu'elle nous a fait, sub. relative à valeur d'adjectif, épithète du nom bien ; qu'elle ne peut pas nous laisser longtemps ce peu de matière, sub. conjonctive, c. d'objet des verbes déclarer et faire signifier ; qu'elle nous prête, qui ne doit pas... et qui doit..., sub. relatives, épithètes du nom matière.

- Analyse des propositions : Cette recrue continuelle du genre humain, je veux dire les enfants, semblent nous pousser de l'épaule : prop. principale (je veux dire est ici l'équivalent de c'est-à-dire : il introduit l'apposition les enfants, et ne forme pas le noyau d'une proposition). Noter l'accord du verbe sembler, fait avec les enfants, deuxième sujet de la phrase se substituant au premier. Qui naissent : sub. relative, épithète du nom enfants. A mesure qu'ils croissent et qu'ils s'avancent : sub. circ. de temps.
Transformation en une phrase simple : Cette recrue continuelle du genre humain, je veux dire les enfants nouveau-nés, au fur et à mesure de leur croissance et de leur avancée, semble nous pousser de l'épaule.

- Analyse des propositions : Quelle suite effroyable, prop. principale elliptique du verbe ; et que j'occupe... temps, prop. indépendante coordonnée à la précédente par et ; si je la retourne, prop. subordonnée c. circ. de condition ; où je ne suis plus, prop. sub. relative complétant le nom suite.

- Liaison par coordination : Je ne suis rien car un si petit intervalle n'est pas capable de me distinguer du néant. Liaison par subordination (sub. de cause): Je ne suis rien parce qu'un si petit intervalle n'est pas capable de me distinguer du néant.

6 Chateaubriand, Itinéraire de Paris à Jérusalem (1811).

- Expansions du groupe nominal :
  1. Adjectifs épithètes (ou participes) : beaux (ép. de jours) ; échappés (ép. de cris) ; esclave (ép. de populace) ; libre (ép. de peuple) ; divins (ép. de génies) ; derniers (ép. de soupirs) ; pauvre (ép. de fille), etc.
  2. Nom complément de détermination : Athènes (c. de jours) ; Délos (c. de fêtes) ; Bacchus (c. de théatre) ; Oedipe, Philoctète et Hécube (c. de douleurs) ; citoyens (c. d'applaudissements) ; Démosthène (c. de discours), etc.
  3. Subordonnées relatives : où nous étions placés, c. du nom lieu ; qui retentirent si longtemps de la voix d'un peuple libre, c. de murs ; qui élevèrent le temple sur les débris, c. de génies ; duquel j'étais assis, c. de débris ; qui peut-être éclairait les derniers soupirs de la pauvre fille de Mégare c. de soleil ; que je contemplais, c. de spectacle.

- On notera que ces compléments de détermination sont dans une très large proportion des noms propres. Ils ont pour rôle de faire revivre l'atmosphère, la chair même de l'antiquité : les héros, les dieux, les villes surgissent à l'appel de leur nom...

- Transformation : Nous aurions pu ouïr (entendre) les citoyens applaudir (prop. infinitive), quand Démosthène prononçait ses discours (prop. sub. circ. de temps).

- Notre vie et notre coeur sont entre les mains de Dieu, si bien que (de sorte que) nous devons le laisser disposer de l'une comme de l'autre (Remarque : l'impératif est remplacé par un auxiliaire de mode, qui donne au verbe sa valeur modale : voir Manuel, chap. 10, pp. 80 - 81).

7 Colette, La Naissance du jour (1928).

- Il est théoriquement possible de remplacer une relative par un G.N., en trouvant le nom dérivé du verbe que comporte la relative. Mais :
  . ou bien ce nom, s'il existe, ne se rattache pas au sens du verbe dans le contexte ; c'est le cas du nom ménagère, qui signifie "qui administre", et non "qui traite un être vivant avec le souci d'épargner ses forces" ;
  . ou bien les noms figent l'action dans une sorte d'état permanent et on perd alors la valeur ponctuelle du passé simple des verbes ; ainsi avec : soigner ⟶ soigneur (euse) ; secourir ⟶ secouriste.

- Analyse des propositions : que je lui révèle, à mon tour savante, prop. principale (que sert ici à former le subjonctif du verbe) ; combien je suis son impure... besognes, prop. sub. interrogative indirecte, c. d'objet du verbe révéler. Fonctions dans les G.N. : savante, adj. épithète, détachée du pronom sujet je ; impure, grossière, fidèle, adj. épithètes ; chargée, participe épithète ; des basses besognes, c. du participe.

- Analyse des propositions : elle m'a donné... poursuivre, prop. principale ; ce qu'en poète elle saisit et abandonna, prop. relatives, c. du pronom démonstratif ce ; comme on s'empare... espace, sub. circ. de comparaison. En poète : la préposition en est ici utilisée pour introduire un nom qui fait fonction d'attribut ; on peut également analyser ce nom comme une apposition au sujet elle. En voyage dans l'espace : G.N. introduit par la préposition en, c. de détermination de mélodie.

BIBLIOGRAPHIE

- Pour une vision claire des principaux problèmes grammaticaux, on utilisera :

- J.C. Chevalier, C. Blanche-Benveniste, M. Arrivé, J. Peytard, Grammaire Larousse du français contemporain, Larousse, 1964.

- A compléter par :

- G. Galichet, Grammaire structurale du français moderne, Charles-Lavauzelle, 1970 (3ème éd.). -Réflexion philosophique très riche sur les processus de genèse grammaticale, dans la tradition ouverte par les travaux de Gustave Guillaume.

- M. Grevisse, Le Bon Usage. Grammaire française avec des remarques sur la langue française d'aujourd'hui, Duculot, 1986 (12ème éd. revue). -Véritable encyclopédie de toutes les questions grammaticales.

- M. Arrivé et alii, La Grammaire d'aujourd'hui, Flammarion, 1986.

9. La temporalité

(Manuel, pp. 71 - 77)

Comme les chapitres 8 et 10, le chapitre 9 est une reprise, sous une forme synthétique, de notions grammaticales étudiées par les élèves dans le premier cycle. Son objectif est de remettre en mémoire les classifications traditionnelles des formes verbales - de ce point de vue, le Tableau des conjugaisons situé à la fin du livre est le complément indispensable de la leçon -, et de montrer, en même temps, la complexité du système temporel français : notamment la coexistence des valeurs temporelles et aspectuelles, des valeurs propres et transposées.

EXERCICES

1. Lectures

1 **La distinction entre "temps absolus" et "temps relatifs" est intéressante en ce qu'elle donne une vision dynamique du système verbal français : elle situe les temps en les référant à l'acte d'énonciation. Cependant, le mécanisme temporel que nous avons expliqué dans le texte de la leçon n'est pas entièrement fixe : le passé composé peut prendre une valeur relative (c'est le cas dans la phrase de Fénelon citée ici : "Quand on a une fois trompé, on ne peut plus être cru de personne"). Inversement, un passé antérieur ou un plus-que-parfait peuvent devenir absolus ("Et le drôle eut lapé le tout en un moment", La Fontaine. "Il avait tout le jour travaillé dans son aire", Hugo). Sur cette distinction, dont l'intérêt est contesté par certains grammairiens (par ex, par M. Grévisse), voir G. Galichet, op.cit., pp. 96-98.**

1. J'ai eu envoyé (Relatif) ; j'ai appris (Absolu). - 2. On a trompé (R), on ne peut être cru (A) ; on est haï, craint, détesté (A) ; on est attrapé (A). - 3. Vous m'avez écrit (A) ; je reconnais (A). - 4. Avaient accueilli (R) ; cessèrent (A). - 5. M'a dit (A) ; couperait (R) ; ne coupe pas (A). - 6. Il eut occis (R) ; se présentèrent (A) ; s'adossa (A) ; contemplait (A) ; il avait pu (R). - 7. Il se décida (A) ; il s'acheta (A). - 8. Tu n'entreras (A) : tu auras célébré (R). - 9. Avaient pris (R) ; se promenaient (A). - 10. Je prendrai (A) ; j'arriverai (A).

2 Gervaise lavait son linge de couleur dans l'eau chaude et grasse de son savon qu'elle avait conservé (Zola). - Il ne chantait aucune chanson, il n'implorait pas. Il était muet et immobile. Il avait renoncé, il avait abdiqué (Baudelaire). - Melchior ne s'était pas trompé, et l'accoutrement du petit produisit tout l'effet qu'on en pouvait attendre (R. Rolland). - Lorsque j'eus achevé de relire, une heure plus tard, avant de le sceller, le rapport que j'avais rédigé pour Orsenna, je reposai le papier signé sur ma table (J. Gracq). - Quand le moment viendra d'aller trouver les morts, j'aurai vécu sans soins et mourrai sans remords (La Fontaine).

3 Aspect inchoatif : phrases de Flaubert, Apollinaire, Aragon, Butor.
Aspect duratif : phrases de La Bruyère, Balzac, Camus.
Aspect accompli : phrases de Chénier, Montherlant, B. Vian.

4 Dans le texte de Rousseau, l'alternance entre le présent et l'imparfait permet de situer sur deux plans différents les souvenirs rapportés : ce qui est de l'ordre de l'accessoire ou de la circonstance est raconté à l'imparfait ; au contraire, les moments forts du récit apparaissent au présent (la décision du voyage, la rencontre avec Madame de Warrens). Le même effet stylistique se retrouve dans l'extrait de Balzac.
En somme, l'imparfait donne au récit son cadre chronologique, alors que le présent sert à mettre en relief. Le présent opère un choix dans une continuité, il extrait l'événement important, le met en scène.

5 1. L'autobus a passé devant chez nous ; je l'ai vu. - 2. L'autobus est passé depuis dix minutes. - 3. La réunion s'est tenue la semaine dernière. Je ne sais ce qui en a résulté. - 4. Il songeait à leur entretien de la veille, et aux conclusions qui en étaient résultées. - 5. Ne cherchez pas à avoir de ses nouvelles : il est disparu depuis dix ans. - 6. Le brouillard a disparu ce matin vers dix heures. - 7. Regarde comme il fait chaud ! Le thermomètre est monté à trente-deux degrés. - 8. La température a beaucoup monté cet après-midi.

2. Problèmes stylistique

6 Bossuet, Sermon sur la mort (1662).

- Un seul temps relatif dans cette méditation de Bossuet : le conditionnel passé de la fin du texte (la pièce n'en aurait pas été moins jouée). Tous les autres temps sont absolus, c'est-à-dire situés par rapport à l'énonciation. Le caractère émouvant de cette réflexion sur la vie et la mort vient de sa sobriété stylistique : un rythme répétitif d'affirmations et de constatations, le refus d'une argumentation complexe à partir de subordonnées circonstancielles. Aucune anticipation temporelle par le futur antérieur, pas de retour sur des circonstances antérieures à l'aide du plus-que-parfait : l'axe temporel du texte est celui du moment présent.

- Les deux verbes forment l'ouverture et la clôture du texte. Le futur (il faudra disparaître) est posé en premier, le passé composé (on ne m'a envoyé) vient en conclusion. De l'un à l'autre, il y a la naissance d'une angoisse qui s'éteint progressivement : la méditation commence par la vision brutale d'un destin (d'où le futur), elle s'apaise en prenant conscience de la nature de ce destin (d'où l'usage du passé composé) qui éloigne du futur pour ramener au présent.

- L'aspect dominant est celui de la durée. Ses marques sont faiblement apparentes (quelques adverbes de temps : souvent, longtemps, le préfixe re dans redemande), étant donnée la sobriété du texte. L'écriture classique refuse la surcharge, l'extériorisation du procès : d'où l'absence, par exemple, de périphrases verbales qui auraient une fonction de redondance, d'explication du processus temporel.

7 Chateaubriand, Itinéraire de Paris à Jérusalem (1811).

- Trois moments se succèdent : le rêve d'un passé disparu (marqué par les conditionnels), la constatation de la réalité présente (marquée par les imparfaits), et enfin la méditation finale, où la recherche métaphysique est traduite par la multiplicité des temps verbaux employés.

- La force de la phrase tient dans l'opposition des deux emplois du verbe contempler : opposition entre l'actif et le passif, entre le temps absolu et le temps relatif. Le deuxième contempler est donc doublement subordonné au premier - comme verbe passif, comme temps relatif -, et pourtant, il a, par la syntaxe, une position de verbe principal ! Le style ici est bien l'écart : Chateaubriand détruit une attente, retourne une phrase qui s'énonçait plus simplement : "Je contemplais un spectacle qui avait été contemplé...".

- La durée est exprimée par les imparfaits de la deuxième partie du texte. Elle apparaît aussi dans le rythme répétitif des premières phrases. Cette durée est celle du temps immobilisé, l'espoir d'un surgissement du passé, - par opposition au temps à nouveau fugitif lors des réflexions finales.

8 Colette, La Naissance du jour (1928).

- Les passés simples de la première moitié du texte décrivent les actions de la mère, ils se répètent et marquent des événements ponctuels. Leur succession est rompue par l'intervention du je de l'énonciation (me voici contrainte...) : les verbes sont alors au présent, sauf un, qui reste au passé simple : en ce temps-là, je la devinai. La découverte qui est faite par Colette est brutale, et l'emploi de je devinai (qu'il faut lire devinai, alors qu'on entend et qu'on attend plutôt devinais) signale cette rapidité de la découverte, le moment où le personnage de la mère bascule tout à coup vers une autre image.

- Dans la dernière phrase, se succèdent deux expressions différentes du passé : le passé composé et les deux passés simples qui suivent s'opposent par leurs valeurs d'aspect. D'un côté, l'accompli : l'idée de la transmission d'un héritage, la vie de la fille. De l'autre, l'inaccompli : l'idée de l'échec d'une tentative, la mort de la mère.

- La première partie du texte passe d'une expression de la durée (par la répétition des verbes d'action au passé simple) à une expression de l'accompli, avec la formule de clôture : Pureté de ceux qui n'ont pas commis d'effraction. S'agissant de la mère de l'écrivain, toute expression d'un inchoatif était exclue. Pour l'enfant, la présence de la mère n'a jamais commencé : elle a toujours été donnée. Mais elle peut cesser... Aussi le souvenir que l'on en garde est-il de l'ordre de la continuité et de l'achèvement.

BIBLIOGRAPHIE

Se reporter aux indications données pour le chapitre 8.

10. La modalité

(Manuel, pp. 78 - 84)

Dans cette étude de la modalité, nous avons insisté sur les valeurs sémantiques que prennent les modes, cela dans la perspective de l'analyse littéraire. Nous avons voulu donner à la notion de mode un contenu aussi large que possible en présentant le problème de la valeur modale des temps et des modalisateurs : d'où la deuxième partie du chapitre ("Structures particulières") qui reprend, mais sous un point de vue différent, l'analyse des valeurs temporelles faite au chapitre précédent.

EXERCICES

1. Lectures

1 1. Les subj. imparfaits fît et jugeât de la sub. complétive traduisent le souhait exprimé par le verbe principal (je voudrais). On notera que ce verbe principal traduit doublement la nuance de souhait : par son sens et par son mode (conditionnel). - 2. Qu'il sente : valeur d'ordre. - 3. Même valeur que dans la phrase 1. - 4. Le verbe au subj. plus-que-parfait (n'eût été) exprime le doute, l'irréalité (valeur entraînée par le verbe principal sembler) ; mais le deuxième verbe de la sub. (pouvait) est à l'indicatif, ce qui montre que l'utilisation de la valeur modale se fait en fonction du sens, non de règles systématiques, et que le passage du subj. (doute) à l'indicatif (fait réel) dans la même phrase est, en effet, stylistique, traduisant la progression de la pensée vers une assurance plus grande des impressions. - 5. Le subj. imparfait de la sub. consécutive (qu'il pût) traduit le souhait. Avec le subj. la conséquence apparaît non comme un fait réalisé, mais comme la suite logique et possible d'un autre fait.

2 1. Se fut emparé (fait réel, le passé antérieur marque l'antériorité de la sub. de temps par rapport à la principale). - 2. Eût passé ; se fût éloigné (subj. plus-que-parfait traduisant le souhait, valeur entraînée par le verbe principal attendre). Eût le temps (subj. imparfait, traduisant le fait non accompli, exigé par la conjonction avant que). - 3. Pour que ce soit (subj. présent ; souhait ; valeur exigée par la conjonction de but pour que). Parce qu'il est (indicatif présent ; fait réel ; sub. de cause). - 4. Qu'on ne m'empesât plus (subj. imparfait). - 5. Sache, répété trois fois (subj. présent).

3 1. Les impératifs employés en corrélation avec une proposition au futur de l'indicatif (ils goberont) ont le sens d'une sub. hypothétique (valeur d'éventualité) : → Si vous amusez les rois, si vous les flattez, si vous les payez. - 2. Imaginez, impératif à valeur d'exhortation : → Vous imaginerez au-delà du pont (futur à valeur d'impératif) ; vous pouvez imaginer (verbe traduisant l'éventualité). Mettez, impératif en corrélation avec un futur : → Si vous mettez de gracieuses fabriques. - 3. Viens, impératif à valeur d'ordre : → Je veux que tu viennes. - Les impératifs ont le sens d'une sub. hypothétique (cf. phrase 1), car le présent de la dernière proposition a le sens d'un futur, comme le montre l'adverbe demain : → Si tu prends la ville, si tu massacres les riches..., si tu la donnes aux pauvres, si tu lèves une armée... et chasses l'Archevêque demain... (NB : les flèches indiquent une opération de transformation).

4 1. Valeur d'irréel ; le conditionnel est d'ailleurs l'équivalent d'un verbe principal en corrélation avec une sub de condition : de recourir aux rois = si vous recouriez aux rois. - 2. Valeur d'indignation (hypothèse que l'on refuse). - 3. Valeur de souhait (éventualité). - 4 Valeur d'éventualité (accentuée par le sens du verbe pouvoir). - 5. Valeur d'irréel ; conditionnel en corrélation avec une subordonnée qui exprime une condition ne pouvant être remplie (si mes mains le pouvaient).

5 1. Futur antérieur à valeur d'incertitude : → J'ai mal entendu, se dit-il, ou ce vieillard s'est sans doute trompé. - 2. Imparfait à valeur d'affirmation atténuée ; → Je voudrais vous demander. - 3. Futur à valeur d'indignation (= conditionnel) : → Il me ferait casser les jambes. - 4 Imparfait à valeur d'éventualité (= conditionnel traduisant l'irréel du passé) : → Vous auriez laissé éteindre le feu. - 5. Futur à valeur de volonté (= impératif) : → Sois gentille de venir demain matin.

2. Problèmes stylistiques

6 Bossuet, Sermon sur la mort (1662).

- Qui ne doit pas demeurer dans les mêmes mains, et qui doit être éternellement dans le commerce : valeur modale d'obligation exprimée par l'auxiliaire de mode devoir. Si je jette que je jette (subj.) ; jetons (impératif). Si je la retourne que je la retourne ; retournons-la.

- Valeur modale des verbes : irréel (conditionnel passé). Quand je serais demeuré → Si j'étais demeuré (sub. de condition).

- On ne m'a envoyé que pour que je fasse nombre (subj., 1ère pers. du singulier).

- J'occupe : indicatif présent ; le "que" placé devant n'est pas ici la marque du subj., mais un adverbe exclamatif.

7 Chateaubriand, Itinéraire de Paris à Jérusalem (1811).

- Nous aurions pu voir, nous aurions pu entendre, nous aurions pu ouïr : → Nous eussions pu voir (l'irréel du passé peut être exprimé soit par le conditionnel passé, soit par le plus-que-parfait du subj., que l'on appellera alors conditionnel passé deuxième forme). Hélas ! aucun son ne frappait notre oreille (sentiment de regret exprimé par un adverbe modalisateur hélas) : → Nous regrettions qu'aucun son ne frappât notre oreille (l'adverbe est remplacé par une proposition principale de même sens). Ce qu'il faut se dire (auxiliaire de mode falloir) : → Ce que nous devons nous dire (auxiliaire de mode devoir). Ce soleil, qui peut-être éclairait (incertitude exprimée par l'adverbe modalisateur peut-être) : → Ce soleil, qui éclairait sans doute (autre adverbe modalisateur).

- Je me disais, pour que je fusse consolé (je me consolasse), ce qu'il faut que l'on se dise. Remarque : le subj. imparfait est souhaitable, ici, dans le sub. de but, si l'on applique strictement la règle de concordance des temps (le verbe principal est au passé).

8 Colette, La Naissance du jour (1928).

- Une des fleurs exigera qu'elle soit forcée (subj. présent à valeur de volonté).

- Il me faut rechercher le temps (auxiliaire de mode falloir) ; je dois rechercher le temps (auxiliaire de mode devoir).

- Que je la revoie, qu'elle m'entende, que je lui révèle : valeur de souhait, exprimée par le mode subj.

- Dans ce qu'elle eût le plus fort réprouvé : subj. plus-que-parfait, à valeur d'irréel du passé, prenant ici le sens d'un conditionnel passé (et appelé pour cette raison, conditionnel passé deuxième forme : cf. le cas déjà vu plus haut, exercice précédent).

BIBLIOGRAPHIE
Se reporter aux indications données pour le chapitre 8.

III LES FORMES LITTÉRAIRES

11. Les genres littéraires

(<u>Manuel</u>, <u>pp</u>. 86 - 92)

Par l'importance de ses tableaux récapitulatifs, le chapitre 11 doit jouer un rôle de "Mémento d'histoire littéraire". Il est centré autour de la notion de genr littéraire que l'on a voulu présenter non comme une notion figée, mais comme un problème en évolution. Aussi les exercices sont-ils tournés vers la recherche personnelle. Ils invitent l'élève à des "lectures" multiples à l'intérieur de la littérature française, mais le poussent aussi à aller ailleurs : par exemple, vers la littérature latine (exercice 2), ou vers ce qu'on appelle la "para-littérature", et dont on aurait tort d'ignorer les codes (exercices 5 et 6).

EXERCICES

1. <u>Lectures</u>

1 Pour ce travail de recherche, on pourra utiliser les indications de méthode données au chap. 26, <u>La fiche de lecture</u>.

2. <u>Problèmes stylistiques</u>

2 Dans chacun des anneaux concentriques du cercle, du plus grand au plus petit, on trouve, pour chacun des trois styles, l'indication de : la condition sociale, le nom du personnage typique, les animaux, les instruments, le lieu d'activité, le milieu naturel. On notera donc de la façon suivante les caractéristiques du "style simple" (<u>humilis stylus</u>) représenté par <u>Les Bucoliques</u> : berger amoureux (en latin : <u>pastor otiosus</u>) ; Tityre, Mélibée ; brebis (<u>ovis</u>) ; bâton (<u>baculus</u>) ; pâturage (<u>pascua</u>) ; hêtre (<u>fagus</u>).

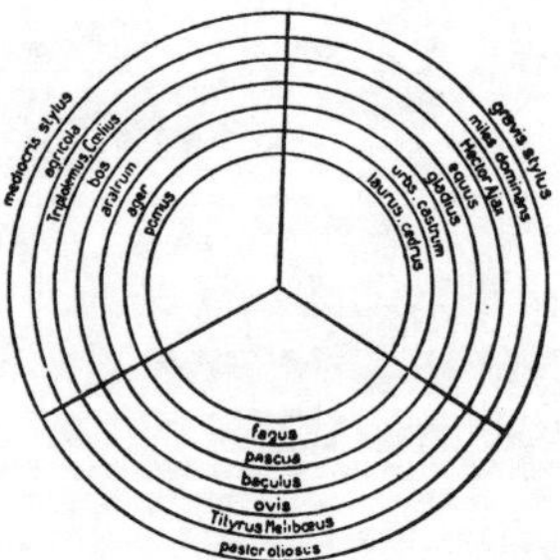

3 Voici un tableau comparatif où l'on a cherché à opposer aussi nettement que possible les éléments d'un système. Mais d'autres critères de distinction peuvent être utilisés.

	Sujet	Ton	Public	Fonctions du langage
Sermon	morale chrétienne	soutenu	fidèles	f. impressive
Prône	morale chrétienne	familier	fidèles	f. expressive et impressive
Homélie	explication de l'Evangile	familier	fidèles	f. de métalangage
Conférence	explication de la morale chrétienne	soutenu	fidèles et indifférents	f. impressive et de métalangage
Catéchisme	explication de la morale chrétienne	familier	élèves	f. de métalangage
Oraison funèbre	vie chrétienne	soutenu	fidèles	f. référentielle et impressive

4 Les caractéristiques du conte du XIXè siècle sont les suivantes :

- Position du narrateur : intégré à l'histoire (forme écrite du conte).
- Evolution du personnage principal : transformation morale du héros (passage de l'ignorance à la connaissance).
- Nature du récit : fantastique (mise en cause du monde des vivants par celui des morts).

5

	Roman policier	Roman noir	Roman d'espionnage
Nature du héros ?	Qualités intellectuelles	Qualités intellectuelles > physiques	Qualités physiques > intellect.
Forme de l'action ?	Violence exercée par le meurtrier, non par le héros (*)	Réponse du héros à la violence de ses ennemis	Supériorité de la violence du héros sur celle de ses ennemis
Conception de l'amour ?	Absence d'intrigue érotique	Caractère accessoire de l'intrigue érotique	Importance de l'intrigue érotique
Intérêt sociologique ou historique ?	Intérêt sociologique (la société française ou anglaise de la 1ère moitié du 20è siècle)	Intérêt sociologique (la société américaine d'entre les deux guerres)	Intérêt historique (l'Europe d'après la 2ème guerre mondiale)

(*) - Sauf dans le cas du Meurtre de Roger Ackroyd, d'Agatha Christie, où le narrateur-héros se révèle être, à la fin du roman, le meurtrier - mais il s'agit justement d'une exception aux lois du genre !

6

	Roman policier - noir - d'espionnage	Roman de science- fiction
Cadre de l'intrigue ?	Intrigue située dans un cadre réaliste (historique et géographique)	Intrigue située dans un cadre imaginaire (historique et/ou géographique)
Nature du récit ?	Vraisemblance des événements	Non vraisemblance des événements
Nature du héros ?	Héros affronté à des ennemis bien déterminés	Héros affronté à des forces incertaines

3. Création - Interprétation

7 - Le roman "indéfini" dont parle Marthe Robert est né à la fin du XIXè siècle et s'est développé au XXè siècle. Huysmans en 1884 avec A Rebours, Proust en 1927 avec Le Temps retrouvé, Gide avec Les Faux monnayeurs en 1925 inaugurent cette libération de la forme. Voir l'hésitation de Gide désignant du nom de "sotie" (farce satirique). Les Caves du Vatican, ou encore cette déclaration du personnage d'Edouard dans Les Faux monnayeurs expliquant ses intentions de romancier : "Ce que je voudrais faire, comprenez-moi, c'est quelque chose qui serait comme l'Art de la fugue. Et je ne vois pas pourquoi ce qui fut possible en musique serait impossible en littérature..." (éd. Folio, p. 187).

- Pour Marthe Robert, un genre littéraire se définit à la fois positivement et négativement : par ses "prescriptions" - ses possibilités -, mais aussi par ses "proscriptions" - ses contraintes. Ainsi, étendant sans cesse le domaine du possible, le roman ne respecte plus la double loi qui définit un genre littéraire. La dernière règle qui le contient encore (être en prose, ne pas être en poésie) apparaît elle-même comme extrêmement fragile. Citons encore Marthe Robert : "Si Don Quichotte est un roman, Le Rouge et le Noir en est-il un autre ? Si Monte-Cristo est un roman, l'Assommoir en est-il un ? Peut-on établir une comparaison entre Les Affinités électives, de Goethe, Les Trois Mousquetaires, de Dumas, Madame Bovary, de Flaubert, Monsieur de Camors, de O. Feuillet et Germinal, de Zola ? Laquelle de ces oeuvres est un roman ? Quelles sont ces fameuses règles ? D'où viennent-elles ? Qui les a établies ? En vertu de quel principe, de quelle autorité et de quels raisonnements ?... Ici, c'est évident, le romancier a absolument raison contre ses critiques, la foule de titres, combien cosmopolites et disparates, que nous pourrions ajouter à sa liste, ne ferait que fortifier sa réfutation. Car aujourd'hui, nous pourrions demander au critique ce qu'il voit de commun entre Le Procés et Autant en emporte le vent, entre Lolita et Anna Karenine, entre Pas d'orchidées pour Miss Blandish et Du côté de chez Swann ou La Jalousie, de Robbe-Grillet, en lui faisant toutefois observer que ces rapprochements, pris au hasard dans le catalogue le plus courant de l'énorme bibliothèque universelle, ne sont nullement les plus grotesques, à beaucoup près".

- Les genres que constituent les romans policier - noir - d'espionnage - de science-fiction échappent à cette libération générale. En effet, dans le domaine de la littérature dite "populaire", les règles subsistent, car elles sont imposées par le public qui attend un produit déterminé et ne peut accepter que soit modifié le type de fiction auquel il est habitué. L'opposition entre le roman "indéfini", libéré de toute règle, et le roman "défini", soumis à des règles de genre, recouvre l'opposition entre les deux formes de littérature qui se partagent le "champ littéraire", la littérature d'avant-garde et la littérature de grande consommation.

BIBLIOGRAPHIE

- J. Suberville, Théorie de l'Art et des genres littéraires, Ed. de l'Ecole, 1961, 6ème éd., (conception traditionnelle du problème).

- O. Ducrot et T. Todorov, "Les genres littéraires" in Dictionnaire encyclopédique des sciences du langage, Seuil, 1972, (une mise au point très riche).

- G. Genette, "Genres, types, modes" in Poétique, n° 32, novembre 1977; repris dans Introduction à l'architexte, Seuil, 1979, (une réflexion novatrice, dans la perspcetive de l'histoire structurale).

- K. Hamburger, Logique des genres littéraires, Seuil, 1986, Coll. "Poétique".

- J.M. Schaeffer, Qu'est-ce qu'un genre littéraire?,Seuil, 1989, Coll. "Poétique".

12. L'invention littéraire

(Manuel, pp. 93 - 100)

Après l'introduction sur les genres littéraires, le chapitre 12 constitue la véritable ouverture de cette troisième partie consacrée aux questions stylistiques. Il étudie les figures de style, dont le catalogue sera complété au chapitre 19. Surtout, il prépare l'effort des chapitres suivants qui portent directement sur les problèmes spécifiques de la page de poésie et de la page de prose. Son objectif est aussi, en donnant aux élèves une première idée de l'écriture littéraire, de favoriser chez eux le goût pour une création personnelle.

EXERCICES

1. Lectures

1 1. Chateaubriand : métaphore des "gerbes de lumière" (le mot gerbe appartient au champ lexical des végétaux). - 2. Lamartine : comparaison "je suis semblable à la feuille flétrie" (la mise en parallèle est ici marquée par je suis semblable, et reprise au vers suivant par l'adverbe comme). - 3. Hugo : métaphore "Une terre au flanc maigre..." (le mot flanc désigne normalement une partie du corps de l'homme et de certains animaux ; la métaphore produit une personnification : le parallèle entre la terre et un être humain est développé par l'emploi des adjectifs avare et inclément, qui désignent des traits de la psychologie humaine). - 4 Baudelaire : métaphore "Et le Temps m'engloutit" (le verbe engloutir signifie ici "faire disparaître en submergeant", et non "avaler gloutonnement" : voir la suite du poème "Le Goût du Néant", qui développe l'image de l'avalanche de neige ; le Temps est donc assimilé à un liquide). - 5. Cendrars : comparaison "comme le flux de la mer". - 6. Aragon : comparaison marquée par le verbe ressembler.

2 1. A. Thierry : des palmes de cuivre + des médailles jaunes (l'ellipse est double : a/ ellipse du premier terme de la comparaison, les feuilles des arbres, qui sont seulement suggérées par les groupes verbaux l'érable inclinait et le tilleul faisait bruire et scintiller. Ce type d'ellipse est rare, puisque d'ordinaire c'est le comparant, le deuxième terme de la comparaison, qui manque ; les feuilles sont ici assimilées à des ornements de victoire, des palmes et des médailles : la progression de la métaphore est soutenue par la polysémie de palme qui est aussi la feuille de palmier - b/ ellipse de l'élément commun : l'éclat et la couleur métalliques des feuilles). - 2. Baudelaire : "dans ta crinière lourde" (ellipse du premier terme de la comparaison : la femme est comparée à un animal ; le mot crinière appartient au champ lexical de l'animalité). - 3. Mallarmé : "yeux, lacs" (ellipse de l'élément commun : dans ce cas, la justification de l'analogie est à découvrir dans le contexte). - 4. Apollinaire : ellipse de l'élément commun. - 5. Colette : "l'herbe profonde y noie" (ellipse du deuxième terme de la comparaison, une étendue d'eau ; l'assimilation de l'herbe à un liquide est marquée par l'adjectif profonde et par le verbe noyer). - 6. Michaux : "icebergs, cathédrales" (ellipse de l'élément commun).

3 Relevé des métaphores et des comparaisons(ch. du M.-Aimé, v. 131-145)

- "Voie lactée ô soeur lumineuse ... des amoureuses" : comparaison. La voie lactée est comparée d'une part à des ruisseaux de lait (Canaan est la terre promise, "pays de miel et de lait" dans la Bible), d'autre part à des corps de femmes, en vertu d'une caractéristique commune, la blancheur (répétition de l'adj. blancs). La mise en parallèle des deux termes se fait par l'intermédiaire du mot soeur qui désigne une origine commune, familiale.

- "Nageurs morts suivrons-nous d'ahan" : on peut considérer comme une comparaison le rapprochement entre les hommes (nous) et les nageurs morts, puisque le texte l'explicite : le mot cours suggère un fleuve et des nageurs, et l'expression d'ahan (qui signifie "avec peine") développe l'adjectif morts.

- "(La putain) belle comme une panthère" : comparaison introduite par comme. La femme, d'abord aimée puis haïe, est assimilée à une panthère ; trait commun : un certain type de beauté.

- "Une traîne d'étoiles ... tremblants" : métaphore. Le mot traîne signifie "filet" ; les étoiles sont comparées à des poissons, et les soirs, à des rivières. La métaphore liquide, reprise dans la strophe précédente, est encore développée dans le vers suivant avec le verbe nager.

- "Dans ses yeux nageaient les sirènes" : métaphore. Les yeux de la femme aimée sont comparés à la mer.

4 Le passage est extrait du début de Regain. C'est la description du personnage principal du roman, Panturle : le portrait est fondé sur l'idée que le personnage se confond avec le milieu naturel dans lequel il vit.

- "On dirait un morceau de bois qui marche" : comparaison introduite par on dirait, et explicitée par la suite du passage.

- "C'est un arbre" : comparaison introduite par le verbe être, et expliquée par les trois propositions de temps qui précèdent.

- "Sa chemise pend comme une écorce" : comparaison entre la chemise et l'écorce, qui reprend la comparaison précédente entre Panturle et un arbre. La marque de comparaison est l'adverbe comme ; le trait commun est exprimé par pend en lambeaux.

- "Une grande lèvre épaisse et difforme comme un poivron rouge" : comparaison, marquée par l'adverbe comme ; le trait commun est exprimé par les trois adjectifs : grande, épaisse et difforme.

5 Le classicisme, qui vise à l'abstraction, développe naturellement le langage de la métonymie. Le détail se dissout au profit de l'idée générale qu'il introduit. Ainsi, chez Corneille : ce fer = cette énergie de combattant ; mon bras = mon courage. Chez Racine : son hymen = son mariage ; cette tête = cette personne, vous (Phèdre s'adresse à Hyppolyte) ; le ciel = les dieux. Chez Molière : le sexe = le beau sexe, les femmes ; les esprits = les personnes intelligentes, cultivées ; la plume = le fait d'écrire. On notera, à côté, quelques métaphores (sa conquête, nos feux, cet oracle) qui appartiennent au code de la préciosité amoureuse.

6 Chacune des deux strophes est organisée autour d'une paronomase : déserts (v.2) / désir (v.5) et givre (v.3) / grive (v.5), ces deux derniers mots étant aussi l'anagramme l'un de l'autre. La progression syntagmatique du poème naît de l'association paradigmatique que proposent les paronomases : le désir qui se tait (au coeur enclos) explique la réalité des déserts physiques, des corps qui ne s'aiment pas ; l'amour et la liberté se développent de l'hiver (le givre) au printemps (la grive). C'est la construction du deuxième texte qui est la plus complexe : à la paronomase que l'on vient de noter s'ajoutent des quasi-paronomases : vitre/givre, vêpres/aveux, grive/ivre, qui déterminent une unité du signifiant et du signifié dans chaque vers.

7 Le poème est un commentaire du signifiant de "14 Juillet". Les sonorités du mot, la forme des lettres disent le contenu historique de la date. Le travail poétique consiste ainsi à détruire l'arbitraire du signe et à chercher les motivations qui peuvent relier le signifiant et le signifié.

- Motivations sonores : "mais à le prononcer ça commence comme Justice et finit comme ça y est" ; en effet, les phonèmes communs sont [ʒu] (Justice / Juillet) et [jɛ] (Ca y est / Juillet). On peut ajouter aussi deux adjectifs du texte : "quelque chose de neuf, d'un peu vain...", qui évoquent l'année 89 (quatre-vingt-neuf).

- Motivations typographiques : une pique (1), un drapeau tendu ou une baïonnette (4) ; d'autres piques (JUI) ; deux fléaux (LL) ; un rateau (T) ; les rayures verticales du pantalon (JUILL) ; un bonnet phrygien jeté en l'air (J) ; un rabot (J) ; une futaie de hautes lettres, un bois de peupliers (toute la formule, écrite en lettres capitales).

Sur ce poème de Francis Ponge, on pourra se reporter à l'article de J.C. Lieber, "Usages du Calligramme", Le Français aujourd'hui, n° 51, septembre 1980. Voir aussi G. Genette, Mimologiques, "Voyage en Cratylie" (Le Seuil, 1976), pp. 377-381.

2. Problèmes stylistiques

8 T. Gautier, "Le Pin des Landes", España (1845).

- Etude du signifiant : noter les rimes, les échos sonores que forment les assonances en [ɑ̃] (passant, Landes, français, blanc), en [ɛ] (vrai, français), les allitérations en [p] (pin, plaie), [r] (dérober, larmes, résine...), en [k] (qui ne vit qu'aux dépens... qu'il assassine), etc. Cette recherche est une introduction à celles que propose le chap. 14 sur les assonances et les allitérations.

- Métaphores annonçant la comparaison avec le soldat blessé : plaie, flanc, larmes, douloureux, son sang, se tenir droit.

- La dernière strophe introduit une deuxième comparaison : le poète est comparé au pin des Landes blessé par l'homme ("Le poète est ainsi..."). Ce symbole rejoint un thème largement développé par les poètes romantiques et leurs successeurs. On pourra rapprocher ce texte de : Musset, "La Nuit de mai" (1835), où le pélican, donnant son coeur pour nourrir ses petits, symbolise le poète perpétuellement souffrant ("Les chants désespérés sont les chants les plus beaux") ; Baudelaire, "L'Albatros" (1857).

9 Zola, Au Bonheur des dames (1883).

- Comparaisons : "c'était comme un champ de bataille" ; "des piles semblaient des maisons" ; "les confections s'amoncelaient comme des capotes de soldats".

- Métaphores : "les secousses de la vente" ; "le massacre des tissus" ; "la débâcle de leurs casiers" ; "la débandade des chaises" ; "une barricade de cartons"; "une mer de pièces" ; "(des piles) à moitié détruites" ; "le blanc avait neigé à terre" ; "des banquises de serviettes" ; "les flocons légers des mouchoirs" ; "mêmes ravages...".

- Champ lexical de la guerre : champ de bataille, massacre, camper parmi la débâcle, débandade, barricade, à moitié détruites, ravagés, capotes de soldats, mis hors de combat.

- Champ lexical des éléments naturels : saccagé (par) le souffle furieux d'un ouragan, une mer, un fleuve débordé charrie, neiger, banquises, flocons, ravages.

- Dans tout le roman dominent deux métaphores, celle du combat, puis, dans une moindre mesure, celle du monstre ou du cataclysme.
a/ La métaphore du combat : le commerce apparaît comme une lutte entre le patron du grand magasin (Mouret) et les femmes, ses clientes (c'est Mouret qui en sort vainqueur) ; entre les employés eux-mêmes (la rivalité domine les relations du personnel, et Mouret en joue à son avantage) ; entre le grand et le petit commerce.
b/ La métaphore des éléments naturels : pour Zola, la victoire du grand commerce sur le petit est inéluctable ; les grands magasins représentent une force naturelle qui va dans le sens de l'Histoire et du progrès.

- On notera surtout les allitérations. En [s] (secousses, suprêmes, massacre des tissus...), [r] (débordé charrie les ruines), etc.

10 Péguy, Eve (1913).

- La terre est ici symbole de la fécondité. Elle est comparée à une mère nourricière dont elle possède les caractéristiques physiques : terre maternelle ; son sein ; nature charnelle. Mais à travers le mot pis, la terre est également comparée à un animal : ce double visage (humain et animal) de la terre illustre la communion de l'homme et des éléments naturels, thème développé dans la suite du poème.

- Autres métaphores : "L'océan des blés" ; "les jours ... se suivant à la file" ; "les jours se suivant à la trace" ; "la race des blés" ; "l'arbre.. pliant sous le faix" ; "les blés enfants". La première métaphore rapproche les productions de la nature et de l'homme (le blé) et l'élément naturel (la mer), illustrant la communion de l'homme et de la nature. Toutes les autres métaphores ont pour but d'animer et de personnifier la nature, et de la rapprocher ainsi de l'homme.

- Jeu des sonorités : on notera le rôle des rimes et des allitérations.

- Le pouvoir poétique du texte est fondé sur l'art de l'incantation, c'est-à-dire sur les répétitions et le cheminement progressif des images, éléments particulièrement nets dans le dernier vers. Celui-ci est annoncé par le dernier vers de la strophe précédente, qui est fondé sur les mêmes effets. La personnification des blés a pour but de rapprocher les hommes et la Nature. Cette communion entre l'homme et la création se traduit concrètement par la reprise du mot enfants, qui s'applique à l'un et à l'autre.

11 Michaux, "Repos dans le malheur", Plume (1938).

- Les métaphores du poème apparaissent, tantôt sous la forme d'appositions au groupe nominal Le Malheur (mon grand laboureur, mon grand théâtre, mon havre...) ; tantôt à travers les verbes dont le Malheur est le sujet (assois-toi, repose-toi, tu me trouves... : d'où un effet de personnification) ; tantôt à travers des compléments circonstanciels (Dans ta lumière, dans ton ampleur). Ces métaphores se regroupent autour de deux axes, l'un positif, l'autre négatif, déjà exprimés dans le titre : repos ≠ malheur. Axe positif : s'asseoir, se reposer (repos); théâtre,havre, âtre,cave d'or,vraie mère,lumière (lumière et protection). Axe négatif : laboureur, trouver, éprouver, avenir, horizon, ampleur, horreur (travail et souffrances). Tout le sens du poème réside dans l'effort pour résoudre cette apparente contradiction entre le repos et le malheur, pour glisser d'un contenu négatif vers un contenu positif.

- Partant d'une opposition entre le je et le tu, le poème tend à établir une communion entre les deux idées. Première strophe :
a/ Opposition entre le tu (élément actif, le Malheur) et le je (élément passif, objet des épreuves).
b/ Le je accède au statut de sujet (et non plus seulement d'objet) avec le vers : Je suis ta ruine. Ce renversement des relations a été annoncé par l'utilisation de nous et de la conjonction et dans Reposons-nous un peu toi et moi.
c/ Deuxième strophe : ici, c'est le je qui domine quantitativement avec le possessif de la 1ère personne (mon, ma). Le dernier vers, qui reprend syntaxiquement le dernier vers de la première strophe, instaure à nouveau grammaticalement le je comme sujet agissant ; certes, le contenu sémantique du vers (cf. s'abandonner) traduit une défaite, mais c'est une défaite librement acceptée, une communion avec le Malheur.

- Figures du signifiant : paronomases ; trouves/éprouves/prouves (cette paronomase a une double valeur : elle suggère, par la répétition, le poids des épreuves sur le je, elle soude plus intimement le je et le tu par la triple formule tu me) ; théâtre/havre/âtre (ici, la paronomase renforce l'unité sémantique de ces trois mots autour du thème de la protection et de la lumière ; de plus, phonétiquement et graphiquement, le mot âtre est le "foyer" du mot théâtre, son centre visible). Assonances : en A, en O, etc.

Pour une étude approfondie de ce poème, on se reportera à l'article d'Y. Janot, "Travail de lecture", Pratiques, n° 9, mars 1976.

3. Création - Jeux

12 Exemples :

- Son bras tambourine sous l'étoffe.
- Le sable rouge est ridé de vagues.
- Le courant de ma peine est intarissable.
- Le blettissement de l'hiver annonce les beaux jours.

13 1. Hugo : A = les rocs ; A∩B = la chevelure ⟶ B = un homme. - 2. Zola : A = le puits ; A∩B = avaler ⟶ B = un animal monstrueux (puisqu'il avale des hommes). - 3. Rimbaud : A = le cresson ; A∩B = baigner (être plongé dans un liquide) ⟶ B = une étendue liquide. - 4. Colette : A = le nuage ; A∩B = l'ourlet (repli d'une étoffe) ⟶ B = une étoffe. - 5. Cendrars : A = les étoiles ; A∩B = un grouillement (le fait de remuer en masse confuse) ⟶ B = des êtres vivants (des animaux).

14 Voici quelques extraits du dictionnaire imaginaire composé par Michel Leiris :

"Alcool - (les deux O haussent le col ; ils s'allègent. L'eau claque).
Alcôve - elle couve.
Algèbre - abrégé agile des givres cérébraux.
Alpage - page blanche du pré qu'un troupeau lape.
Alphabet - l'étal des lettres, pas affublé de falbalas.
Alvéole - vallée close, que nul fleuve n'a lavée.
Ambigu - entre l'ambre et la ciguë.
Ambivalences - les envies en balance.
Amen - âme-mène (...)
Descendre - des cendres m'entraînent, vers le centre.
Désert - des haies est-ce heurté ?
Désespoir - ses spasmes sont le seul douaire auquel a droit l'espèce.
Désir - désert irisé.
Devenir - (le deviner).
Se dévergonder - hors de ses gonds, de ses dragons de vertu, vagabonder...
Diamant - aimant, amande diaphane.
Diapason - la mesure des sons diaprés.
Dictateur - (tortures d'état : les tics du tueur) (...)
Objet - ma jauge et mon gibet. Bauge à quoi j'obéis.
Océan - eaux et ans.
Odalisque - (ce qu'elle adore c'est - dos aux halles - le cadeau du lys caudal).
Oedipe - yeux perdus, pour ce peu : le meurtre d'un père hideux, le déduit d'une mère adipeuse.
Oeil - le treuil des cieux.
Officier - fieffée fiotte à ficelles.
Oiseaux - croix ou biseaux".
Glossaire j'y serre mes gloses, 1939 (in Mots sans mémoire, Gallimard, 1969).

15 Autre dictionnaire imaginaire, le "fictionnaire", d'Alain Finkelkraut (Le Seuil, 1979, 2è éd. refondue, coll. "Point-virgule", 1981) est construit selon une méthode similaire, mais a un effet différent : Michel Leiris cherche à motiver le signifiant par une série d'associations sémantiques, Alain Finkelkraut crée un signifiant dont il explique ensuite la motivation ; l'un conduit le lecteur du connu à l'inconnu, l'autre de l'inconnu au connu.

Adoliquescence - adolescence + déliquescence.
Boulangélique - boulanger + angélique (propre de l'ange, ou : tige confite d'une plante utilisée pour garnir les gâteaux !).
Diablogue - dialogue + diable.
Dodogmatique - dodo + dogmatique.
Gorespondance - goret + correspondance.

Ces deux exercices de "création" complètent le travail qui a été mené au chap. 3 sur les dictionnaires "réels".

BIBLIOGRAPHIE

Manuels et dictionnaires de rhétorique :

- D. Delas, Poétique/Pratique, CEDIC, 1977.
- P. Fontanier, Les Figures du discours, Flammarion, 1977, Coll. "Champs".
- H. Morier, Dictionnaire de poétique et de rhétorique, P.U.F., 1961 (éd. augmentée, 1975).
- B. Dupriez, Gradus. Les Procédés littéraires (dictionnaire), UGE, 1980, Coll. "10/18".
- J. Mazaleyrat et G. Molinié, Vocabulaire de la stylistique, P.U.F., 1989.

13. La page de poésie; le mètre et le rythme

(Manuel, pp. 101 - 107)

Les notions présentées dans ce chapitre, ainsi que dans les chapitres 14 et 15, sont tout à fait classiques, et appartiennent à un domaine bien connu dans le champ des études littéraires, celui de la stylistique de la poésie. En invitant à la compréhension des mécanismes du vers, elles donnent des connaissances de base qui sont nécessaires à la pratique de l'explication de texte ou du commentaire composé. Leur aspect technique peut paraître contraire à l'esprit qui doit animer le lecteur de poèmes. Mais on reconnaîtra que les voies d'accès à la poésie ne sont pas uniquement celles de l'intuition et du sentiment : la rigueur analytique et la conscience d'un jeu des formes sont tout aussi nécessaires.

Pour l'étude du rythme de l'alexandrin, nous avons repris la méthode d'analyse proposée par M. Grammont et J. Mazaleyrat. Elle nous a paru la plus simple. Nous n'avons pas jugé utile de faire référence aux pieds de la métrique latine (dactyle, anapeste, trochée...) pour décrire la succession des syllabes atones et des syllabes accentuées, comme le font certains stylisticiens.

EXERCICES

1. Lectures

1 L'exercice est une application des règles de scansion qui concernent l'alexandrin : découpage du vers en 4 ou 3 mesures ; coupe de mesure après un accent d'intensité. Ainsi :

Ari-a/ne ma soeur // de quel amour / blessée
3 3 4 2
Vous mourû/tes aux bords // où vous fû/tes laissée
3 3 3 3

De même : Booz dormait... (4//5//3). Les étoiles volaient... (3+3//3+3). Ces grands rameaux... (4//5//3 ; 2+4//4+2). Et l'unique cordeau.. (3+3//3+3). Trop de tentations... (2+4, ou 1+5//3+3 ; 4+2//2+4). Dites... (1+5//3+3). Mèches... (3+3//3+3 ou:1+2+3//1+2+3).

2 Le hiatus était admis par les classiques quand la rencontre des deux sons voyelles était atténuée par divers phénomènes phonétiques ou rythmiques :

- par la pause de la césure : aimé / et (Ronsard) ; sacrée / annonçait (Racine) ; horizon / on (Hugo) ;
- par la présence d'un E muet : sacrée / annonçait (Racine); joue / a rougi (H. de Régnier) ;

- par la présence d'une voyelle nasale (dont on admet que le N peut se prononcer faiblement) : an / entier (Racine) ; horizon / on (Hugo) ;
- par la présence d'une consonne non prononcée après la première voyelle : coursier / indompté (Racine) ;
- par la présence d'une H aspirée devant la seconde voyelle : désaveu / honteux (Racine).

3 Les vers cités peuvent être scandés comme des trimètres ou comme des tétramètres. La forme du trimètre respecte leur rythme syntaxique, et leur donne une allure assez rapide. La forme du tétramètre, au contraire, tend à les ralentir en dissociant le syntagme central : ce rêve / étrange ; a fait / une fois, etc. Ainsi, les mots situés au début du deuxième hémistiche sont-ils mis en valeur : l'idée de l'étrangeté du rêve dans le vers de Verlaine, la notation temporelle une fois dans le vers de Baudelaire, etc. D'où des nuances importantes dans l'interprétation du vers, selon la lecture adoptée.

4 Apocopes : caus(e) ; bell(e) ; chevelur(e) ; orang(es) ; salu(e). En accélérant la lecture de certains mots (banalisés par une prononciation prosaïque et perdant en quelque sorte leur statut poétique), les apocopes attirent l'attention sur le reste du vers. Ainsi le vers d'Eluard : Ta chevelur(e) d'orang(es)// dans le vide du monde repose-t-il sur le contraste qui oppose le premier hémistiche, condensé par ses élisions forcées, et le deuxième hémistiche, fort de toutes ses syllabes, où les élisions sont refusées. L'apocope au sixième pied renforce le rôle de la pause centrale : pratiquée dès la poésie du Moyen Age, dans *La Chanson de Roland*, par exemple, elle produit une césure que l'on appelle épique.

5 Les octosyllabes de Ronsard et de Musset ont des rythmes variables ; ils sont composés de 2, quelquefois de 3 mesures. Voici leur découpage :

- dans le poème de Ronsard : 2+4+2 ; 5+3.
- dans le poème de Musset : 4+4 ; 4+4 ; 5+3 ; 3+3+2 ; 3+5 ; 3+5.

Les décasyllabes de Valéry sont scandés de façon régulière, en 4+6 ou 6+4.

6 La poésie de Saint-John Perse, en dépit d'une apparence prosaïque, conserve les grands rythmes de la métrique classique.

- extrait d'*Anabase* : 8/12/8/8/8/8/12/6/8.
- extrait d'*Amers* : a/ 10/12/6/8/8/8/12. - b/ 6/8/12/6/8/8/12.- c/ 8/8/8/8/12/8. - d/ 12/6/10/8/8/8/8/. - e/ 8/8/12/12/10/8/6/8/10.

La seule difficulté de la scansion provient des apocopes que l'on est parfois obligé de marquer à la lecture. Ainsi dans le deuxième extrait : sa plainte heureus(e) de flûte d'eau (= octosyllabe); et l'oiseau de haut(e) mer // nous dérobant son cri (= alexandrin), etc. Un travail de scansion identique peut être mené avec profit sur le poème de Francis Ponge : "14 Juillet", donné dans le chap. 12 (*Manuel*, p. 98) : le texte est entièrement composé en alexandrins auxquels sont mêlés quelques octosyllabes dans le deuxième paragraphe et quelques décasyllabes dans le dernier paragraphe.

2. Problèmes stylistiques

7 Baudelaire, "Les Chats", *Les Fleurs du mal* (1857).

- Les E sonores sont assez nombreux ; leur prononciation est souvent renforcée par la nécessité de la liaison : v. 1, aiment, mûre ; v. 6, cherchent ; v 7, Erèbe, etc. Les deux tercets sont particulièrement riches de ce point de vue : 9 E sonores en tout, contre 3 dans les deux quatrains.

- Premier quatrain : 4+2//4+2 ; 1+5//3+3 ; 2+4//2+4 ; 3+3//3+3
Deuxième quatrain : 2+4//2+4 ; 2+4//3+3 ; 2+4//4+2 ; 3+3//3+3.

- Nulle audace rythmique dans ce sonnet, comme en général chez Baudelaire, qui n'aime guère la scansion ternaire. Il n'y a aucun trimètre dans ce sonnet. Le rythme s'accorde avec la syntaxe ; les césures se placent normalement aux lieux de jonction syntagmatique (noter, en particulier, la fréquence des et au 7ème pied : v. 1, 4, 5, 6).

8 Mallarmé, "Apparition", Poésies (1863).

- Hiatus : v. 6, songerie / aimant ; v. 13, fée / au chapeau. Chaque fois, un E muet atténue le contact entre les voyelles.

- Les enjambements sont plus ou moins marqués selon le type de rupture syntaxique produit. La dissociation entre le sujet et le verbe (ex. des v. 1-2 ; 8-9 ; 14-15) est plus acceptable à la lecture que la séparation entre un nom et un adjectif (v. 2-3), ou entre les deux parties d'un complément circonstanciel (v. 11-12).

- Rythme composé de tétramètres : v. 1, 2+4//4+2 ; v.2, 2+4//3+3 ; v. 3, 3+3//3+3 ; v. 4, 4+2//3+3 ; v. 5, 2+4//4+2 ; v. 6, 4+2//2+4 ; v. 7, 3+3//3+3 ; v. 8, 2+4//4+2 ; v. 9, 4+2//2+4 ; v. 10, 3+3//4+2. Noter la diérèse du v. 3 : vi-oles.

- Le v. 12 est un tétramètre, malgré la place étonnante de la césure : Et dans le soir / tu m'es // en riant / apparue. Tandis que le v. 14 est sans conteste un trimètre, le seul d'ailleurs de tout le poème : Qui jadis // sur mes beaux sommeils // d'enfant gâté.

9 Rimbaud "Voyelles", Poésies (1872).

- Elisions en fin de vers uniquement, pour les v. 2 et 4. Deux élisions pour le v. 5, en fin de vers, et à ombr(es). Pour le v. 11, les deux élisions portent sur alchimi(e) et imprim(e) : la première ressort particulièrement à la lecture, car elle est créatrice d'un hiatus ; la deuxième, au contraire, s'intègre parfaitement à la séquence phonique du vers puisqu'elle est placée à la césure.

- Aucune diérèse dans les v. 6 et 9. Au v. 11, diérèse de studi-eux ; le v. 14 rimant avec le v. 11, il faut marquer une diérèse dans la lecture de y-eux, et refuser l'hypothèse (pourtant tentante...) d'une diérèse dans violet - d'autant plus que le découpage du v. 14 est alors celui d'un trimètre tout à fait équilibré : 4//4//4.

- Scansion du premier quatrain : v. 2, 3+3//3+3 ; v. 3, 4+2 (ou 1+5) //2+4 ; v. 4, 3+3//4+2. Le v. 1 est composé d'une succession de segments dissyllabiques ; si l'on accepte d'en faire un tétramètre, on peut, à partir de la structure du deuxième hémistiche, proposer le regroupement suivant : 4+2//4+2.

10 Verlaine, "Les faux beaux jours", Sagesse (1881).

- Diérèses nécessaires : v. 4 tentati-ons ; v. 10, hi-ers ; v. 12, retu-er ; v. 13, furi-eux. Comme ces exemples le montrent, la diérèse a pour effet de transformer une semi-consonne en voyelle. Elle dissocie le groupement phonique semi-consonne + voyelle, et crée deux voyelles consécutives qui forment alors deux syllabes : [tɑ̃/tɑ/sjɔ̃] devient [tɑ̃/tɑ/si/ɔ̃] ; [rə/tɥe] devient [rə/ty/e] La prononciation méridionale réalise naturellement les diérèses là où le français standard ne les admet pas : ainsi tuer ou nuage, prononcés [tye] et [nyaʒ] seront sentis comme des mots dissyllabiques alors qu'ils sont monosyllabiques.

- Scansion du v. 4 : U/ne tentati-on // des pi/res Fuis l'infâme, soit 1+5//2+4. Le désaccord entre le rythme et la syntaxe est total ; la pause apparente indiquée par la ponctuation est doublement niée : elle ne correspond ni à la césure, ni même à la coupe de mesure du deuxième hémistiche.

- Les trimètres sont particulièrement nombreux dans ce sonnet : v. 7, v. 8, v. 10, v. 12 et v. 14. Leur schéma est le suivant : 4//4//4, c'est-à-dire un découpage tout à fait régulier. Le v. 1 peut être analysé comme un tétramètre (4+2//3+3), mais aussi comme un trimètre (4//5//3).

- Rythme du deuxième quatrain : v. 5, 3+3//4+2 ; v. 6, 2+4//3+3 ; v. 7 et 8, 4//4//4. Le passage du rythme du tétramètre à celui du trimètre se fait progressivement. La strophe commence par un vers lent dominé par les monosyllabes : tétramètre typique, aux mesures bien distinctes. Un autre tétramètre lui succède, mais plus difficilement reconnaissable, avec une césure peu apparente. Cet effacement de la césure médiane semble provoquer la naissance d'un nouveau rythme, le trimètre du troisième vers. Mais la syntaxe de ce trimètre est encore floue, et il faut attendre la fin de la strophe pour qu'apparaisse un trimètre au schéma entièrement pur, en qui pauses syntaxiques et pauses rythmiques correspondent parfaitement.

11 Eluard, "Le grand voyage", Une Leçon de morale (1949).

- Les v. 1-2, 11-12, 13-14, 23-24 composent comme des refrains. Chacun de ces distiques forme une unité sémantique, mais une unité discordante, brisée par le changement de rythme. L'octosyllabe détache un fragment d'énoncé ; il complète l'alexandrin, mais ne le poursuit pas ; on ne peut parler entre eux d'enjambement.

- Le type d'alexandrin dominant est le tétramètre, avec un découpage des hémistiches en 4+2 ou 2+4, plus rarement 3+3 (ex. du v. 10, dont le rythme contraste avec celui des vers précédents).

- Les trimètres du poème (v. 1, 9, 13, 15) sont réguliers et se scandent en 4//4//4.

- Les v. 18, 19 et 23 ont un point commun : la présence d'une syllabe muette non élidée après la césure. Le mot qui occupe le milieu de l'alexandrin est partagé par la césure, et se trouve comme étiré à la frontière des deux hémistiches. Par exemple : J'ai ranimé / la for//me de mon corps / sensible. Ce type particulier de césure est appelée césure enjambante; il était proscrit par la métrique classique qui refusait que le partage entre les deux hémistiches se fasse à l'intérieur d'un mot. On le distinguera de la césure épique qui, elle, se réalise sur une muette apocopée (voir, plus haut, ex. 4).

BIBLIOGRAPHIE

- M. Grammont, Petit traité de versification française, A. Colin, 1965, Coll. "U" (abrégé du grand traité sur Le Vers français, qui date de 1957).
- J. Mazaleyrat, Eléments de métrique française, A. Colin, 1974, Coll. "U" (la meilleure synthèse, à l'heure actuelle, sur les problèmes de versification).
- M. Patillon, Précis d'analyse littéraire : décrire la poésie, Nathan, 1977, Coll. "Nathan-Université".

Pour les détails de la terminologie métrique, on se reportera aux dictionnaires de rhétorique indiqués dans la bibliographie du chapitre précédent.

14. La page de poésie : les sonorités

(Manuel, pp. 107 - 114)

Cette leçon est la suite directe du chapitre précédent. L'étude des sonorités ne peut se faire qu'après celle du rythme. Il faut d'abord poser le cadre formel du vers avant de s'interroger sur son contenu sonore. Les textes des "problèmes stylistiques" sont ceux du chapitre 13 : ainsi pourra-t-on mieux percevoir la complexité et l'unité du système de la versification.

EXERCICES

1. Lectures

1 Hugo : v. 1-3, rime féminine et riche (3 phonèmes communs : [avi]) ; v. 2-4, rime masculine et pauvre (1 phonème commun : [i]). - Baudelaire : v. 1-4, rime féminine et riche (3 phonèmes communs) ; v. 2-5, rime masculine et riche (3 phonèmes : [war]) ; mais pour les v. 1, 3 et 4, la rime n'est que suffisante. (2 phonèmes communs).

2 - Premier texte d'Aragon : v. 1-5, rime riche, [sɛd] ; v. 2-4, rime suffisante [ot] ; v. 1-3-5, rime suffisante [ɛd] ; les rimes sont toutes féminines et consonantiques.

- Deuxième texte d'Aragon : v. 1-3, rime riche, [adɔr] ; v. 2-4, rime suffisante, [mi] ; l'alternance n'est pas entre des rimes féminines et masculines (puisque dore et dors sont hétérogènes) mais entre des rimes consonantiques (v. 1-3) et vocaliques (v. 2-4). L'alternance consonantique / vocalique date d'Apollinaire qui l'a substituée à l'alternance classique masculine / féminine ; elle a été reprise par Aragon qui l'a longuement exploitée...

- Texte d'Eluard : les trois premiers vers peuvent être rapprochés ; les v. 1 et 2 par leur homophonie, les v. 2 et 3 par leur homographie ; dans un cas, une rime réelle mais pauvre (1 phonème commun, seulement), dans l'autre cas, une rime pour l'oeil (imparfaite, d'ailleurs, à cause du s de bergers).

3 Le découpage strophique doit se faire à partir de l'étude de la disposition des rimes. Trois ensembles peuvent être distingués : un septain organisé sur deux rimes seulement, ABABABB, un quintain, DEEDD, et enfin, un quatrain en rimes embrassées, FGGF. Cette division strophique correspond au mouvement rhétorique de la tirade de Joad : un exorde formé par des questions, un développement dont le thème est une invitation à l'action, et une péroraison constituée par une prière.

4 1. Les rimes pauvres sont très nombreuses dans les Fables de La Fontaine. Par exemple, dans "L'Alouette et ses petits" : mit / crédit / nid ; enfants / champs ; fils / ami, etc. De même les rimes banales, dans la même fable : résolut / put ; écouter / manger (rimes pauvres et forgées, en plus, à partir de la même désinence grammaticale). Autres exemples, dans "Le Chat et le Renard" : disputèrent / égosillèrent (identité grammaticale) ; sac / bissac; affaire / faire (identités lexicales)...

2. L'étude des possibilités de division de la fable en strophes confirme, en général, ce qu'a montré l'étude du plan : le découpage formel du poème correspond au mouvement dramatique du récit. Ainsi pour "La Belette entrée dans un grenier", on peut isoler, conformément aux étapes du récit, une strophe de 9 vers (AABCBBCCB), puis deux sizains (DDFGGF et HHIJIJ). La construction formelle de "L'Avare qui a perdu son trésor" est plus complexe : une introduction générale en rimes plates (v. 1-8) ; le récit de la perte du trésor, en deux ensembles strophiques de 10 et 7 vers (v. 9-18 et 19-25) ; puis, le dialogue entre l'Avare et le passant, en rimes plates (v. 26-33), avant que ne soit énoncée la morale de la fable sous la forme d'un quintain (v. 34-38).

5 Tous ces vers sont riches en assonances et allitérations de toutes sortes. On notera plus particulièrement :

- les effets de symétrie : dans le vers de Racine (jour - pur // fond - mon ; laissez - moi // ces - voiles) ; dans les deux alexandrins de Hugo et de Rimbaud aux sonorités nasales très proches ; dans les vers d'Apollinaire (répétition d'une formule sonore composée de AN+K+T) ;

- les effets d'alternance : chez Baudelaire (Le soleil s'est noyé : assonances croisées des O et des E), chez Mallarmé (dans le deuxième hémistiche, les I alternent avec O et ON) ou Aragon (assonances croisées en AN-I, et symétrie par rapport à la césure dans : Un chant dans la poitrine à jamais enfoui).

6 L'exercice est une illustration des théories sur la rime développées par Aragon dans deux textes essentiels : "La rime en 1940", publié en appendice dans Le Crève-coeur (1941), et "Arma virumque cano" qui forme la préface des Yeux d'Elsa (1942).
- 1er extrait (Les Yeux d'Elsa, éd. Seghers, 1979, p. 25, 67) : rimes internes, choeur / coeur, descort / encore (rimes plates, alors que les rimes terminales sont embrassées).

- 2ème extrait (Le Crève-coeur, éd. Gallimard, 1980, coll. "Poésie", p. 20 et 68) : rime enjambée, battre / là-bas Trop...

- 3ème extrait (Le Crève-coeur, op.cit., p. 28 et 69) : rimes complexes, ivresse / est-ce, bonheur / bonne heure (le deuxième vers décompose le premier).

- 4ème extrait (Le Crève-coeur, op.cit., p. 69) : rime complexe (le troisième vers recompose les deux premiers), fils aiment / défi sème / emphysèmes. Ici, l'effet produit est proche du calembour : on peut parler de rimes équivoquées,

- 5ème extrait (Les Yeux d'Elsa, op.cit., p. 68) : rimes internes, perdus / défendus, jeudi / je dis (dans le deuxième cas, s'ajoute le mouvement de décomposition propre à la rime complexe).

2. Problèmes stylistiques

7 Baudelaire, "Les Chats", Les Fleurs du mal (1857).

- Le schéma des rimes est anormal sur un point : les rimes du deuxième quatrain diffèrent de celles du premier quatrain. La règle de l'alternance entre masculine et féminine est respectée. Notons que toutes les rimes féminines sont consonantiques et que toutes les rimes masculines sont vocaliques.

- Trois rimes sur quatre sont riches : [tɛr], [ɛzɔ̃], [ɛbr].
Une est suffisante : [te]

- Remarques particulières : présence d'une rime interne entre le v. 5 et le v. 6 ; facilité de la rime des v. 11 et 13 à cause de l'emploi des deux homonymes fin.

- Les voyelles nasales s'allient aux consonnes liquides [r] et [l] pour composer la trame sonore du sonnet : on comptera en tout 12 nasales dans les quatrains et 21 dans les tercets, 38 liquides dans les quatrains et 25 dans les tercets. La répartition entre les deux séries sonores s'inverse quand on compare le premier quatrain et les deux tercets, d'une part, et le deuxième quatrain, d'autre part : le deuxième quatrain est caractérisé par un grand nombre de liquides (23, en tout) et n'a que 3 voyelles nasales, tandis que la proportion des nasales est beaucoup plus importante dans les autres strophes : voir l'exemple tout à fait remarquable du 7ème vers, qui compte 7 liquides et aucune nasale, alors que tous les autres vers du sonnet comportent au moins une nasale.

- Les rimes sont composées uniquement de substantifs et d'adjectifs. Les rimes masculines sont toutes des substantifs, sauf au v. 13 (l'adjectif fin, homonyme cependant du substantif fin du v. 11). Quant aux rimes féminines, elles sont toutes formées d'adjectifs quand elles sont dans la position d'être croisées ou embrassées (les 2 substantifs formant une rime féminine sont ceux des v. 9 et 10). Notons encore que les rimes du premier tercet sont des substantifs, les rimes du deuxième tercet des adjectifs.

Ces remarques sont inspirées de l'étude célèbre de Claude Lévi-Strauss et Roman Jakobson sur "Les Chats", parue dans L'Homme en 1962 (reprise notamment dans Roman Jakobson, Huit questions de poétique, Le Seuil, 1977, coll. "Points"). On pourra s'y reporter pour une vision complète du système phonique et grammatical du sonnet de Baudelaire. Les auteurs tirent de leur démonstration formelle une interprétation de la thématique du poème qui est considérée comme un des modèles du genre.

En voici quelques extraits :

"Dans la répartition des rimes, le poète suit le schéma aBBa, CddC, eeFgFg (où les vers à rimes masculines sont symbolisés par des majuscules et les vers à rimes féminines par des minuscules). Cette chaîne de rimes se divise en trois groupes de vers, à savoir deux quatrains et un sizain composé de deux tercets, mais qui forment une certaine unité, puisque la disposition des rimes est régie dans les sonnets, ainsi que l'a fait voir Grammont, "par les mêmes règles que dans toute strophe de six vers".

Le groupement des rimes, dans le sonnet cité, est le corollaire de trois lois dissimilatrices : 1) deux rimes plates ne peuvent pas se suivre; 2) si deux vers contigus appartiennent à deux rimes différentes, l'une d'elle doit être féminine et l'autre masculine; 3) à la fin des strophes contiguës les vers féminins et masculins alternent : 4-sédentaires, 8-fierté, 14-mystiques. Suivant le canon classique, les rimes dites féminines se terminent toujours par une syllabe muette et les rimes masculines par une syllabe pleine, mais la différence entre les deux classes de rimes persiste également dans la prononciation courante qui supprime l'"e" caduc de la syllabe finale, la dernière voyenne pleine étant suivie de consonnes dans toutes les rimes féminines du sonnet (austères, sédentaires, ténèbres, funèbres, attitudes - solitudes, magiques - mystiques), tandis que toutes ses rimes masculines finissent en voyelles (saison - maison, volupté - fierté, fin - fin).

Le rapport étroit entre le classement des rimes et le choix des catégories grammaticales met en relief le rôle important que jouent la grammaire ainsi que la rime dans la structure de ce sonnet." (...)

"On observe un parallélisme syntactique net entre le couple des quatrains d'une part, et celui des tercets de l'autre. Le premier quatrain ainsi que le premier tercet comportent deux propositions dont la seconde -relative, et introduite dans les deux cas par le même pronom "qui"- embrasse le dernier vers de la strophe et s'attache à un substantif masculin au pluriel, lequel sert de complément dans l proposition principale (3-Les chats, 10-Des...sphinx). Le deuxième quatrain (et également le deuxième tercet) contient deux propositions coordonnées dont la seconde, complexe à son tour, embrasse les deux derniers vers de la strophe (7 - 8 et 13 - 14) et comporte une proposition subordonnée, rattachée à la principale par un conjonction. Dans le quatrain, cette proposition est conditionnelle (8-S'ils pouvaient); celle du tercet est comparative (13-ainsi qu'un). La première est postposée, tandis que la seconde, incomplète, est une incise."(...)

"L'aspect sémantique des sujets grammaticaux renforce ce parallélisme entre les deux quatrains d'une part, et entre les deux tercets de l'autre.

Les sujets du premier quatrain et du premier tercet ne désignent que des être animés, tandis que l'un des deux sujets du deuxième quatrain, et tous les sujets grammaticaux du deuxième tercet, sont des substantifs inanimés : 7-L'Erèbe, 12-Leu reins, 13-des parcelles, 13-un sable. En plus de ces correspondances pour ainsi di horizontales, on observe une correspondance qu'on pourrait nommer verticale, et qu oppose l'ensemble des deux quatrains à l'ensemble des deux tercets. Tandis que tou les objets directs dans les deux tercets sont des substantifs inanimés (9-les nobles attitudes, 14-leurs prunelles), le seul objet direct du premier quatrain est un substantif animé (3-Les chats) et les objets du deuxième quatrain comprennent, côté des substantifs inanimés (6-le silence et l'horreur), le pronom "les", qui se rapporte aux chats de la phrase précédente. Au point de vue du rapport entre le sujet et l'objet, le sonnet présente deux correspondances qu'on pourrait dire diagonales : une diagonale descendante unit les deux strophes extérieures (le quatrain initial et le tercet final) et les oppose à la diagonale ascendante qui, elle, lie les deux strophes intérieures. Dans les strophes extérieures, l'objet fait partie de la même classe sémantique que le sujet : ce sont des animés dans le premier quatrain (amoureux, savants - chats) et des inanimés dans le deuxième tercet (reins, parcelles - prunelles). En revanche, dans les strophes intérieures, l'objet appartient à une classe opposée à celle du sujet : dans le premier tercet l'objet inanimé s'oppose au sujet animé (ils = chats/attitudes), tandis que, dans le deuxième quatrain, le même rapport (ils = chats/silence, horreur) alterne avec celui de l'o jet animé et du sujet inanimé (Erèbe/les = chats)." (Op. cit., pp. 164, 166 - 167)

8 Mallarmé, "Apparition", Poésies (1863).

-Les rimes plates, régulièrement masculines et féminines, donnent à ce poème une grande continuité, du premier au dernier vers. Aucun découpage n'est possible, ni syntaxique, ni strophique. Au moment de la pause syntaxique du v. 9, la rime des v. 9 et 10 possède un effet d'entraînement et contribue à lier ensemble les deux longues phrases du poème.

- Rimes suffisantes pour les v. 2-4 et 5-6 : [ɔl], [ze] ; riche pour les v. 1-2 : [lœr]

- On notera l'importance des nasales et le jeu sonore qu'elles forment avec les liquides, comme dans "Les Chats", de Baudelaire (et comme dans beaucoup de poèmes lyriques, d'une façon générale). A cette dominante plaintive s'ajoute le son aigu des I, répartis régulièrement dans les neuf premiers vers, à raison de un ou deux par vers.

- La forme sonore du vers repose sur l'opposition entre les deux consonnes C et R : séparées dans le premier hémistiche (Cueillaison - Rêve), elles se mêlent dans le mot-clé du deuxième hémistiche : CoeuR. A cette symétrie phonique s'ajoute l'encadrement lexical et sémantique apporté par la cueillaison et l'a cueilli, aux limites de l'alexandrin : un même signifiant (ou peu s'en faut) pour deux signifiés opposés, l'acte en train de se faire et l'acte achevé, le présent de l'amour et le passé du souvenir...

9 Rimbaud, "Voyelles", Poésies (1872).

- Les rimes des deux quatrains sont toutes féminines, mais elles sont couplées deux par deux. Elles sont embrassées et disposées dans un ordre différent d'un quatrain à l'autre ; leur schéma est le suivant : AA'A'A / A'A A A'

- Les identités phoniques sont importantes : une rime suffisante (v. 1-4) ; les autres sont riches (v. 5-8 et 6-7), voire très riches (v. 2-3). On parle de rime double ou de rime léonine quand l'homophonie s'étend sur deux syllabes, comme c'est le cas pour les v. 2-3.

- On a noté dans le chapitre précédent (ex. 9) qu'il fallait marquer une diérèse à la fin des v. 11 et 14 : celle-ci allonge donc la rime, qui de suffisante (jø), devient riche (i-jø).

- Ce tercet, qui analyse la voyelle U, est fondé sur une assonance en I : 12 phonèmes [i] pour les trois vers. On notera aussi l'importance des voyelles nasales (5), l'alternance des [ɛ] et des [a-ɑ] (antérieurs ou postérieurs), la répartition régulière de la consonne nasale [m] (2 par vers), la répartition irrégulière des liquides (une seule dans le v. 10, quatre et cinq dans les v. 9 et 11), et enfin, le jeu des dentales sourdes et sonores [t] / [d] (7 en tout, [d] est la consonne d'appui de chacune des rimes du tercet).

- La voyelle U est analysée à partir de ce qu'évoque le signifiant graphique U-V (qui est une lettre unique en latin) et non à partir du phonème (u) pratiquement absent des assonances du tercet. L'image dominante est celle de l'ondulation ou de la vibration, évoquée concrètement par la référence aux vagues de la mer, au mouvement de l'herbe dans les prés, à la forme des rides, ou suggérée abstraitement par l'image de l'oscillation U-V. U a la forme d'un diapason propagateur de vibrations; c'est aussi un demi-ovale, donc un "cycle"... Rimbaud annonce ici le jeu sur le signifiant qu'exploiteront plus tard les surréalistes, ou, par exemple, Francis Ponge dans "14 Juillet" (voir chap. 12, ex. 7).

10 Verlaine, "Les faux beaux jours", Sagesse (1881).

- A la différence des sonnets de Baudelaire et de Rimbaud, le poème de Verlaine est tout à fait régulier : même disposition des rimes dans les deux quatrains, respect de la règle de l'alternance masculine / féminine, opposition entre les deux quatrains d'une part, et le sizain formé par les tercets, d'autre part.

- Rime riche : v. 5-8. Rimes suffisantes : v. 1 4 2-3, 9-10, 11-13. Rimes pauvres : v. 6-7, 12-14.

- Voici la forme que prend la répartition des assonances dans les deux premiers vers : [o + o + u + ɥi + u + u + o] - [e + e + i + i + e + o + ɥi + u]
D'un vers à l'autre, on passe d'une dominante grave, produite par le [o] et le [u] à une dominante claire et même aiguë : les [e] sont clairs, les [i] sont aigus. La liaison sonore est assurée par lui-cuivres, situés à des places identiques dans chacun des deux alexandrins.

- Chaque hémistiche du v. 5 possède une unité sonore qui lui est propre : alternance des sons aigus et graves, d'un côté, dominante des nasales de l'autre. L'unité phonique est assurée par le couple [l] + [ɔ̃] formé dans le début du vers, et répété ensuite.

11 Eluard, "Le grand voyage", Une leçon de morale (1949).

- Aucune rime dans ce poème d'Eluard, mais de temps à autre la recherche d'assonances dans les mots placés en fin de vers : naissance / ressemblante ; mains / sein / sensible ; sang / enfant.

- La recherche d'un raffinement dans l'harmonie n'est pas ici le but d'Eluard (cf. le hiatus du v. 4 : j'ai été). Mais de belles constructions sonores apparaissent malgré tout, en particulier dans les v. 3, 6 10, 17 : on remarquera, dans ces vers, le jeu de l'alternance entre les voyelles orales et les voyelles nasales.

- Ce vers, dont le rythme a été analysé dans le chapitre précédent, est construit sur une association de la nasale [m] et des liquides [r] et [l], dont le centre est un groupement [m + r].

- Question délicate, s'il en est... Ici, l'interprétation dépend de l'intuition de chacun, mais à condition que le sentiment poétique s'appuie sur une lecture exacte des sonorités. On pourra noter, par exemple, l'impression de joie traduite par les voyelles claires, ou parler du chant de la nature évoqué par les nasales.

3. Création Jeux

12 Vers à trous :

- Ces tourbillons, ces feux et ces averses fraîches
- Ouvrant ses mains d'orages et donatrices, dont
  La paume est notre lieu et d'angoisse et d'espoir.
  Regarde, sous mes yeux tout change de couleur
  Et le plaisir se brise en morceaux de douleur,
  Je n'ose plus ouvrir mes secrètes armoires
  Que vient bouleverser ma confuse mémoire.

Dans les deux derniers exemples, la restitution des mots manquants peut se fonder sur un raisonnement logique : le respect du rythme, de la rime ou de l'harmonie sonore. En ce qui concerne le vers de Philippe Jaccottet, il faut préférer feux à pluies à cause du sens : l'opposition entre le feu et l'averse est plus riche poétiquement que la platitude d'une répétition.

13 Holorimes :
- Lâchant son silence / La chanson s'y lance.
- Etonnamment monotone et lasse / Est ton âme en mon automne, hélas !
- Par le bois du Djinn, où s'entasse de l'effroi / Parle, bois du gin ou cent tasses de lait froid.
- O fragiles Hébreux ! Allez, Rébecca tombe / Offre à Gilles zèbres, oeufs, à l'Erèbe hécatombe.
- Dans ces meubles laqués, rideaux et dais moroses / Danse, aime, bleu laquais, ris d'oser des mots roses.
- Eprise, hélas, Eve nue / Offrit son bec à Satan / Et prise, et lasse, et venue / Au frisson, bécasse, attend.

BIBLIOGRAPHIE

Voir la bibliographie indiquée pour le chapitre précédent.

15. La page de poésie : formes fixes, formes libres

(Manuel, pp. 115 - 122)

L'ambition de ce chapitre est de donner une idée des cadres formels dans lesquels la poésie s'est exprimée de l'époque classique à nos jours. A la poésie traditionnelle contrainte par des règles fixes s'oppose la poésie moderne, qui est à la recherche de ses principes. Nous avons essayé de montrer l'originalité de ces formes "libres" nées au XIXè et au XXè siècles, et de définir chacune d'entre elles à l'aide de critères pertinents. D'où le nombre élevé des "problèmes stylistiques", qui des poèmes de Baudelaire à ceux d'Apollinaire, d'I. et de P. Garnier offrent un large éventail de possibilités formelles.

EXERCICES

1. Lectures

1 Verlaine, "Monsieur Prudhomme", Poèmes saturniens (1866)

Il est grave : il est maire et père de famille.
Son faux col engloutit son oreille. Ses yeux
Dans un rêve sans fin flottent insoucieux,
Et le printemps en fleur sur ses pantoufles brille.

Que lui fait l'astre d'or, que lui fait la charmille
Où l'oiseau chante à l'ombre, et que lui font les cieux,
Et les prés verts et les gazons silencieux ?
Monsieur Prudhomme songe à marier sa fille

Avec monsieur Machin, un jeune homme cossu.
Il est juste-milieu, botaniste et pansu.
Quant aux faiseurs de vers, ces vauriens, ces maroufles,

Ces fainéants barbus, mal peignés, il les a
Plus en horreur que son éternel coryza,
Et le printemps en fleur brille sur ses pantoufles.

2 Jean Richepin, "Ballade Villon", La Chanson des gueux (1876)

Roi des poètes en guenilles,
O gueux, maître François Villon,
Buveur de vin, coureur de filles
Sonneur de joyeux carillon,
Grand mélancolique en haillon,
Tes vers sur ta tête honnie
Font flamber le sacré rayon,
Escroc, truand, marlou, génie!

Tu fus le père des bons drilles
Dont tu remplis le corbillon;
Et pour de telles peccadilles
Tu faillis, quittant le sillon,
Au gibet comme échantillon
Pendre, figure racornie
Dont la pluie eût fait un bouillon,
Escroc, truand, marlou, génie!

Laisse les chercheurs de vétilles
Te piquer de leur aiguillon.
Sur leurs sermons tu dégobilles.
Amant de Margot la souillon,
Tu sus, même à son cotillon,
Allumer l'étoile bénie
Qui fait resplendir ton haillon,
Escroc, truand, marlou, génie!

ENVOI

Prince, arbore ton pavillon,
Et tant pis pour qui te renie,
Roi des poètes sans billon,
Escroc, truand, marlou, génie!

3 Alfred de Musset, "A Madame G. Rondeau", Poésies nouvelles (1854)

Dans dix ans d'ici seulement
Vous serez un peu moins cruelle.
C'est long, à parler franchement.
L'amour viendra probablement
Donner à l'horloge un coup d'aile.

Votre beauté nous ensorcelle,
Prenez-y garde cependant :
On apprend plus d'une nouvelle
En dix ans.

Quand ce temps viendra, d'un amant
Je serai le parfait modèle,
Trop bête pour être inconstant,
Et trop laid pour être infidèle.
Mais vous serez encore trop belle
      Dans dix ans.

4 Le vers libre est par définition difficile à cerner et à identifier. Dans le texte de la leçon (p. 117), nous nous sommes inspirés de ce que dit Jacques Roubaud, qui dans La Vieillesse d'Alexandre (éd. Maspéro, 1978, analyse le passage de la métrique de l'alexandrin à celle du vers libre. Deux critères au moins peuvent être retenus, pour cerner le vers libre :

1. Le rejet du rythme de l'alexandrin, considéré comme trop mécanique : d'où l'extension vers la longue phrase de prose chez Claudel ou, au contraire, la multiplicité des mètres très courts à la fois pairs et impairs chez Eluard. Le texte de Cendrars mêle les mètres les plus variés : deux alexandrins possibles, les v. 3 et 6, mais il faut accepter une diérèse dans un cas (nous avi-ons volé), et dans l'autre cas un découpage dissymétrique du vers (5+7). Ce qui est refusé, c'est l'alexandrin dans sa régularité classique, et surtout le poème en alexandrins, l'association de vers d'un rythme identique.

2. La recherche d'un nouveau découpage métrique : le verset claudélien suit la progression d'une méditation (Claudel souhaitait qu'il s'accordât au rythme de la respiration) ; le texte de Cendrars choisit un découpage en séquences narratives ; la poésie d'Eluard dissémine les fragments d'un souvenir... Quelles que soient les formules adoptées, le poète respecte la segmentation que lui offre la syntaxe ; il cherche même à la mettre en valeur par le vers. Comme l'écrit Jacques Roubaud :
"Tout le vers libre commun (...) renvoie au vers traditionnel. Jusqu'au choix majoritaire de la disposition typographique destinée à la distinction du non-vers, enpruntée telle quelle à la notation ancienne, avec majuscules initiales et déplacement vers la droite des débuts de ligne qui ne sont pas des débuts de vers. Si je l'ai nommé classique, c'est que la nature de son accord conflictuel avec l'alexandrin le rapproche non de la période dernière de suprématie de celui-ci (1850-1880), mais au contraire de celle où la soumission des frontières syntaxiques aux frontières métriques est la plus stricte, celle des grands auteurs français : Boileau, Corneille, Racine, Molière, La Fontaine, Malherbe" (op.cit., p. 131).

2. Problèmes stylistiques

5 Baudelaire, "Les Chats", Les Fleurs du mal (1857).

Les questions invitent à réfléchir sur la structure formelle du sonnet et à considérer les relations que les différentes strophes entretiennent entre elles. Là encore, nous suivrons l'analyse de Roman Jakobson et Claude Lévi-Strauss à laquelle nous avons fait référence au chapitre précédent :
"Une première division correspond aux trois parties qui se déterminent chacune par un point, à savoir, les deux quatrains et l'ensemble des deux tercets. Le premier quatrain expose, sous forme de tableau objectif et statique, une situation de fait ou admise pour telle. Le deuxième attribue aux chats une intention interprétée par les puissances de l'Erèbe, et, aux puissances de l'Erèbe, une intention sur les chats repoussée par ceux-ci. Ces deux parties envisagent donc les chats du dehors, l'une dans la passivité à laquelle sont surtout sensibles les amoureux et les savants, l'autre dans l'activité perçue par les puissances de l'Erèbe. En revanche, la dernière partie surmonte cette opposition en reconnaissant aux chats une passivité activement assumée, et interprétée non plus du dehors, mais du dedans.
Une seconde division permet d'opposer l'ensemble des deux tercets à l'ensemble des deux quatrains tout en faisant apparaître une relation étroite entre le premier quatrain et le premier tercet, et entre le second quatrain et le second tercet. En effet :
    1. L'ensemble des deux quatrains s'oppose à l'ensemble des deux tercets, en ce sens que ces derniers éliminent le point de vue de l'observateur (amoureux, savants, puissances de l'Erèbe), et situent l'être des chats en dehors de toutes limites spatiales et temporelles.

2. Le premier quatrain introduisait ces limites spatio-temporelles (maison, saison) ; le premier tercet les abolit (au fond des solitudes, rêve sans fin).

3. Le second quatrain définit les chats en fonction des ténèbres où ils se placent, le second tercet en fonction de la lumière qu'ils irradient (étincelles, étoiles).

Enfin, une troisième division se surajoute à la précédente, en regroupant, cette fois dans un chiasme, d'une part le quatrain initial et le tercet final, et d'autre part les strophes internes : second quatrain et premier tercet : dans le premier groupe, les propositions indépendantes assignent aux chats la fonction de complément, tandis que les deux autres strophes, dès leur début, assignent aux chats la fonction de sujet" (op.cit., pp. 182 - 183).

Ainsi l'image du chat est-elle construite progressivement : tout à la fois animal réel et irréel, inclus dans un univers domestique, et appartenant à un espace mythologique. La polysémie du poème naît de sa distribution formelle.

6 Baudelaire, "Les Fenêtres", Petits poèmes en prose (1863).

Ce poème en prose est un des plus courts que Baudelaire ait écrits. Sa structure apparaît avec d'autant plus de netteté. Trois parties étroitement reliées entre elles, d'abord une hypothèse (l'intérêt qu'il y a à regarder à travers une fenêtre fermée), puis un récit confirmant l'hypothèse, et enfin une conclusion confirmant la validité du récit. Aucun rythme régulier (excepté cet alexandrin, mais qui semble dû au hasard de la période : j'aurais refait la sienn(e) // tout aussi aisément), aucune recherche apparente d'harmonie sonore, mais des répétitions qui se font insistantes :

- au niveau lexical : reprise de mots isolés ou de groupes de mots ;
- au niveau narratif : recherche d'équivalences entre l'histoire de la "femme mûre" et celle du "vieil homme", entre la "légende" véritable et la "légende" fausse, entre les deux "moi" du poète qui veut sentir qu'il est et ce qu'il est.

Ainsi le poème accomplit-il bien un cycle, qui se décompose en deux mouvements : de l'intérieur à l'extérieur (le poète regardant le monde), puis de l'extérieur à l'intérieur (le monde permettant au poète de se connaître). Réfléchir sur les autres, c'est se réfléchir en eux.

7 Valéry Larbaud, "Images", Les Poésies de A.O. Barnabooth (1908)

- Comme dans le poème de Cendrars cité plus haut (ex. 4), l'usage des noms propres d'origine étrangère (Rotterdam, et surtout Boompjes) rend la lecture difficile, et laisse dans l'incertitude le découpage métrique. Dans le v. 2, l'effet de surprise est différent : il provient de la mise entre parenthèses et de l'usage des chiffres qui désignent la date; le vers doit être ainsi déchiffré, c'est-à-dire restitué dans son intégrité syllabique. Dans le poème en vers libres, le rythme n'est pas donné, il est construit par la lecture.

- La correspondance entre la syntaxe et les mètres est partout parfaite, sauf aux v. 6 et 7. Dans ces deux vers, le point-virgule, qui est normalement la ponctuation de la fin du vers, signale par sa place inhabituelle le dysfonctionnement métrique : il provoque l'enjambement sur le vers suivant. Mais le phénomène est exceptionnel dans le poème ; il ne concerne que deux vers. La raison en est claire. Ces deux enjambements ont une valeur sémantique. Ils s'efforcent de traduire l'émotion contenue dans le sujet du poème. En effet, ils représentent formellement une union, le refus d'une séparation : ce qui est bien le thème de la scène qui est décrite ici...

- Les répétitions sonores sont très discrètes. Elles reposent sur la régularité morphologique des désinences verbales : [ɛ] + [r] est l'association dominante. Aucune rime, si ce n'est à la fin du poème quelques rapprochements créés par une allitération en [f] : affaires - fleuve - sifflant - de fer.

8 Jacques Prévert, "L'Ecole des Beaux-Arts", Paroles (1946)

- Du point de vue de la métrique, ces vers sont des vers libres, possédant les caractéristiques que l'on a définies plus haut. Quant à la typographie du poème, elle est proche de celle du calligramme : elle évoque par son double mouvement de réduction et d'extension l'éclosion de la boule de papier en fleur japonaise.

- Les vers les plus courts ont une fonction dramatique. Ils mettent en valeur l'évènement et l'émotion qui lui est associée. En créant des pauses nombreuses, ils ralentissent une action qu'ils décomposent. Ils apportent un effet de ralenti au film de l'événement.

- Les rimes composent trois strophes qui correspondent aux différentes phases de l'action : un quintain (AABBA), et deux sizains, le premier assez net (CCDA' DA'), et le second plus difficile à définir (la liaison des quatre derniers vers est claire, EFEF, mais les v. 12 et 13 ne riment pas, sinon pour l'oeil : ner - nir ?). Ces rimes sont surtout pauvres : assonances en [é] (tressés - papier - intrigués), allitération en [t] (subite - minute). Mais quelques unes sont suffisantes (jette - cuvette ; japonaise - taisent) et même riches (alors - multicolore).

- Les v. 1 et 2 sont caractérisés par l'allitération de quatre consonnes occlusives que rapproche un mode d'articulation similaire : [p] - [b] et [t] - [d]. Les trois mots du premier vers boîte - paille - tressée se trouvent, recomposés, dans le deuxième vers, sous la forme : petite - boule - papier. L'harmonie sonore est construite sur une double opposition phonologique : celle des labiales [p] - [b] et des dentales [t] - [d] d'une part, celle des consonnes sourdes [p] - [t] et sonores [b] - [d], d'autre part.

9 Aristide Bruant, "Fantaisie triste", Dans la rue (1889)

- La facture du poème est classique : 8 quatrains composés d'octosyllabes, et en rimes croisées. La seule surprise formelle vient de l'usage répété de l'apocope. Mais alors que dans la poésie élaborée, l'apocope n'apparaît pas de façon évidente et doit être découverte par le lecteur (voir chap. 13, ex. 4), ici elle est nettement marquée par l'apostrophe. Dans le texte de cette chanson, l'apostrophe ne signale pas seulement le langage familier : elle fonctionne comme une indicati de tempo sur une portée musicale : signe diacritique, elle guide le lecteur dans le cadre musical de la chanson.

- Le refrain est absent, mais la forme de la chanson est très répétitive : répétition des marques de l'énonciation (je - nous - on), des constructions syntaxiques (par ex. : ça + un verbe à l'imparfait), des thèmes (description du froid et de la tristesse). D'ailleurs, le genre de la chanson exclut toute idée de nouveauté ou de rebondissement dramatique. Le propre d'une chanson est toujours de se répéter, quitte à se perdre dans l'épuisante monotonie des rengaines et des scies.

- Genre lyrique familier, la chanson se caractérise par la simplicité de son message, l'évidence de la communication qu'elle instaure. Elle fait appel à l'expérience commune, mais ne cherche pas à la transcender. Au lieu que la poésie lyrique plus élaborée - par exemple, la poésie d'un Hugo ou d'un Lamartine -, vise une explication plus générale et tend à la méditation philosophique. D'où l'évocation de la mort à partir d'une scène d'enterrement : la mort est perçue à travers la représentation concrète qu'en donne la société ; nul besoin de dépasser cette apparence. Le propos de la chanson est de refléter le spectacle social.

10 Michel Leiris, "La hache", Glossaire j'y serre mes gloses (1940)

En déconstruisant la linéarité du message linguistique, le calligramme compose un ensemble complexe qui demande tout à la fois à être lu et perçu, saisi dans son signifiant et dans son signifié. Il nous oblige à faire la synthèse d'éléments variés, et nous lance à la recherche d'une signification qui se dérobe. Les exemples que nous avons présentés dans ce chapitre offrent deux variantes du même phénomène, une forme épurée, très abstraite chez Leiris, une forme plus complexe, plus détaillée chez Apollinaire.

- Signifiant : Le dessin est aisément reconnaissable, quelques traits suffisent à évoquer l'objet. Les mots sont croisés, leurs sonorités s'enchaînent (Quadrature - Rature - Tuerie). Un ordre de lecture est donc proposé, du haut vers le bas, de la gauche à la droite. La direction du regard est encore facilitée par la typographie le corps des capitales est plus gros à gauche qu'à droite. Sur l'analyse lexicographique du signifiant que pratique Leiris dans Glossaire j'y serre mes gloses, voir chap. 12, ex. 14, p. 100.

- Signifié : les mots de la définition font allusion à la fois à la forme et à la fonction de la hache. Quadrature (en astronomie, position d'une planète par rapport au soleil, au moment où elle forme avec lui un angle droit) et Rature évoquent la forme : l'angle droit, le trait. Rature et Tuerie donnent l'idée de la disparition et du meurtre. Le poète nous conduit vers l'image de la hache de guerre plutôt que vers l'idée d'un outil qui sert à couper ou à fendre le bois. Le dernier des trois mots de la définition, Tuerie, est le plus violent : il conclut la progression linéaire du calligramme par un effet de surprise.

11 Apollinaire, "La cravate et la montre", Calligrammes (1918)

- Signifiant : deux figures typographiques s'opposent, le rond de la montre, du remontoir, et du cou, autour duquel s'attache la cravate, et le V tracé par les aiguilles et les pans de la cravate. Le dessin n'est pas composé de deux figures disjointes, mais forme une unité : il nous invite à réfléchir à la relation qui unit les deux objets que représente le calligramme, et que le titre du poème nomme d'ailleurs de façon explicite. Quant aux heures du cadran, elles apparaissent à la suite d'une série de devinettes : la main, avec ses cinq doigts, évoque le chiffre 5 ; Tircis doit s'entendre tire six (coups) par un jeu sur le signifiant phonique ; la semaine implique, bien sûr, 7 (jours) ; 8, c'est le symbole de l'infini ∞ , redressé, jeu sur le signifiant graphique ; 9 est traduit par l'allusion aux neuf Muses ; 10 en chiffres romains s'écrit X, qui n'est autre que la forme majuscule de la lettre x, l'inconnu en algèbre ; 11, c'est le vers de la Divine Comédie, de Dante, en italien endecasyllabo, vers de onze syllabes.

- Signifié : Deux messages sont livrés par le calligramme : il faut se débarrasser du poids des contraintes qu'impose la civilisation, contraintes d'un temps mesuré (la montre), d'un vêtement codifié (la cravate) ; il faut vivre, tenter d'échapper à cette présence de la mort que manifestent l'heure qui s'écoule et la cravate qui étrangle...

Malgré les différences de réalisation importantes, les calligrammes de Leiris et d'Apollinaire reposent sur une conception identique : dans les deux cas, le poète parle d'un objet concret auquel il associe des idées abstraites. Les mots se surimposent à la banalité d'une forme quotidienne et la métamorphosent. Pour une étude plus détaillée du calligramme d'Apollinaire, on se reportera à l'article d'A.M. Bassy, "Forme littéraire et forme graphique : les schématogrammes d'Apollinaire", Scolies, n° 3-4, P.U.F., 1973-1974.

12 I. et P. Granier, "Cinéma", Prototypes - textes pour une architecture (1965)

La poésie concrète est une tentative de représentation directe de la réalité : le mot est déconstruit ; on essaie de dépasser sa charge lyrique traditionnelle et de lui redonner tout son pouvoir de symbole. Comme le disent les auteurs de Prototypes - textes pour une architecture :
"Un poème de type traditionnel est hétérogène ; il traîne en lui, parmi d'autres choses, le flou sentimental, des images extra-linguistiques. Cela fait son charme. Il procède de la personne de l'auteur, de ses amis, de ses expériences, de son histoire. Le poème-prototype (Urbild-Muster) est homogène, précis, linguistique. Il n'a aucun lien avec son auteur. C'est un projet".
Voici un commentaire du poème "Cinéma" ; il est extrait d'une étude générale consacrée à la poésie concrète :
"Formellement, la distribution ressemble à la poésie traditionnelle, avec des vers égaux, disposés selon la logique apparente de la mesure, du rythme, voire de la rime. Mais il n'y a pas de discours poétique, pas d'unités linguistiques reconnaissables (proposition, phrase, parties de la proposition, etc.), pas non plus de formes grammaticales différentes ; il y a un seul mot - et même pas, à vrai dire, puisque sa répétition sans pause en annule l'identité, le sens. La rime, qui pourrait apparaître s'il n'y avait pas de segmentation artificielle (qui n'observe pas la règle linguistique de la séparation en syllabes), n'existe pas ; la lecture ne relève pas de rythme ou de mesure. Le rythme existe pourtant bien, il est visuel, souligné par l'effet typographique des parallè-

les qui rappellent le mot de jadis, intégré maintenant à un nouveau sens. Pour le reste, la suggestion d'un écran (observant, naturellement, le nombre d'or), d'un tout qui est circulaire, qui se suffit à lui-même. L'idée de mécanique (que Bergson impliquait pour l'explication qu'il donnait du cinéma) est présente elle aussi, la répétition participe de la loi de fonctionnement, mais ce que nous lisons n'est pas le mot, la perception est celle du signe synthétique qui renvoie symboliquement à l'objet et, de la sorte, à son sens. La motivation formelle du tout ne lui enlève pas un certain contenu (décrit ci-dessus, "traduit") dont la qualité est représentée par le sens. Le texte est donc le tout, l'apparence des vers est plutôt le reflet d'un préjugé de lecteur abreuvé aux sources de la poésie traditionnelle, la motivation n'est pas sémantique mais formelle (en unité réelle avec le contenu), esthétique". M. Nadin, "Sur le sens de la poésie concrète", Poétique, n° 42, avril 1980, p. 253.

Nous donnons enfin, pour compléter cette documentation, un extrait du manifeste dans lequel Pierre Garnier a défini sa conception de la poésie :
"Depuis le début du siècle nous savions que l'univers n'était pas descriptible. Qu'il échappait à l'esprit humain en ce sens qu'il n'était pas représentable. L'univers externe - et l'univers interne. Une ligne existait au-delà de laquelle la langue ne passait plus. Seuls les symboles mathématiques pouvaient aider à pénétrer ces secrets. Pour enregistrer, ou tout simplement pour percevoir les impulsions plus lointaines, la langue essentiellement sémantique devenait trop lourde : le social ne franchissait plus cette frontière. Il fallait alléger cette langue, la réduire à quelques signes, enfin rendre "lisibles" les blancs qui pouvaient aider à étudier les rapports. Il existait peut-être une possibilité d'aller au-delà des limites habituelles de la poésie, en admettant, pour la langue, la même différence que pour les mathématiques entre le théorème et les formules : c'est pourquoi le Spatialisme passe sans cesse de la phrase-matière au signe-énergie cherchant à échapper à la banalisation du lisible, et à une langue fondée sur des postulats très anciens, nés aux temps indo-européens où le pâtre poussait son troupeau, où la terre était plate, où l'homme divisait tout naturellement le monde visible en un sujet actif ou passif, un verbe, un complément. (...)

En vérité l'homme est aux prises directement avec ses propres signes. En effet, un décalage existait entre le monde et la langue : il n'était pas nécessaire que le "soleil" soit présent pour qu'on parlât de lui. Cette facilité est supprimée par le Spatialisme : le poète est en prise directe avec une langue qui ne représente plus rien qu'elle-même, ou du moins qui tente de ne représenter plus qu'elle-même. La langue n'est plus un code à penser, un code pour communiquer mais une matière que l'on anime". Pierre Garnier, Spatialisme et Poésie concrète, éd. Gallimard, 1968, pp. 20-22.

3. Création - Jeux

13 Vers à trous

Le poème de José Maria de Hérédia "Soleil couchant" est extrait de la dernière partie des Trophées, "La nature et le rêve" ; il appartient au cycle intitulé "La mer de Bretagne". Mots manquants : v. 5, nid ; v. 6, fume ; v. 7, brume ; v. 8, s'unit ; v. 10, lointaines ; v. 12, l'ombre.

14 Création

L'intérêt de l'exercice est d'apprendre aux élèves le maniement d'un dictionnaire de rimes. Les rimes que nous avons proposées correspondent à "Quand vous serez bien vieille..." de Ronsard et à "Mon rêve familier" de Verlaine.

BIBLIOGRAPHIE

On se reportera à la bibliographie du chapitre 13, à laquelle on ajoutera :

. Sur le poème en prose : S. Bernard, Le Poème en prose de Baudelaire jusqu'à nos jours, Ed. Nizet, 1959.

. Sur le vers libre : J. Roubaud, La Vieillesse d'Alexandre. Essai sur quelques états récents du vers français, Ed. Maspéro, 1978.

. Sur la poésie concrète : P. Garnier, Spatialisme et Poésie concrète, Ed. Gallimard, 1968.
E. Williams, An Anthology of concrete poetry, New York, Something Else Press Inc., 1967.

16. La page de prose : les types d'énoncés

(Manuel, pp. 123 - 129)

Faire réfléchir les élèves sur la différence entre le discours et l'énoncé historique, c'est, tout d'abord, leur permettre de distinguer plus clairement les frontières entre les genres littéraires : au roman qui raconte des faits par l'intermédiaire d'un narrateur, s'oppose le théâtre qui représente les faits directement devant le spectateur ; au roman qui se veut objectif, dominé par la troisième personne, s'opposent le journal intime, la poésie, les essais philosophiques, dominés par l'expression personnelle. Mais, plus largement, cette distinction permet d'enrichir toute réflexion sur la fiction littéraire : poser le problème du type d'énoncé, c'est éviter toute confusion entre auteur et personnages, entre auteur et narrateur.

EXERCICES

1. Lectures

1 Discours : textes de Voltaire, Balzac, Bernanos. Enoncés historiques : textes de Flaubert et Romain Rolland.

2 1. La Fontaine : discours indirect libre dans les deux derniers vers. Le procédé permet de transmettre la tournure très personnelle des méditations douloureuses du bûcheron (expressions imagées), sans pour autant rompre le cours du récit : a la fin de la fable, le revirement du bûcheron repoussant la Mort qu'il appelait sera mis en valeur par l'utilisation brutale du style direct. - 2. Mme de La Fayette : style indirect. Mme de Clèves met en avant des prétextes qui ne convainquent pas son mari : le style indirect permet l'ellipse d'une conversation, il a la force d'un résumé. - 3. La Fontaine : discours direct (v. 2-3 et 5-7), interrompu par une phrase en discours indirect libre (assurément il radotait). Tandis que le discours en style direct s'adresse réellement au vieillard, les propos rapportés au discours indirect libre sont sans doute échangés entre les jeunes gens hors de la présence du vieillard, ou en aparté. - 4. Voltaire : discours direct ; juxtaposant les paroles des deux interlocuteurs, celui-ci met en valeur l'effet de surprise dû à la réponse du pêcheur. - 5. Flaubert : discours indirect (ce qu'elle deviendrait, si elle se marierait : subordonnées interrogatives indirectes), puis discours indirect libre (et à qui ? hélas !..). Le passage du discours indirect au discours indirect libre traduit les états d'âme de Charles Bovary. Le discours indirect libre garde les éléments de la fonction expressive (exclamations, interrogations, rythme de la phrase). - 6. Camus : discours indirect (subordonnées complétives). L'utilisation du discours indirect montre que l'intérêt du dialogue réside dans le contenu du message, non dans la forme de la conversation.

3 1. Stendhal : une phrase de discours dans ce récit (nous avouerons que notre héros...) ; il s'agit d'une intrusion d'auteur : Stendhal, auteur de la fiction, parle à la première personne et s'adresse au lecteur. - 2. Th. Gautier : intrusion d'auteur (nous commettrons...). Th. Gautier s'avoue comme l'inventeur de la fiction et se justifie (les auteurs de tous les temps...) ; cette intervention se veut aussi démystificatrice, car elle est ironique. - 3. Maupassant : récit à la première personne, à la fin duquel le narrateur s'interrompt pour s'adresser à son auditeur ; il renforce la curiosité de ce dernier en lui faisant attendre la suite de l'histoire. - 4. Giono : l'histoire est racontée sous

la forme du discours ; le texte porte les marques du langage oral, dans son vocabulaire (ça), dans sa syntaxe (on = nous), dans les expressions illustrant la fonction de contact (ça va bien ; comme je vous dis).

4 1. A.- Fournier : récit, puis discours (Je me rappelle en cet instant : temps de la narration ≠ passé, temps de la fiction), et récit à nouveau : car il avait soigneusement posé sa casquette sur ses autres habits La superposition du passé et du présent montre combien le narrateur, François, a été marqué, psychologiquement et affectivement, par l'aventure vécue par Meaulnes, et dont il a été le témoin. - 2. Proust : le mélange du récit et du commentaire (sous la forme du discours) est particulièrement important dans ce passage, puisque l'auteur passe de l'un à l'autre à l'intérieur d'une même phrase (La muraille... depuis longtemps). Cette superposition du passé et du présent permet de concrétiser l'écoulement du temps et de rendre plus sensible son oeuvre de destruction : voir l'abondance des notations négatives (n'existe plus - détruites - je n'aurais pu prévoir alors - difficiles à comprendre). Toute La Recherche du temps perdu joue sur cette interpénétration du passé et du présent. - 3. Gide : le discours permet ici d'interpréter le récit ; il joue le rôle d'un éclairage a posteriori. Le vocabulaire est celui de l'analyse (valeur généralisante) et de la définition (je crois ; il était de cette famille d'esprits ; je veux dire).

2. Problèmes stylistiques

5 Rousseau, *Les Confessions* (1782)

- Premier paragraphe : récit à la première personne (emploi du passé simple et d'un nous qui désigne des personnages). Deuxième paragraphe : discours (première personne et passé composé).

- Première partie (1er paragraphe) : vocabulaire négatif, Rousseau décrit un moment de rupture dans son enfance, la fin d'une période sereine et innocente ; le style lui-même traduit cet état de rupture : les phrases sont brèves et accumulent les verbes d'action. Deuxième partie (2ème paragraphe) : vocabulaire positif. Le passé est revu à la lumière du présent, et il en sort transformé, régénéré. L'ensemble de ce paragraphe est écrit en phrases longues et sinueuses, illustrant cette recherche du souvenir. Les verbes décrivent non plus des actions, mais des sentiments.

- Notations temporelles : près de trente ans... depuis qu'ayant passé l'âge mûr... sentant déjà la vie qui s'échappe. Ces notations temporelles constituent une intrusion du narrateur vieilli dans le récit de son enfance. Elles rendent plus émouvant le contraste entre le passé et le présent, entre un Rousseau jeune ignorant du bonheur qu'il vit et un Rousseau vieilli, qui tire de son expérience une évaluation plus juste du bonheur.

- Le vocabulaire positif de la deuxième partie du texte montre clairement la valeur qu'accorde Rousseau à l'écriture : celle-ci permet un retour sur soi, une reconquête du passé, soit pour en retrouver le bonheur, soit même pour prendre conscience d'un bonheur qui avait échappé. Par ailleurs, l'écriture autobiographique permet de mettre en évidence les contradictions entre la conduite et le coeur, entre l'acte et l'intention. L'introspection, qui se présente sous la forme d'un commentaire des faits passés, permet à l'écrivain de se justifier, de montrer au lecteur la bonté naturelle qui se cache sous des actes en apparence coupables.

6 Balzac, *Pierrette* (1840)

- Y a-t-il... à sa fenêtre" : le discours apparaît à travers l'utilisation du présent et à travers la question posée, qui suppose un locuteur et un interlocuteur.

- Phrases de discours : aucun homme... chant d'amour ; y a-t-il rien... fenêtre ; de tous les spectacles... déplaisant ; il est trop triste... rie ; avec lequel... occiput ; que les peintres prêtent aux sorcières. Dans ces phrases de discours, aucun locuteur précis n'apparaît (pas de première personne) ; pourtant, ce locuteur existe, il cherche à influencer le lecteur (fonction impressive) par des questions qui portent en elles-mêmes leur réponse (voir les deux phrases interrogatives dans le discours), par des jugements qui renforcent l'impression produite par le portrait. Il s'agit d'une intervention du narrateur dans son récit. Mais ce narrateur n'a dans le roman aucune existence légitime (narrateur implicite), il recouvre en fait une intrusion de l'auteur, Balzac (et de ses préjugés), dans l'univers de la fiction. C'est pourquoi ce discours illicite se dissimule et se présente comme impersonnel : personne ne parle, c'est le bon sens commun qui exprime des évidences. Les généralisations (aucun homme ; de tous les spectacles... le plus déplaisant ; pour qu'on en rie) ont pour but de donner une apparence d'objectivité et d'universalité à un commentaire qui porte la marque de son auteur et de son époque.

- Le discours-commentaire qui encadre le portrait et la narration présente le spectacle de la vieille fille à sa fenêtre comme un spectacle horrible et déplaisant. C'est donc l'impression dominante qui se dégage du récit à travers : les comparaisons et métaphores (geste de chauve-souris ; l'air menaçant que les peintres prêtent aux sorcières) ; le thème de la sécheresse et de la laideur ; le vocabulaire négatif et dépréciatif.

7 Zola, *L'Assommoir* (1877)

- Le discours indirect libre apparaît dans la deuxième moitié du texte à partir de : Ce n'était pas une existence, vraiment. L'irruption du discours du personnage dans le récit se traduit par : le niveau de langue ; les éléments de la fonction de contact ; les éléments de la fonction expressive du langage (les exclamations et les interrogations traduisant l'impatience de Coupeau).

- Niveau de langue dans le discours indirect libre : il est familier. C'est un élément caractéristique du discours du personnage, qui se traduit : par des comparaisons (ficelé et raide comme un saucisson ; pareil à une momie) ; par le vocabulaire très imagé (quille ; cloué là ; comment se portaient les fortifications = comment le travail des fortifications avançait) ; par la syntaxe et la morphologie relâchées (ça puait). On peut noter cependant que le niveau de langue du personnage a tendance à envahir même certaines phrases de récit : si la syntaxe et la morphologie restent celles du niveau courant, le vocabulaire, en revanche, appartient au niveau familier : rigoler des pattes cassées ; faire enrager le monde).

- Eléments de la fonction de contact : vraiment... par exemple... non vrai.

Style direct : "Ce n'est pas une existence, vraiment, de vivre sur le dos, avec une quille ficelée et raide comme un saucisson". Style indirect : Il disait que ce n'était pas une existence de vivre sur le dos avec une jambe immobilisée (suppression du vocabulaire imagé, de la fonction de contact). Style direct : "Ah ! je connaîtrai le plafond, par exemple ; il y a une fente, au coin de l'alcôve, que je dessinerais les yeux fermés". Style indirect : Il disait qu'il connaîtrait le plafond, qu'il y avait une fente au coin de l'alcôve qu'il aurait dessinée les yeux fermés (suppression de l'exclamation, de la fonction de contact). Style direct : "Est-ce que je resterai longtemps cloué ?". Style indirect : Il demandait s'il resterait longtemps immobilisé là, etc.

3. Création - Jeux

8 Transformations nécessaires : suppression de la première personne, du présent et du passé composé, des marques de la fonction expressive (exclamations, répétitions ou mises en valeur), des interrogations directes :
"Son oncle avait une vache dans son écurie ; c'était lui qui coupait... Cette faux sifflait dans le gras du pré, quand il en avait aiguisé le fil... Quelquefois il sabrait... Il portait lui-même... et elle le saluait de la tête quand elle entendait son pas. C'était lui qui allait la conduire... et qui la ramenait... Les bonnes gens du pays lui parlaient... et les petits bergers l'aimaient... Il était heureux. Il se demandait s'il n'allait pas rester, s'il n'allait pas se faire paysan. Il en parlerait à son oncle, un soir que celui-ci aurait servi le dîner... et qu'il aurait bu...".

BIBLIOGRAPHIE

• E. Benveniste, *Problèmes de linguistique générale*, Ed. Gallimard, 1966, tome 1.

• M. Butor, "L'usage des pronoms personnels dans le roman", Essais sur le roman, Ed. Gallimard, 1964.

• G. Genette, Figures III, Seuil, 1972.

• H. Weinrich, Le Temps. Le récit et le commentaire, Seuil, 1973.

• D. Maingueneau, Eléments de linguistique pour le texte littéraire, Bordas, 1986

17. La page de prose : le récit

(Manuel, pp. 130 - 138)

Dans ce chapitre, l'étude du récit s'effectue dans deux directions : l'analyse de la fiction et l'analyse de la narration. Les questions que nous posons sont simples. D'abord : comment s'enchaînent les évènements ? Quel rôle jouent les personnages ? Ensuite : Qui raconte l'histoire et quand ? Qui regarde et d'où ? Nous y répondons en présentant des distinctions qui ne sont pas d'un maniement difficile. Car il nous semble nécessaire de résoudre de tels problèmes au moment de l'activité de lecture. L'enjeu est d'importance : faire de celui qui lit non un simple consommateur de fiction, mais un juge lucide des procédés de l'écriture romanesque.

EXERCICES

1. Lectures

1 1. Etat initial : "C'était une de ces jolies et charmantes filles... de détresse". Phase statique, marquée par l'utilisation de l'imparfait, temps de l'arrière-plan (voir chap. 18, Manuel, pp. 141 - 142). L'action future est suggérée par la phrase "Elle eût tant désiré plaire". 2. Force transformatrice : "Or, un soir... lundi 18 janvier". Rupture marquée par la conjonction or et par l'utilisation du passé simple, temps de premier plan.

2 . A/ Les séquences narratives.

Remarque : Les références des pages sont données dans l'édition du Livre de Poche (n° 2554). Le texte isole typographiquement trois moments dans le récit : a/ Avant l'attaque d'apoplexie (pp. 7-12) ; b/ L'attaque d'apoplexie et l'échec d'une première couvée (pp. 12-19) ; c/ La réussite de la seconde couvée (pp. 19-24). Mais ces divisions du texte, si elles sont intéressantes, ne recouvrent cependant qu'imparfaitement les différentes séquences, qui sont :

- Séquence 1 : a/ Etat initial (pp. 7-12) : description de la joyeuse vie de Toine, opposée aux récriminations de sa femme, qui lui en veut de "sa gaieté, de sa renommée, de sa santé et de son embonpoint" (p. 10). Texte dominé par l'imparfait, temps de l'arrière-plan. Un indice du drame futur : l'annonce du travail de destruction lente et perfide de la mort (p. 12) et la répétition de la sinistre prédiction de la mère Toine : "J'verrons c'qu'arrivera". - b/ Force transformatrice (pp. 12-14) : Toine diminué par son attaque, élément introduit dans le texte par la phrase : "Il arriva que Toine eut une attaque" (accomplissement de la prédiction de la mère Toine). - c/ Force équilibrante et état final (pp. 14-15) : Toine recrée autour de lui sa petite "cour" de fidèles. Il reprend sa belle vie : s'amuser, jouer aux dominos.

- Séquence 2 : a/ Etat initial (pp. 15-17) : état final de la première séquence. Toine se distrait, la mère Toine reprend ses récriminations contre lui. - b/ Force transformatrice (pp. 17-18) : la mère Toine impose à son mari de couver des oeufs. - c/ Force équilibrante et état final (pp. 18-19) : Toine, après avoir pris la proposition à la légère, est contraint de se soumettre. Le passage de l'état initial à l'état final est souligné par la reprise d'expressions parallèles : cf. "On jouait aux dominos, pardi... Mais la mère Toine... ne pouvait point tolérer que son gros feignant d'homme continuât à se distraire en jouant aux dominos dans son lit", et : "Toine fut vaincu, il dut couver, il dut renoncer aux parties de dominos".

- Séquence 3 : a/ Etat initial : état final de la séquence précédente. - b/ Transformations (pp. 20-21). - c/ Etat final (pp. 21-24) : réussite du projet de la mère Toine. Triomphe de Toine qui détourne à son profit ce succès. Les derniers mots du conte reprennent en écho le début : Toine a retrouvé son importance.

B/ Le système des personnages

- Premier schéma : Sujet, Toine ; objet, la distraction entre amis ; adjuvant, les amis ; opposant, la mère Toine ; destinateur, la Sociabilité ; destinataire, la Vie.

- Deuxième schéma : Sujet, la mère Toine ; objet, les poussins ; adjuvant, Toine et les amis (dans la 2è et 3è séquence) ; opposant, Toine et les amis (au début de la 2è séquence) ; destinateur , l'Argent ; destinataire, la Vie.

Ces deux schémas mettent en évidence l'ambiguïté du groupe des amis : ceux-ci ne sont pas totalement du côté de Toine, puisque c'est l'un d'eux qui donne à la mère Toine l'idée de la couvée. Par ailleurs, une chose au moins unit Toine et la mère Toine, c'est le destinataire : la Vie - ce qui explique le consentement de Toine et son triomphe final.

3 Les personnages dans La Rabouilleuse, de Balzac (1842)

- Premier schéma : Sujet, Joseph ; adjuvant, Agathe ; objet, réparer la faute de Philippe ; opposant, le Temps ; destinateur, la Bonté ; destinataire, le bonheur de sa mère et de la Descoings.

- Deuxième schéma : Sujet, Philippe ; adjuvant, la Descoings ; objet, gagner au jeu ; opposant, la Chance ; destinateur, la Cupidité ; destinataire, le Bonheur.

- Troisième schéma : Sujet, la Descoings ; adjuvants, Agathe et Joseph ; objet, gagner à la loterie ; opposant, Philippe ; destinateur, la passion du jeu ; destinataire, le Bonheur.

- Quatrième schéma : Sujet, Agathe ; adjuvant, l'Argent ; objet, la défense de Philippe ; opposants, Philippe, la Descoings ; destinateur, la maternité ; destinataire, le Bonheur.

Ces schémas font apparaître les différentes phases de l'action du chapitre 8 : 1. Episode de Joseph cherchant à jouer le terme de la Descoings. - 2. Episode du vol accompli par Philippe, puis de sa malchance au jeu. - 3. Episode du drame de la Descoings, provoquant sa mort. - 4. Thème essentiel du chapitre (voir le titre : Comment s'altère le sentiment maternel).

4 1. Abbé Prévost : narration ultérieure. A côté des phases du récit ("Je la perdis ; je reçus d'elle..."), on trouve des passages de discours, constituant un commentaire du narrateur sur les faits passés : "N'exigez pas de moi... expressions" ; "C'est tout ce que j'ai la force... évènement". En fait, laissant apparaître le moment de la narration, le texte souligne dramatiquement l'issue fatale du récit : Des Grieux, le narrateur de l'histoire, demeure inconsolable de la perte de Manon. - 2. Camus : narration intercalée. Le moment de la narration se déplace au cours du texte, comme le montre le rapprochement de ces deux phrases : "Je prendrai l'autobus à deux heures" et "J'ai pris l'autobus à deux heures". Une même action est annoncée pour l'avenir avec l'emploi du futur, et, plus loin, elle est relatée comme passée (emploi du passé composé) : le moment de la narration se situe entre les différents épisodes de l'action. - 3. Aragon : narration simultanée. Il s'agit d'un monologue intérieur, qui nous livre les pensées fluctuantes du narrateur au fur et à mesure où elles sont provoquées par les évènements extérieurs : noter les éléments du langage oral dans le texte (ah si ; ma parole) ainsi que la succession rapide d'interprétations différentes (personne ; ah si : le désir de voir...).

5 La narration se présente ici sous la forme du résumé (ou d'un "sommaire") : trois phrases seulement illustrent des épisodes qui se sont déroulés sur une vingtaine d'années :

- l'histoire de Jacques Birotteau : son mariage, la naissance de ses trois garçons, la mort de sa femme, sa propre mort ;
- l'histoire de François Birotteau : son enfance et son adolescence dans un séminaire, sa vie de prêtre réfractaire sous la Révolution.

Sur la notion de récit sommaire, voir Gérard Genette, Figures III, Ed. du Seuil, pp. 130-133 (d'où nous avons extrait le texte qui fait l'objet de cet exercice).

6 A/ Ordre de narration.

Il s'agit d'une narration ultérieure, faite par François, narrateur et témoin des aventures de Meaulnes. A côté du récit, on trouve des passages de discours, qui constituent le commentaire présent du narrateur sur les faits passés (voir chap. 16, ex. 4). Mais l'originalité du récit provient de ce que la narration ne suit pas l'ordre chronologique des événements.

Reconstitution chronologique des aventures de Meaulnes : 1. Arrivée à Sainte-Agathe. 2. L'évasion. 3. La découverte du Domaine. 4. Le retour à Sainte-Agathe. 5. L'amitié du bohémien. 6. L'échec de la recherche du Domaine. 7. Le départ pour Paris. 8. Nouvel échec. 9. L'amour de Meaulnes pour Valentine. 10. La rupture avec Valentine. 11. Les retrouvailles avec François. 12. La deuxième rencontre avec Yvonne de Galais. 13. Le mariage de Meaulnes. 14. Le départ de Meaulnes. 15. La réussite dans la recherche de Frantz et Valentine. 16. Le retour de Meaulnes.

En confrontant cette chronologie avec le déroulement du récit, on obtient le tableau suivant (les numéros correspondent aux étapes de la chronologie indiquées ci-dessus) :

	1ère partie	2ème partie	3ème partie
Histoire	1 à 4	5 à 8	9 à 16
Narration	1,4,2,3	5,6,7,8	11,12,13,14,9,10,16,15

Le temps de la narration ne coïncide pas avec le temps de la fiction. Une grande part du mystère qui plane autour de Meaulnes réside dans le fait que le lecteur ne découvre jamais les évènements décisifs au moment où le héros les vit.

B/ Rythme de la narration

Le roman s'étend sur quatre années complètes : il débute en novembre 189... et s'achève fin septembre 189... + 4. Or, le lecteur n'a pas l'impression que l'histoire se soit déroulée pendant quatre ans. Il garde de ces quatre années uniquement le souvenir de quelques temps forts, qui pourtant ne représentent qu'une faible durée. Le tableau suivant fait apparaître ces ralentissements sur des événements importants mais courts, et l'accélération sur de longues périodes où rien de notable ne s'est passé :

	Durée des évènements	Longueur du texte
1ère partie (dont l'aventure de Meaulnes)	3 mois et demi (3 jours)	102 pages (57 pages)
2ème partie	1 an	71 pages
6 mois passés sous silence		
3ème partie	2 ans	102 pages

Pour une présentation sous une forme de schéma du même problème, voir chap. 29, exercices 8 et 9, p. 244.

7 1. Flaubert (Madame Bovary) : focalisation externe (à partir de "Et la lourde machine se mit en route..."). Dès lors, les personnages perdent leur identité, se réduisent aux apparences. Léon n'est plus nommé, il devient la "voix". De même, la majorité des verbes a pour sujet non les personnages du roman, mais le fiacre : il semble que les choses agissent en lieu et place des hommes, ce qui donne au voyage son allure folle et mystérieuse. Cette utilisation exceptionnelle de la focalisation externe permet à Flaubert de laisser planer le mystère sur les relations entre Léon et Emma, et de respecter les convenances !

2. Hugo (Les Misérables) : focalisation zéro. La description du texte n'est limitée en aucune façon : ni psychologiquement (la résistance des bataillons anglais est expliquée par une phrase qui pénètre l'intériorité des soldats : "Il y a des moments..."), ni spatialement (le spectacle est vu sous tous les angles à la fois).

3. Flaubert (L'Education sentimentale) : focalisation interne. Le spectacle est vu à travers le point de vue de Frédéric Moreau : il est limité à la vision du héros. Les notations sont restrictives ("d'abord ébloui ; n'aperçut que"), les impressions éparpillées et confuses ("de la soie, du velours, des épaules nues, une masse de couleurs..."), subjectives (noter la comparaison : "ressemblaient à des boules de neige") ; la perception privilégie des lumières, des couleurs et des matières ; tout est vu depuis l'endroit où se trouve le héros ("en face, après une seconde pièce...").

2. Problèmes stylistiques

8 Flaubert, Madame Bovary (1857)

- Focalisation zéro : dans le premier paragraphe, le jardin est décrit de façon systématique, suivant un plan géométrique : le cadre (les deux murs latéraux, la haie du fond) et l'espace intérieur (le cadran central, les plates-bandes autour du potager, la statue au fond). On comparera cette description du jardin à une autre, un peu plus loin dans le roman (1,9), qui est, au contraire, dominée par les impressions d'Emma, et donc en focalisation interne.

- "C'était un bouquet de mariée, le bouquet de l'autre !" : l'exclamation (fonction expressive du langage) et l'expression "l'autre" pour désigner sans la nommer la première femme de Charles Bovary prouvent que le récit laisse ici la place au discours indirect libre. Autre exemple : "Emma... se demandait en rêvant... mourir" : ici, les pensées intérieures prennent la forme du discours indirect.

- Focalisation interne : la description suit les déplacements d'Emma (au lieu de se faire de façon systématique). Le choix des éléments décrits est dicté non par leur importance visuelle, mais par leur valeur psychologique pour Emma : la boîte en coquillages est en effet un objet symbolique, qui évoque les voyages pour l'héroïne, et est à rapprocher des "grandes coquilles roses où l'on entend le bruit de la mer" qu'elle disposera sur la cheminée de sa chambre, à Rouen (11,3) ; le bouquet de mariée a aussi une importance symbolique qui apparaît de façon évidente.

- Après la succession des imparfaits de la description, le passé simple marque une rupture et le début d'un court récit. L'objectif pour Emma est d'effacer la présence de la première femme (la suite du texte le confirme : "Elle s'occupa, les premiers jours, à méditer des changements dans sa maison..."). La réalisation de l'objectif est accomplie par Charles. D'où le système suivant : Sujet, Emma. - Objet, s'installer en maîtresse dans sa nouvelle demeure. - Adjuvant, Charles. - Opposant, la première femme (représentée par son bouquet).

9 Vallès, L'Enfant (1879).

- Phases de l'action : 1. Etat initial (atmosphère de calme et d'affection) : "C'est au coin d'un feu... les yeux grands ouverts". - 2. Force transformatrice (rupture introduite par quand : atmosphère de violence physique et morale) : "quand mon père... dans le doigt". - 3. Force équilibrante (série des actes accomplis pour triompher de l'obstacle) : "Je deviens tout pâle... on met des compresses". L'enfant ne peut participer à cette phase : ses actes lui permettent de s'exprimer, non d'agir lui-même sur l'obstacle. - 4. Etat final : "Ce n'est rien... un parricide". Opposition entre la conclusion réelle du drame, qui est positive, et son retentissement chez l'enfant : ce dernier ne croit pas que tout s'arrange.

- Objectif de Jacques Vingtras : témoigner sa reconnaissance et son affection à son père, qui travaille pour lui faire un chariot ("J'attends tout ému..."). Système des personnages : sujet, Jacques ; objet, le père ; adjuvant, la cousine ; opposant, la mère.

- Objectif de Madame Vingtras : le bonheur de son mari. Sujet, Mme Vingtras ; objet, le père ; adjuvant, la cousine ; opposant, Jacques, le fils.

On remarquera que seuls changent les rôles de Mme Vingtras et de Jacques, qui sont toujours opposés l'un à l'autre, les deux autres personnages étant passifs. C'est ce qui explique la "lutte" entre la mère et le fils, marquée par la violence physique et morale ("un coup violent ; l'écume aux lèvres ; les poings crispés ; me cognant le front ; je crie ; ma mère me pousse").

- Le récit est fait dans le cadre du discours, ce qui permet de mettre sur le même plan les éléments propres au récit (descriptions, et enchaînement des événements) et les éléments de commentaire. Voir en particulier la phrase : "C'est moi qui en suis la cause...". L'exclamation et l'interrogation montrent qu'il s'agit d'une parole précise, rapportée au style direct, bien que sans guillemets. La difficulté du texte réside dans la confusion entre la fonction de narrateur et celle de personnage : tantôt le "je" désigne le personnage vu de l'extérieur et participant à l'action, tantôt il désigne le sujet parlant qui exprime ses sentiments. Si le discours pur triomphe dans la deuxième partie du texte, il n'est pas absent de la première partie, dominée par le point de vue de l'enfant. Les passages de discours pur sont les phrases citées entre guillemets, et celles qui constituent le monologue intérieur de Jacques, marquées par l'emploi du futur, la ponctuation en points d'interrogation et d'exclamation, l'adverbe oui.

-En dehors des passages où domine clairement la parole du narrateur, la narration elle-même présente le point de vue de l'enfant :

- vision enfantine de la scène : abondance des notations sensibles et surtout des couleurs dans la description ;
- ordre des faits : la présentation des faits est guidée non par la chronologie objective, mais par la subjectivité de la perception. Le lecteur, comme le personnage, connaît d'abord l'effet avant d'en comprendre la cause ("Mon père lève sa main pleine de sang...") ;
- limites de la description : la scène concernant les premiers soins donnés au père n'est pas décrite, puisque Jacques n'en perçoit rien, sinon quelques bruits. De même, pour la gravité de la blessure, le lecteur découvre d'abord les exagérations imaginaires de l'enfant avant de savoir la vérité.

10 Marcel Aymé, "Le Proverbe", Le Passe-Muraille (1942).

- Objectif de M. Jacotin : annoncer à sa famille qu'il va être décoré des palmes académiques. Phases de l'action : 1. Etat initial : "Dans la lumière... prendre la parole". - 2. Force transformatrice : "mais il lui sembla... cette disposition d'esprit". La rupture dans l'enchaînement prévu est marquée par la conjonction mais et par le passage au passé simple. La poursuite de l'action se trouve différée ; pour que reprenne ce premier récit suspendu, il faut attendre plusieurs pages dans la nouvelle.

- La première séquence du récit se trouve interrompue par l'introduction d'une deuxième séquence, qui constitue une action secondaire par rapport au début de la nouvelle. Les phases de cette deuxième séquence sont : 1. Etat initial (deuxième phase de la séquence précédente) : "Il était dans cette disposition d'esprit...". - 2. Force transformatrice : "Lorsque son regard s'abaissa sur son fils Lucien... visage". Cette deuxième séquence peut se résumer ainsi : mécontent de sa famille, M. Jacotin cherche à manifester sa colère. L'attitude coupable de son fils est pour lui l'occasion de concrétiser son mécontentement. C'est cette séquence du récit qui occupe l'essentiel de la nouvelle : M. Jacotin découvrira que son fils n'a pas fait son devoir de français ; il le forcera à le faire, puis, finalement, le composera à sa place.

- Focalisation zéro : "Dans la lumière de la suspension... sans l'irriter" : M. Jacotin est situé dans son milieu familial ; le personnage est décrit et jugé sévèrement par le narrateur. "Le vin lui monta un grand coup à la tête... naturelle" : le personnage est vu de l'extérieur, la description met en valeur ses défauts physiques.

- Focalisation interne. Dans certains passages, le texte épouse le regard et les pensées du personnage. Ainsi : "Son regard fit lentement... ses collègues" (Mme Jacotin est décrite uniquement selon le point de vue que porte sur elle son mari). "Il passa ensuite à la tante Julie..." (les seules notations concernent ce que la tante représente financièrement pour M. Jacotin). "Puis vint le tour de ses deux filles..." (à nouveau des notations concernant l'argent, obsession de M. Jacotin !).

- Comme on vient de le noter, la présentation de la famille se fait par l'intermédiaire du regard de M. Jacotin. Ce privilège accordé à la vision de ce personnage se traduit par l'émergence de son discours dans le récit : "et on se demandait où passait l'argent, et on s'étonnait". Cette phrase exprime les exlamations indignées de M. Jacotin, comme le souligne la répétition du et, marque de la fonction expressive.

BIBLIOGRAPHIE

- R. Barthes, "Introduction à l'analyse structurale des récits", Communications, n° 8, 1966; repris dans Poétique du récit (en collaboration avec W. Kayser, W.C. Booth, P. Hamon), Seuil, 1977, Coll. "Points"; rééd. in L'Analyse structurale du récit, Seuil, 1981, Coll. "Points".

- J.P. Goldenstein, "Une grammaire de texte pour la composition française", in Pratiques, n° 10, juin 1976.

- M. Patillon, Précis d'analyse littéraire. 1. Les structures de la fiction., Ed. Nathan, 1974, Coll. "Nathan-Université".

- T. Todorov, Poétique de la prose, Seuil, 1971; rééd. Coll. "Points", 1980.

- F. Vanoye, Récit écrit - Récit filmique, Ed. CEDIC, 1979.

Voir aussi la bibliographie du chap. précédent.

18. La page de prose: la description

(Manuel, pp. 139 - 147)

Dans le roman, la description constitue comme une enclave, que l'on isole volontiers dans les anthologies. Pourtant, si elle introduit une rupture dans le dynamisme des actions, elle n'en constitue pas moins un élément essentiel dans le fonctionnement du récit. C'est pourquoi la première partie de ce chapitre poursuit et approfondit la réflexion sur le récit, en montrant les liens de signification qu'entretient la description avec la fiction et la narration. Une deuxième partie étudie la description comme une forme autonome, caractérisée par une unité syntaxique et lexicale.

EXERCICES

1. Lectures

1 1. Stendhal (Le Rouge et le Noir) : description subjective. Ce passage raconte la première rencontre entre Julien Sorel et Madame de Rênal. La description est liée à l'action, elle traduit la naissance de l'amour chez Mme de Rênal : la découverte de Julien par Mme de Rênal est à la fois inattendue et capitale pour elle (le passé simple "quand elle aperçut" marque une rupture dans l'enchaînement des actions et attire l'attention sur la description qui suit). La description est dominée par le point de vue de Mme de Rênal ; la jeunesse et l'aspect vulnérable du personnage la séduisent. S'attendant à trouver un "prêtre sale et mal vêtu", elle est sensible à l'allure soignée de Julien.

2. Balzac (Le Père Goriot) : description objective. Située au début du roman, la description sert à informer le lecteur sur le cadre dans lequel se déroulera l'action. Elle se caractérise par :

- les temps du discours (en dehors du premier verbe au passé simple, tous sont au présent ou au passé-composé) ; la rupture du temps de la fiction est marquée plus loin par l'intervention directe du narrateur s'adressant au lecteur ("Vous y verriez un baromètre...", "Pour expliquer combien ce mobilier...") ;
- des informations qui supposent un narrateur omniscient : référence à un passé lointain opposé au présent ; référence à l'origine géographique des assiettes.

La description n'est donc limitée par aucun point de vue particulier. Elle se veut globale, pour mieux imposer sa signification symbolique : la salle à manger de la pension symbolise sa propriétaire : Madame Vauquer.

3. Flaubert (L'Education sentimentale) : description subjective. Elle est intégrée dans le récit : le premier paragraphe appartient au récit (verbes au passé simple), le deuxième à la description (verbes à l'imparfait) ; mais celle-ci ne provoque pas de rupture avec le récit, elle correspond à l'activité du personnage (la contemplation du paysage) et rend sensible la durée du voyage. Elle est orientée par le point de vue du personnage : le paysage décrit est celui des abords immédiats de la diligence, comme le montre la formule restrictive "Il n'apercevait... que". La description est centrée sur les sensations du héros, sensations visuelles (éclairait - apercevait) et auditives (sonnaient - tremblaient - roulait).

4. Alain-Fournier (Le Grand Meaulnes) : description objective. Suspension du temps de la fiction (un verbe au présent, "tel est le plan", fait référence au moment de la narration). Description systématique, ordonnée selon une progression logique : la maison est située dans l'espace et décrite selon des repères objectifs (en avant - par derrière - sur le côté nord - au sud).

2 1. Flaubert (Salammbô) : fonction symbolique. Le palais évoque métaphoriquement son propriétaire, Hamilcar, comme le montre la comparaison de la fin du passage. Hamilcar étant à la fois un prince et un guerrier farouche, la description est dominée par deux thèmes : celui de la grandeur et de l'opulence, et celui de la guerre et de la violence.

2. Maupassant (La Petite Roque) : fonction symbolique. La description traduit une correspondance entre le paysage et l'action du conte (le viol et l'assassinat d'une fillette), comme le montre la comparaison de la fin du passage. La fin de la belle saison évoque le thème de la mort (chute - tombant - fin, répété trois fois) et le bois, personnifié, gémit sur la fillette assassinée.

3 1. Mérimée (Colomba) : fonction explicative. La description se caractérise par l'importance donnée à la tradition : le texte décrit une coutume fort ancienne à laquelle se soumettent fidèlement les habitants. Or, l'ensemble de la nouvelle de Mérimée est centrée sur ce thème de l'attachement passionné aux traditions, au passé, à la famille. Ainsi le passage descriptif s'insère dans le récit, entre deux phrases notant les actions de l'héroïne ("Colomba s'arrêta tout à coup... s'arrêta devant ce tas de feuillage"). Il sert à éclairer les paroles qui suivent, et à expliquer la décision de l'héroïne : venger son père

mort. Cette description explicative est une description objective ; le narrateur interrompt le récit pour informer le lecteur : les verbes sont au présent.

2. Flaubert (Salammbô) : fonction décorative. A la différence de la description du palais d'Hamilcar (voir ex. 2), cette description de Carthage n'est pas symbolique. Aucune notation du texte ne renvoie à un trait du personnage de Salammbô, qui apparaît à la fin du passage. La description se conforme au modèle pictural :

- une composition ordonnée : voir les expressions qui servent à délimiter le tableau ("tout à la fois sur le golfe... et sur le lac - tandis qu'au-delà" - "La voûte du ciel s'enfonçait à l'horizon, d'un côté... de l'autre..." ;
- abondance des notations de couleur et de forme : "les ondes immobiles resplendissaient" - "la lune étalait sa lueur ; longues lignes roses", etc.

Le dépaysement et l'exotisme sont suggérés par la présence d'un vocabulaire inhabituel : Tunis ; phénicoptères (flamants roses) ; catacombes ; Eschmoûn.

3. Zola (Germinal) : fonction symbolique. La description du paysage minier est faite à travers la vision qu'en a le personnage, Etienne Lantier (description subjective). L'impression dominante, celle de l'hostilité du milieu, est donnée par :

- les sensations d'immensité et d'obscurité symbolisant le thème de l'inconnu ;
- la métaphore dominante : le puits, le Voreux, est comparé à un monstre dévorant; le nom lui-même évoque par ses sonorités l'adjectif vorace (voir chap. 7, exercice 9, p. 62).

4 1. Abbé Prévost (Manon Lescaut). Récit : "J'arrivais de Londres... Pacy" (verbes d'action, prédominance du passé simple). Description : "Il était... ville" (portrait d'un personnage : verbes d'état et notations physiques ; prédominance de l'imparfait).

2. Flaubert (Madame Bovary). Récit : "Le Marquis... depuis longtemps". Description : "C'était une femme... en triangle" (portrait ; progression selon les différents éléments du buste : les épaules, le nez, les cheveux ; suspension du récit marquée par un verbe d'état à l'imparfait, c'était).

3. Daudet "Les Vieux". Description : "Le vieux dormait... continuait sa lecture d'un air grave" (circonstances secondaires, arrière-plan : verbes à l'imparfait ; thème dominant : l'immobilité et la monotonie). Récit : "C'est à ce moment que j'entrai...". La description est rompue par le verbe de mouvement au passé simple, "j'entrai", ce que la sémantique du texte souligne fortement : "Un vrai coup de théâtre".

4. Vercors (Le Silence de la mer). Récit : "Les pas .. parut". Description : "Il était en civil... plein d'élégance" (verbes d'état, à l'imparfait ; champ lexical du vêtement).

5 La description progresse à travers :

- l'énumération successive de différentes espèces d'arbres,
- l'utilisation de mots appartenant au vocabulaire de l'arbre, désignant ses parties ("écorce - ramures - cépées", c'est-à-dire rejets, - troncs).

D'autre part, la description est dominée par la personnification des arbres ("inclinés..., en se balançant... semblaient chanter", etc. jusqu'à la comparaison finale avec "un groupe de Titans").

6 Impression recherchée : montrer un séducteur, mais dont la beauté est menacée par l'âge (voir la première phrase d'introduction). Les traits positifs et les traits négatifs s'équilibrent.
Traits positifs : rien, il faut en convenir, ne sentait le vieillard ; si bonne qu'il lisait sans lunettes ; belle figure oblongue ; un grand air d'aristocratie et beaucoup d'affabilité.
Traits négatifs : favoris trop noirs, hélas ! ; les marbrures qui signalent les tempéraments sanguins ; son ventre, contenu par une ceinture.

2. Problèmes stylistiques

7 Balzac, La Rabouilleuse (1842).

- Récit : "Un jour... ce miracle de beauté". On notera que la dernière phrase, à l'imparfait, sert de transition et annonce le portrait qui suit. Elle appartient cependant encore au récit, puisqu'elle concerne les conditions psychologiques de la rencontre. Description : "La fille, quasi nue... Moyen Age".

- La jeune fille est décrite en termes hyperboliques. Pour donner une idée de sa beauté, l'auteur utilise des références culturelles qui ôtent à l'appréciation de Rouget toute subjectivité et toute relativité. On remarquera d'ailleurs l'introduction, dans le récit, du temps du discours, ce qui constitue une intrusion de l'auteur et de son propre système de références et de jugements esthétiques ("que jamais un peintre ait pu rêver ; qu'ait pu souhaiter une fille d'Eve"). Cependant, la description reste dans l'ensemble bien intégrée au récit, puisqu'elle a pour objet le spectacle que contemple le personnage, Rouget.

- La description est dominée par le thème d'une beauté naturelle, sans apprêts. D'où le contraste constant entre le caractère positif des notations physiques, et le caractère négatif des remarques concernant l'habillement de la jeune fille.

- Progression de la description. Après une vue d'ensemble ("La fille quasi nue... blanc"), le portrait s'effectue du haut vers le bas : la tête, la poitrine, les jambes et les pieds. A chaque étape, le texte utilise le vocabulaire des parties du corps et celui de l'habillement ou de l'accessoire correspondant : jupe ⟶ étoffe ; coiffure ⟶ peigne ⟶ chevelure ; poitrine ; cou ⟶ fichu ⟶ madras ; jupe ⟶ jambes ⟶ épingle ⟶ caleçon ; pieds ; jambes.

8 Flaubert, Madame Bovary (1857).

- La description des deux premiers paragraphes obéit à des contraintes d'ordre pictural, comme le montre la comparaison initiale ("Le paysage tout entier avait l'air immobile comme une peinture"). Le cadre est bien délimité : c'est celui d'un amphithéâtre, avec un double mouvement de descente et de remontée. Les lignes sont à la fois horizontales ("base indécise du ciel ; les navires... se tassaient ; le fleuve arrondissait sa courbe au pied des collines ; les îles, de forme oblongue") et verticales ("les cheminées... poussaient d'immenses panaches qui s'envolaient" ; "des églises qui se dressaient" ; "les arbres des boulevards"). Les notations de couleur sont nombreuses. Il est à remarquer que les couleurs sont en majorité des couleurs froides, et qu'elles contribuent, avec le brouillard, à donner une impression d'immobilité, développée par les métaphores.

- Les métaphores concourent à donner l'impression d'une vie momentanément figée : "descendant ; remontait ensuite" (image d'une cuvette) ; "noyée dans le brouillard ; l'air immobile ; les navires à l'ancre se tassaient" (la forme pronominale du verbe traduit une personnification et la volonté de figer toute énergie) ; "Le fleuve arrondissait sa courbe" (le fleuve, sujet du verbe arrondir, est transformé en animal qui se replie sur lui-même) ; "Les îles... semblaient de grands poissons noirs arrêtés" ; "les arbres... faisaient des broussailles" (le mouvement ascensionnel des arbres est comme arrêté, puisqu'ils semblent réduits à la dimension de broussailles presque horizontales). Pourtant, ces métaphores suggèrent que l'immobilité n'est qu'apparente, et le texte donne l'impression d'une énergie suspendue, qui se dissimule pour mieux se concentrer. C'est pourquoi quelques éléments traduisent plus nettement l'activité humaine qui s'exerce en sourdine : ce sont les notations qui concernent le ciel, dont la force fait contraste avec l'immobilité apparente de la terre. Au contraire, dans la version antérieure du texte, certaines images nuisaient à la cohérence des impressions. Ainsi : "Elle semblait se tenir entre deux lacs" (image qui donne l'impression d'une horizontalité plate s'opposant à l'image de la cuvette) ; "s'éparpillant inégalement, elle se répandait en filets comme de grandes rainures" (impression de mouvement s'opposant à l'immobilité d'une peinture) ; "une barre d'un livide sombre : la forêt des sapins" (introduction d'un univers végétal compact s'opposant à l'élément liquide qui suggère l'immersion de la ville de Rouen sous son ciel de brumes) ; "comme des aiguilles perçaient" (les aiguilles suggèrent une certaine agressivité, contraire à l'idée de repli et de tassement) ; "parapluies ; carapaces de tortues" (présence affirmée des êtres humains, alors que dans la version définitive leur présence est seulement suggérée par l'activité des cheminées et le carillon des églises).

- Le plan de la description et les métaphores concourent à donner une impression d'immobilité et de banalité quotidienne. Par opposition au ciel mouvementé, la ville semble assoupie, menant une vie au ralenti, comme les bourgeois qui l'habitent. Les seuls éléments qui signalent cependant une activité humaine concernent les usines et les églises. Flaubert suggère ainsi que l'industrie productrice d'argent et la religion sont les seules préoccupations de ces bourgeois rouennais, placides et bornés, qu'il représente, quelques lignes plus loin, "descendant la côte tranquillement dans leur petite voiture de famille". Sur le rôle de l'industrie et de la religion dans la société bourgeoise selon Flaubert, on se reportera aux articles correspondants du Dictionnaire des Idées reçues :"Industrie : voir commerce. Commerce : discuter pour savoir lequel est le plus noble du commerce ou de l'industrie.
Religion (La) : fait partie des bases de la Société. - Est nécessaire pour les peuples, cependant pas trop n'en faut. - "La religion de nos pères" doit se dire avec onction".

- Si la description des deux premiers paragraphes est dans une certaine mesure objective (elle traduit la vision généralisante de Flaubert), le troisième paragraphe est, quant à lui, marqué par la subjectivité de l'héroïne, dont les impressions vont à l'encontre des lignes précédentes. Au réalisme de la description générale s'oppose le romantisme d'Emma :

- une vision subjective qui transforme le réel ("pour elle ; qu'elle leur supposait...") ;
- une vision romantique d'une ville bourgeoise et matérialiste ; Rouen apparaît à Emma comme un monde de passions et de mouvements : s'y accumulent des destins exceptionnels, mais la ville est aussi un foyer de corruption (Babylone, opposée à la réalité rappelée par le narrateur : "la vieille cité normande").

Pour une étude plus détaillée de ce passage, on se reportera à l'article de R. Pons paru dans L'Information littéraire, n° 1, janvier-février 1960, pp.32-38.

9 Zola, L'Assommoir (1877)

- 1er paragraphe : récit (l'héroïne attend le retour de son amant, Lantier) ; 2ème paragraphe : description du quartier où vit le personnage. La description est ordonnée autour de l'exploitation systématique des différents éléments du paysage, et se traduit par la présence d'un champ lexical de l'urbanisme (noter l'énumération des noms propres de rues). C'est le geste du personnage qui crée le passage descriptif ("elle retourna s'accouder à la fenêtre"). Cette prise en charge de la description par le personnage entraîne une situation typique du réalisme zolien : le personnage qui regarde, en curieux, dans une position qui facilite l'observation.

- La progression de la description se fait parallèlement à la progression du récit, puisque c'est le regard de Gervaise qui découvre le paysage environnant. Ainsi le personnage reste le sujet grammatical essentiel des verbes de la description. Chaque étape est marquée par une orientation différente du regard. On notera que le début du deuxième paragraphe abandonne momentanément l'héroïne pour s'attacher à présenter son observatoire. Le regard porté sur l'hôtel devient alors anonyme ; c'est, par exemple, celui d'un passant ("on parvenait à lire..."). Mais ce passage reste intégré au récit et lié au personnage, puisqu'il est marqué par le thème de la décrépitude, et anticipe sur le thème de la mort qui domine la suite du texte.

- Le décor est symbolique de l'angoisse du personnage et annonce métaphoriquement l'abandon de Gervaise par Lantier : abattoirs - sanglants - massacrés - assassinés - le ventre troué de coups de couteau. La double présence de l'abattoir et de l'hôpital permet au sentiment d'angoisse de se cristalliser. La fin du chapitre montrera explicitement Gervaise "prise d'une épouvante sourde, comme si sa vie, désormais, allait tenir là, entre un abattoir et un hôpital".

10 Proust, Le Côté de Guermantes (1920).

- La description se trouve orientée et limitée par la vision du narrateur. Le spectacle décrit évolue dans le temps : selon les moments, le narrateur en perçoit tel ou tel aspect. Le spectacle est réduit à ce que peut en voir le narrateur : l'espace est borné par des zones sombres où l'on ne découvre rien ; et il est même découpé par des frontières et des lignes qui arrêtent le regard ("venant s'arrêter à la limite verticale...; en deça... de la limite de leur domaine").

- La métaphore marine naît avec l'emploi du mot baignoires, au début du passage. Elle se poursuit de façon complexe à travers une série d'assimilations :

  - les baignoires deviennent des grottes sous-marines, par opposition au rivage représenté par le reste de la salle ;
  - les occupants des baignoires deviennent des divinités marines (blanches déités, déesses des eaux, etc.) ;
  - l'apparence physique des occupants des baignoires est elle-même marquée par l'univers aquatique (le déferlement... écumeux de leurs éventails ; chevelures de pourpre... que semblait avoir courbées l'ondulation du flux ; dans leur surface liquide et plane, les yeux limpides et réfléchissants ; ayant pour crâne un galet poli...).

- Chaque élément de la description progresse par expansion du champ lexical de la mer : émerger → déferlement → écumeux → ondulation du flux ; surface liquide et plane → yeux limpides et réfléchissants (matière et forme de la nappe aquatique) ; filles de la mer → tritons barbus → demi-dieu aquatique ; anfractuosités de l'abîme → galet → algue → disque en cristal de roche (les végétaux et minéraux de l'univers marin).

3. Création - Jeux

11 Pour donner du jardin une impression favorable, sans modifier sa situation objective, on pourra : 1/ convertir les défauts en qualités (grand comme un mouchoir de poche → un bijou miniature ; entouré de maisons, puits sans air → bien protégé du vent ; chauffé comme un four → une sorte de serre naturelle) ; 2/ développer la description des fleurs par des notations de couleurs, de parfums, et de formes variées.

12 Le schéma proposé dans cet exercice est celui d'un conte de Maupassant : "Le Tic" (Contes et nouvelles, Gallimard, 1979, Coll. "La Pléiade", t. II, pp. 186 - 191; voir aussi chap. 16, ex. 3, p. 128).
La description des personnages qui seront les héros de la nouvelle est, dans le texte de Maupassant :

  - symbolique : les impressions du narrateur sont prémonitoires ; elles illustrent le sort tragique des personnages (très étranges ; ils me firent l'effet de personnages d'E. Poe ; un charme malheureux ; victimes de la fatalité ; des gens qui semblent trop faibles pour les besognes et les nécessités de la vie ; une beauté diaphane d'apparition) ;
  - informative : certains détails seront expliqués par le récit qui suit ; ils constituent des indices qui seront exploités dans l'action (des cheveux tout blancs, trop blancs pour sa physionomie jeune encore ; le père avait un tic nerveux fort singulier ; la jeune fille gardait, pour manger, un gant à la main gauche).

BIBLIOGRAPHIE

On se reportera à la bibliographie indiquée pour les chapitres 16 et 17. On ajoutera :

- P. Hamon, "Qu'est-ce qu'une description?", Poétique, n° 12, 1972; thèses reprises et développées dans : Introduction à l'analyse du descriptif, Ed. Hachette, 1981, Coll. "Hachette-Université".
- Pratiques, n° 55, Sept. 1987 : "Les textes descriptifs".
- J.M. Adam et A. Petitjean, Le Texte descriptif, Nathan, 1989, Coll. "Nathan-Université".

19. La page de prose : l'argumentation

(Manuel, pp. 148 - 160)

Le chapitre 19 est le plus long des chapitres traitant des questions de stylistique. C'est que son domaine est vaste. Il envisage à la fois ce que la rhétorique ancienne rangeait sous le nom de disposition, et ce qu'elle considérait comme relevant de l'élocution, c'est-à-dire l'analyse de l'ordre du texte et de l'agencement des mots. Nous avons fait un choix des notions qui nous semblaient les plus importantes et les plus pertinentes, en nous refusant en particulier à dresser des listes interminables de figures de rhétorique, ce qui aurait compliqué inutilement notre propos sans apporter de véritables outils de travail pour l'analyse. Mais nous avons tenu compte des recherches plus récentes de la linguistique, notamment des réflexions sur la progression thématique des textes (voir plus loin la bibliographie).

EXERCICES

1. Lectures

1 La progression logique du discours de Poil de Carotte est fortement soulignée par des conjonctions de coordination, qui expriment la conséquence (ainsi, papa...), la conjonction (or, je t'aime...), la cause (en effet, tu n'as aucun mérite...) et l'opposition (mais je regarde...). Le passage de l'argumentation abstraite de la première phrase aux exemples concrets qui suivent est opéré par ainsi. Les exemples ont une double valeur : ils illustrent la thèse, et la développent. Le discours dans son ensemble est construit de façon très rhétorique. D'abord un "exorde" qui contient le thèse : Pour moi... le titres de famille ne signifient rien. Puis une "narration", très brève, qui rappelle une situation connue : papa, tu sais comme je t'aime. Suit une "confirmation" où Poil de Carotte argumente à partir des faits énoncés : or, je t'aime, non parce que... je t'aime parce que... Ensuite viennent une "amplification" (Et ce que je dis... je l'affirme d'une manière générale), une "réfutation" de la thèse adverse (Gardez-vous de dénaturer ma pensée...) et enfin une "péroraison", soulignée par un rythme ternaire (cette affection, au lieu d'être banale, d'instinct et de routine, est voulue, raisonnée, logique...).

2 1. Relation de cause (marquée par la citation latine, à valeur explicative), puis de conséquence. - 2. et 3. Relations de conséquences. - 4. Relation de conjonction. - 5. Relation d'opposition. - 6. Relations de cause (marquée par les deux points), puis d'opposition (mais chacun sait...).

3 Le thème du texte est le paysan, son action, sa conception de l'agriculture. Il est clair que la progression de ce thème est globalement constante. Chaque énoncé est de la forme "le paysan a fait..." Les propos multiples soutiennent le thème initial en le définissant. Voici les énoncés du texte réduits à leur structure logique :
1. Le paysan (l'homme à la bêche) : subit la destruction de son jardin.
2. Le paysan : est un jardinier.
3. Le paysan (par son travail) : a construit le paysage. Enchaînement difficile à analyser : constant, mais aussi linéaire (la notion de travail est issue du propos précédent : le jardinage).
4. Le paysan : n'avait aucun souci artistique.
5. Le paysan (à cause de ses moyens rudimentaires) : s'est accomodé du relief.
6. La terre et le ciel : sont les maîtres du paysan. Ici, l'enchaînement est linéaire : le thème reprend le propos de la phrase 5.
7. Le paysan : respectait sa matière première.
8. Le paysan : se gardait de violer la nature.

9. La sagesse paysanne : a conservé les paysages. Enchaînement linéaire : un nouveau thème, issu du propos de la phrase 8, va remplacer le thème initial jusqu'à la fin de l'extrait.
10. La sagesse paysanne (les cultures) : n'a causé que des modifications mineures dans la nature.
11. La sagesse paysanne (les villes et les villages) : a respecté les lieux naturels.
Remarque : La progression constante est caractéristique d'un discours intellectuel dans lequel l'énonciateur essaie d'approfondir un sujet. Au contraire le discours du conteur, qui passe facilement d'un thème à l'autre, est plus souvent construit selon une progression linéaire. C'est ce qui apparaît très nettement dans le début du conte de Maupassant intitulé "Toine" :
"(1) On le connaissait à dix lieues aux environs le père Toine, le gros Toine, Toine-ma-Fine, Antoine Mâcheblé, dit Brûlot, le cabaretier de Tournevent. (2). Il avait rendu célèbre le hameau enfoncé dans un pli du vallon qui descendait vers la mer, pauvre hameau paysan composé de dix maisons normandes entourées de fossés et d'arbres. (3). Elles étaient là, ces maisons, blotties dans ce ravin couvert d'herbe et d'ajonc, derrière la courbe qui avait fait nommer ce lieu Tournevent (...)".

4 La progression thématique du discours de Pangloss, dans cet extrait de Candide, est constante.
Le thème initial, "les choses", est repris par plusieurs sous-thèmes qui le développent : "les nez", "les jambes", "les pierres", "les cochons". La démonstration, en elle-même très claire - puisqu'il s'agit de passer en revue les éléments de la réalité -, est soutenue par un vocabulaire logique omniprésent : verbes (il est démontré, remarquez...), conjonctions de coordination (car, aussi, par conséquent...), adverbes d'affirmation (nécessairement, visiblement). D'où vient la parodie ? Elle n'est pas due au mécanisme même de la recherche philosophique qui est de rechercher les causes des phénomènes : car ce projet, qui est au fondement de l'esprit scientifique, est parfaitement admis par Voltaire. L'absurdité de ce discours se situe à deux niveaux :

- d'abord au niveau du vocabulaire, qui est, comme on vient de le dire, marqué par une surcharge rhétorique des signes de la démonstration ;
- mais surtout, au niveau du fonctionnement du raisonnement, caractérisé par une utilisation perverse de la pensée logique : car Pangloss a bien raison de dire que nous portons des lunettes parce que nous avons un nez, mais il oublie de dire aussi que nous portons des lunettes parce que nous voyons mal. Il choisit dans la complexité du réel les éléments qui lui conviennent le mieux pour ordonner le monde dans le sens de son système finaliste. Il organise le monde, mais à partir d'une perception fragmentaire.

5 L'exercice demande une lecture attentive de chacun des textes cités, dont on déroulera (on "expliquera") la structure comme nous l'avons fait dans le texte de la leçon, p. 149. Voici, par exemple, l'analyse de la période de Montaigne.
Pour rendre plus clair le découpage des membres de la phrase, nous numérotons les groupes de mots qui sont équivalents d'un point de vue syntaxique, et nous distinguons par des lettres majuscules les grandes articulations d'ensemble.
"(A) A un enfant de maison qui recherche les lettres (1) non (1.1) pour le gain... (1.2.) ni tant pour les commodités externes (2) que (2.1.) pour les siennes propres (2.2.) et pour s'en enrichir et parer au dedans, (B) ayant plutôt envie d'en tirer (1) un habile homme (2) qu'un homme savant, (C) je voudrais aussi (1) qu'on fût soigneux de lui choisir un conducteur qui eût plutôt (1.1) la tête bien faite (1.2.) que bien pleine (2) et qu'on y requît tous les deux (2.1.) mais plus les moeurs et l'entendement (2.2.) que la science (3) et qu'il se conduisît en sa charge d'une nouvelle manière".

6 Cette période de Bossuet se décompose ainsi :
"(A) (1) Quand les princes, négligeant de connaître leurs affaires et leurs armées (1.1) ne travaillent qu'à la chasse (1.2) n'ont (1.2.1) de gloire que pour le luxe (1.2.2) ni d'esprit que pour inventer des plaisirs, (2) ou quand, emportés par leur humeur violente, ils ne regardent plus (2.1) ni lois (2.2)

ni mesures (3) et qu'ils ôtent les égards et la crainte aux hommes en faisant (3.1) que les maux qu'ils souffrent leur paraissent plus insupportables que (3.2) ceux qu'ils prévoient (ils = les hommes) (B) alors (1) ou la licence excessive (2) ou la patience poussée à l'extrémité menacent terriblement les maisons régnantes".
Le rythme de base est binaire, comme le met en évidence la numérotation que nous avons employée.

7 Les libellés des exercices 7 et 8 rappellent l'opposition, classique dans la réthorique ancienne, entre les "figures de pensée" et les "figures de mots". L'euphémisme sert à exprimer l'ironie, dans la phrase de Voltaire (ne se trouvait pas puissamment riche) ou à atténuer la réalité de la mort, dans les exemples empruntés à Colette et à M. Yourcenar. L'hyperbole vise à l'effet contraire : voir la précision insoutenable de ce qu'évoque la phrase de Jouhandeau. Figure de l'invraisemblable, elle tombe souvent dans l'effet comique : voir Edmond About ou Erckmann-Chatrian.

8 Anacoluthes : phrases 1, 4, 5. Ellipses : phrases 2, 3, 6. Phénomènes syntaxiques, ces figures sont souvent analysées par les grammairiens : voir, par exemple, le développement que leur consacre Maurice Grévisse dans son Bon Usage, § 230-232 (nous lui avons emprunté plusieurs des exemples de cet exercice).

9 Solution des périphrases. La ville des Césars = Rome. L'oiseau de Minerve = la chouette. Les soeurs filandières = les trois Parques. Ouvrir le temple de Janus = déclarer la guerre (lors d'une déclaration de guerre, les Romains ouvraient solennellement les portes du temple de Janus pour indiquer que le dieu était parti combattre). Le pays du soleil levant = le Japon. Le favori des Muses = le poète. L'exécuteur des hautes oeuvres = le bourreau. Les fruits de Cérès = la moisson. L'Empire céleste = la Chine. Le chevalier à la triste figure = Don Quichotte. Les emplois de Mars = la guerre. La folle du logis = l'imagination. Les dons de Calliope = la poésie épique.

2. Problèmes stylistiques

10 Pascal, Pensées, n° 139/269.

- Voici l'analyse des deux premiers paragraphes selon le principe de découpage et de numérotation hiérarchique que nous avons utilisé plus haut (exercices 5 et 6) : 1.e et 1.f) :
Premier paragraphe : "Mais (A) (1) quand j'ai pensé de plus près, et (2) (2.1) qu'après avoir trouvé la cause de tous nos malheurs, j'ai voulu en découvrir la raison, (B) j'ai trouvé (C) (1) qu'il y en a une (1.1) bien effective, (1.1.1) qui consiste dans le malheur naturel de notre condition faible et mortelle, et (1.2) si misérable, (1.1.1) que rien ne peut nous consoler (1.2.1.1) lorsque nous y pensons de plus près".
Deuxième paragraphe, deuxième phrase : "S'il est sans divertissement..."(A) 1, 2, 2.1, (B) 1, 2, 2.1, 2.2, 2.3 ;"de sorte que..."(A) 1; 1.1, (B) 1, 2, 2.1, 2.1.1, 2.1.2.

La comparaison avec les périodes de Montaigne et de Bossuet analysées précédemment montre l'originalité de la phrase de Pascal : au lieu d'une construction symétrique équilibrée par des parties égales, Pascal choisit une progression par enchâssements successifs de subordonnées. A la répétition paradigmatique de groupes équivalents, il préfère l'enchaînement syntagmatique des éléments.

- Dans le deuxième paragraphe, la liaison entre la première et la deuxième phrase repose sur une anacoluthe : le pronom il reste vide grammaticalement ; il reprend en fait "le Roi", qu'il faut extraire de "la royauté". La rupture introduite par l'anacoluthe s'explique par une transformation métonymique implicite qui conduit de l'idée abstraite ("la royauté") à l'exemple concret ("le Roi").

- D'un paragraphe à l'autre la transition thématique se fait par la reprise du propos précédemment énoncé. C'est ce que marque l'emploi de "de là" et "voila" au début du troisième et quatrième paragraphe. Au début du deuxième paragraphe, le passage est assuré par la répétition de "condition". On pourrait donc parler de transition linéaire. Le schéma de la démonstration pascalienne est cyclique : partant de l'homme et de ses malheurs, le texte finit par revenir à son thème initial, mais après avoir introduit deux idées essentielles : le caractère mortel de la condition humaine et la réalité du divertissement.

11 Rousseau, Le Contrat social (1762).

- La réflexion philosophique de Rousseau est construite sur des hypothèses, et s'efforce d'être aussi rigoureuse que possible. D'où l'importance qu'y prend le choix de mots qui doivent désigner des concepts clairs. Deux figures de style témoignent de cet effort de méthode : l'anaphore qui souligne les mots-clés (répétition de hommes ou forces), et la périphrase qui marque la recherche conceptuelle : ainsi une somme de forces, une forme d'association, expressions qui conduisent progressivement à la notion de "société". A noter aussi une anacoluthe importante dans le troisième paragraphe, car elle met en valeur la progression de l'argumentation : "Mais la force et la liberté de chaque homme... comment les engagera-t-il..." (substitution d'une construction active à la construction passive qui était attendue).

- D'un point de vue global, le schéma logique des trois premiers paragraphes est le suivant :

1. Les hommes → fin de l'état primitif.
2. Les hommes → une somme de forces.
3. La somme de forces → le concours de plusieurs + la liberté de chacun.

Dans le détail, la progression thématique est plus difficile à expliquer, car il faut réduire la structure complexe de chacune des phrases à une suite d'énoncés simples. Suivre la logique du texte impose alors un travail de réécriture et de résumé. Pour le premier paragraphe, cela donnerait : (1) les hommes sont parvenus à une nouvelle étape ; (2) cette nouvelle étape est la fin de l'état de nature ; (3) l'état primitif (= l'état de nature) ne peut plus subsister ; (4) l'homme pourrait périr. La progression est donc linéaire. Au contraire, le deuxième paragraphe, organisé autour de "les hommes" suit une progression constante. Et on retrouve un schéma linéaire dans le troisième paragraphe.

12 Mirabeau, Discours du 26 septembre 1789 (voir Manuel, p. 48).

- Le discours de Mirabeau se caractérise par une rhétorique de l'excès. Plusieurs figures traduisent cette véhémence : l'anaphore (un mot, un seul mot ; le gouffre... ce gouffre ; les milliers, les millions d'hommes, etc.) ; l'hyperbole (cf. le champ lexical de l'abîme et du gouffre) ; la périphrase, enfin, dont la fonction est de répéter et de définir : voir la chaîne associative constituée par : les propriétaires français - les plus riches - ces deux mille notables - ces tristes victimes. Dans tous ces cas, la métaphore est la figure de base du discours : elle forme les séries lexicales du texte. L'anaphore, l'hyperbole ou la périphrase ne sont que des procédés secondaires qui se surimposent à elle, et lui donnent une plus grande souplesse de réalisation.

- Comme on l'a vu plus haut (chap. 5, exercice 10), la logique du texte est d'abord suggérée par la ponctuation. Car il s'agit non d'une démonstration purement abstraite, mais d'un discours qui tient compte des réactions du public. D'où une grande sobriété des marques grammaticales de la coordination : seules les deux conjonctions car et mais sont employées à côté des interjections eh bien!, allons! eh!. Pour l'orateur, il s'agit moins de prouver une vérité que d'entraîner une adhésion.

- L'exorde est rapide, il est limité à la première phrase : l'orateur demande qu'on l'écoute ; c'est une "captatio benevolentiae" réduite à l'essentiel. Puis vient la narration, suivie de sa confirmation (Choisissez les plus riches, car il faut ramener de l'ordre dans les finances). Le "Vous reculez d'horreur" amène une deuxième argumentation, qui est la réfutation de la thèse adverse : celle-ci s'étend sur toute la deuxième moitié du texte. L'extrait tel que nous l'avons coupé ne permet pas de déceler une péroraison.

13 Péguy, L'Argent (1913).

- La répétition des formules, la présence des articulations logiques, toute une structure visible du signifiant donnent au texte un cadre rhétorique très net. Le raisonnement progresse non à l'aide de conjonctions logiques, mais par répétitions oratoires. Les anaphores découpent ainsi dans le texte des ensembles qui s'opposent : les § 1 à 3 (Le croira-t-on... Et aujourd'hui tout le monde est bourgeois) s'opposent au § 4, dont la composition est identique (Nous croira-t-on... Et aujourd'hui tout le monde est bourgeois). Le § 4 lui-même est lié au § 5 par le jeu de la citation : d'un côté la référence à Hugo (parole extérieure aux travailleurs), de l'autre la reprise d'une formule populaire (parole propre aux travailleurs : l'usage du féminin est théoriquement incorrect dans "l'ouvrage bien faite"). Ainsi la phrase de Péguy, par son jeu de répétitions et de différences, crée-t-elle la progression des idées. Les figures du texte (anaphores et métaphores) construisent la clôture logique du texte.

- La forme très répétitive du raisonnement implique une progression constante au niveau de la logique générale des paragraphes. Le texte se présente comme un ensemble de définitions plus ou moins élaborées de l'idée de travail : définitions d'abord négatives dans les deux premiers paragraphes où s'opposent l'autrefois et le maintenant, puis, après le troisième paragraphe, définitions positives où sont accumulées des qualifications de plus en plus riches.

14 Simone de Beauvoir, Le Deuxième sexe (1949).

- Ce passage est extrait de la conclusion du Deuxième sexe. Sa lecture n'est pas facile pour deux raisons :

  - à cause du mélange des argumentations féministe et anti-féministe. Simone de Beauvoir résume sa propre position de féministe (ce qui est une "confirmation") et, en même temps, elle répond aux objections adverses ("réfutation") ;

  - à cause du style périodique qui est employé : la phrase est à la fois liée et coupée. Les arguments s'enchaînent les uns les autres, mais ils sont plutôt juxtaposés qu'expliqués par des relations logiques explicites. Le signe de coordination le plus apparent est le point-virgule, mais c'est un signe ambigu : il indique une liaison, mais sans préciser de quelle nature est cette liaison.

- La progression des idées est la suivante. Après l'énoncé, dans les premières lignes, de la thèse féministe, Simone de Beauvoir examine les objections des adversaires. Elle concède à ces objections une part de vérité : grammaticalement cette concession se marque par "il est vrai", et l'emploi des deux adverbes "assurément" quelques lignes plus loin. Ce développement s'arrête à "mais cela ne signifie pas...", qui constitue une articulation logique essentielle, car, à cet instant, l'auteur reprend directement la parole pour défendre son opinion. Entre la première et la deuxième partie la transition est linéaire, puisque ce qui a été concédé est repris comme thème du deuxième développement. Le texte est en effet construit sur ces deux idées : 1/ l'émancipation de la femme entraîne une perte d'avantages pour l'homme ; 2/ mais cette perte d'avantages ne signifie pas la fin des valeurs morales de l'amour et du bonheur.

3. Création - Jeux

15 Syllogismes

- Forme des syllogismes.
Toute la difficulté est de résoudre les astuces de langage qui dissimulent la logique des propositions. Par exemple, le premier syllogisme cité s'explique ainsi : 1. Tous mes fils sont honnêtes (x est a, où a = être honnête). 2. Un homme respecté est honnête (y est a). 3. Donc tous mes fils sont des hommes respectés (x est y). Le troisième et le quatrième syllogisme de la liste sont du même type. Les autres, le deuxième et le cinquième, sont du type inverse. Ainsi : 1. Un docteur n'est pas enthousiaste (x est non a). 2. Vous êtes enthousiaste (y est a). 3. Donc vous n'êtes pas docteur (y est non x).

- Syllogismes à rectifier.
1. Tous les banquiers évitent les hyènes. - 2. Quelques créatures féroces ne boivent pas de café. - 3. Les soldats ne sont pas des créatures malicieuses. 4. Aucun professeur n'est vain. - 5. Aucun étudiant n'est superficiel.

- Syllogismes à compléter.
1. Le séné est déplaisant. - 2. Un parapluie ne doit pas être laissé à la mai-

son quand on part en voyage. - 3. Les Anglais ne sont pas des Français. - 4. La logique n'est pas incompréhensible. - 5. Les guêpes sont déplaisantes.

Dans les trois exemples que nous avons donnés, nous avons simplifié l'écriture logique des syllogismes, en ne tenant pas compte des nuances introduites par les quantificateurs "tout", "aucun", "quelque". Pour approfondir la question des syllogismes, voir Lewis Carroll, Logique sans peine, Ed. Hermann, 1966 (les textes de cet ouvrage, traduits par J. Cattegno et E. Coumet, reprennent notamment Symbolic Logic, Part 1 : Elementary, publié par Lewis Carroll en 1897). Sur les problèmes logiques posés, on pourra consulter le manuel de J.B. Grize, Logique moderne (fascicule 1), Ed. Gauthier-Villars / Mouton, 1972.

BIBLIOGRAPHIE

- R. Barthes, "L'ancienne rhétorique, aide-mémoire", Communications, n° 16, 1970.
- C. Perelman, L. Olbrechts-Tyteca, Traité de l'argumentation. La nouvelle rhétorique, Ed. de l'Université de Bruxelles, 1970 (3ème éd., 1976).
- C. Perelman, L'Empire rhétorique, Vrin, 1977.
- H. Suhamy, Les Figures de style, P.U.F., 1981, Coll. "Que sais-je?".
- B. Combettes, Pour une grammaire textuelle. La progression thématique, Gembloux Duculot, 1983 (sur les notions de thème et propos).
- D. Maingueneau, Eléments de linguistique pour le texte littéraire, Bordas, 1986

Voir aussi les manuels et dictionnaires de rhétorique cités au chap. 12, ainsi qu les traités de la rhétorique classique, dont certains ont été réédités : celui de Du Marsais, qui date du XVIIIème siècle (Traité des tropes, Le Nouveau Commerce, 1977), et surtout ceux de Fontanier, qui datent du XIXème siècle (Les Figures du discours, Flammarion, 1977, Coll. "Champs").

20. Le texte de théâtre

(Manuel, pp. 161 - 169)

Le théâtre peut être considéré comme le genre littéraire le plus accessible, le plus proche de la vie. Mais ce n'est qu'une apparence. En réalité, c'est dans les oeuvres théâtrales que se révèle le mieux la complexité de la communication littéraire. C'est pourquoi bien des tentatives pour créer des dialogues de théâtre à partir de scènes "prises sur le vif" s'avèrent décevantes dans leur réalisation. Aussi importe-t-il de faire apparaître clairement la superposition de deux langages qui caractérise le théâtre : une pièce est d'abord une histoire avec une action et des personnages qui s'expriment dans un dialogue ; mais c'est aussi un spectacle proposé à un public. Donner aux élèves une connaissance suffisante des conventions qui régissent l'art théâtral, c'est faire d'eux des lecteurs et surtout des spectateurs avisés et lucides, mais c'est aussi leur donner les moyens de créer et de s'exprimer dans un domaine qui suscite bien des vocations...

EXERCICES

1. Lectures

1 Ce passage de Dom Juan se rapproche de la farce. Il est dominé par un comique de gestes, comme le montre l'abondance des didascalies.
a/ Le langage : déformation comique des mots (Pierrot parle un langage qui fait "paysan" par convention) ; comique de contraste (le revirement de Sganarelle à l'égard de Pierrot se marque par l'opposition entre "Ecoute, mon pauvre garçon" et "Peste soit du maroufle !").

b/ Les gestes : opposition entre les paroles et les gestes (ainsi Pierrot s'éloignant derrière Charlotte et disant "Je ne crains parsonne") ; jeux d'esquive (Dom Juan s'approche de Pierrot pour le frapper, Pierrot s'éloigne derrière Charlotte ; Dom Juan passe du côté où est Pierrot, Pierrot repasse de l'autre côté de Charlotte ; Dom Juan court après Pierrot, Pierrot se sauve encore derrière Charlotte) ; la gifle, enfin, qui se trompe de destinataire (comique de farce).

2 La description de Topaze ("col droit, très haut, en celluloïd...") est marquée par la mode vestimentaire de l'époque (1928). L'indication "bureau américain" symbolise, pour l'Europe, modernisme et dynamisme économiques.

Le metteur en scène contemporain se trouverait placé dans l'alternative suivante : ou bien il respecte la première indication, celle d'une action contemporaine de l'époque du spectateur (il ne retiendra alors des indications vestimentaires que leur valeur symbolique : le costume de Topaze connote, en 1928, un certain type de petit fonctionnaire besogneux) ; ou bien il respecte la deuxième série d'indications, sur le costume de Topaze, en conservant la référence explicite à 1928, et dans ce cas, le spectateur regardera la pièce comme un témoignage sur une époque révolue, l'action perdant de son actualité et de son impact.

3 La présence de la confidente d'Agrippine, Albine, est caractéristique d'une scène d'exposition, où le dialogue entre les personnages n'est qu'un artifice. La communication s'effectue en réalité non sur la scène, mais entre la scène et la salle : il s'agit d'informer le spectateur sur les éléments essentiels de l'action.

a/ Informations sur les personnages, le lieu, le temps. Les personnages : Néron (v.1, 15, 18), Agrippine (v. 4), Britannicus (v. 10, 17), Junie (v. 52, 63, 65), Octavie (v. 63, 83), Burrhus (v. 114). Le lieu : le palais de Néron (v. 3). Le temps : deuxième année du règne de Néron (v. 27).

b/ Situation initiale : c'est grâce à Agrippine que Néron est empereur (v. 15-20) ; Néron, empereur depuis deux ans, a gouverné avec sagesse (v. 23-30) ; il témoigne constamment sa reconnaissance envers Agrippine (v. 75-87).

c/ Annonce du conflit : Néron change d'attitude et s'oppose à Britannicus et à sa mère (v. 10-14 ; 33-42 ; 118-122) ; il est dans une situation ambiguë, partagé entre la reconnaissance envers sa mère et sa soif de pouvoir (v. 21-22). Amorce du conflit : Néron a fait enlever Junie, acte qui marque la rupture de l'état initial (v. 50-58). Attitude ambiguë d'Agrippine : après avoir lutté contre Britannicus pour favoriser Néron, elle doit soutenir le premier contre le second (v. 67-70). Opposition entre apparence et réalité : Agrippine est honorée mais elle n'a plus le pouvoir (v. 88-114) ; elle annonce sa volonté d'affronter Néron (v. 123-128).

4 Cet extrait de la scène 5 de Huis Clos constitue pour les trois personnages la dernière étape dans leur entreprise de lucidité systématique : ils ont découvert qu'ils avaient tous trois été condamnés pour des fautes commises au cours de leur vie. Pour échapper à la torture morale, ils décident de se regarder en face. Après Garcin et Inès, c'est au tour d'Estelle de se confesser ("A toi, Qu'est-ce que tu as fait ?"). L'objectif de l'action est donc d'obtenir d'Estelle la révélation de son secret honteux. Mais celle-ci refuse la lucidité. Fonctions des personnages : sujets, Garcin et Inès (alliés dans cette phase de l'action) ; objet, Estelle ; adjuvant, le lieu clos (Estelle, voulant s'enfuir, se heurte à la porte fermée) ; opposant, Estelle. La double fonction d'Estelle, à la fois objet et opposant, illustre l'ambiguïté de sa position. Elle incarne de façon contradictoire la franchise attendue (elle doit avouer son secret, but de l'action) et la mauvaise foi (ses réticences à regarder la vérité en face).

L'alliance de Garcin et Inès, tous deux sujets de l'action, apparaît dans le parallélisme de leurs interventions, symétriques et interchangeables. Garcin pose la première question précise, et c'est Inès qui répond à Estelle quand celle-ci feint de ne pas comprendre. Garcin pose une deuxième question, et devant le refus d'Estelle d'y répondre, c'est Inès qui la reprend sous une forme différente. Noter les reprises dans les répliques : "A cause de toi" / "Un coup de fusil à cause de toi" ; "C'était ton amant ?" / "Bien entendu, c'était son amant" ; "Il était pauvre, j'imagine" / "On te demande s'il était

pauvre". Noter aussi le jeu des pronoms personnels qui traduit l'opposition entre la victime (tu - je) et les bourreaux (on - vous).
Le langage d'Estelle se caractérise par :
- une dépendance à l'égard des questions posées (elle n'a jamais l'initiative);
- les négations, traduisant son refus ;
- les impératifs, traduisant sa volonté d'interrompre l'interrogatoire.
Le langage de Garcin et d'Inès est marqué, au contraire, par :
- l'abondance des interrogations ;
- la violence et la précision des descriptions.

5 Les nombreux récits de la pièce sont légitimés par l'observation rigoureuse de l'unité de lieu, et le respect des bienséances, comme Boileau le préconise dans son Art Poétique : "Ce qu'on ne doit point voir, qu'un récit nous l'expose" (III, v. 51).
a/ Les récits.
Récit de Curiace (I, 3, v. 279-327) : Curiace pénètre dans la maison d'Horace, ce qui constitue un coup de théâtre par rapport aux scènes précédentes annonçant la bataille entre Rome et Albe ; son récit a pour but de justifier sa présence : le dictateur d'Albe a proposé que chaque cité choisisse trois champions qui, seuls, combattront. Récit de Julie (III, 2, v. 779-827) : Julie annonce que le combat est différé, la foule refusant de voir s'entretuer des amis et des parents ; les champions persistant dans leur volonté de se battre, la décision appartient aux Dieux. Récit du vieil Horace (III, 5, v. 928-931) : les Dieux se sont prononcés pour le combat. Deuxième récit de Julie (III, 6, v. 993-1005) : Julie annonce (coup de théâtre) la mort de deux Horaces, et la fuite du troisième, l'époux de Sabine. Récit de Valère (IV, 2, v. 1101-1140) : deuxième coup de théâtre, Valère apprend que la fuite du troisième Horace n'était qu'une ruse, qui lui a permis de remporter la victoire.
b/ Ces différents récits entretiennent la tension dramatique de la pièce. Le premier récit permet de jouer à la fois sur la tension psychologique (les deux premières scènes sont dominées par le désespoir de Sabine et Camille) et la tension dramatique : le coup de théâtre du récit apporte un apaisement tout en relançant l'action. Le deuxième récit, tout en ménageant l'attente du spectateur, a une valeur psychologique et morale : l'héroïsme des Horaces et des Curiaces apparaît comme une donnée incontestable, au même titre que la désignation des champions. Les trois derniers récits, qui ont pour but de morceler le combat, ont une importance psychologique et dramatique essentielle : ils donnent aux spectateurs le sentiment de la durée. De plus, les réactions du vieil Horace reprennent et soulignent les réactions de la foule qui assiste au combat : comme elle, comme le vieil Horace, le spectateur de la pièce passe d'une impression fausse à la découverte de la réalité.

6 Plusieurs éléments du texte s'éloignent de la tradition classique, puisqu'ils constituent une rupture de l'illusion de la fiction :

- référence explicite à la fiction, opposée à la réalité de la représentation : "le jeu" ; "la pièce" ; "de pareilles histoires" ;
- opposition entre le Jardinier, personnage de la fiction qui n'a plus aucun rôle à y tenir, et de l'acteur, qui se fait l'écho d'une morale en contradiction avec le sens de la pièce ;
- opposition entre le présent (le moment où la fiction est suspendue) et le futur (le moment où la fiction reprendra son cours) ;
- annonce de la suite de l'histoire : "Jamais je n'aurai Electre ; toujours, je vivrai seul" ;
- la référence explicite à la présence du public (emploi du pronom vous) ;
- référence aux règles implicites du théâtre traditionnel, où l'impression recherchée est la vraisemblance de la fiction.

2. Problèmes stylistiques

7 Molière, L'Avare (1668).

- A part deux indications données par les didascalies entre parenthèses, le texte du monologue lui-même impose de nombreux jeux de scène : "Où courir ?

où ne pas courir ?" (suggestion d'un mouvement, puis d'un arrêt). "N'est-il point là ? N'est-il point ici ?" (l'acteur doit parcourir différents points de la scène). "C'en est fait, je n'en puis plus, je me meurs, je suis mort, je suis enterré" (suggestion d'un affaiblissement progressif du corps, qui ne se soutient plus). "Euh ! que dîtes-vous ?" (reprise du mouvement ; sorte de réponse à la question précédente : "N'y a-t-il personne qui veuille me ressusciter en m'apprenant qui l'a pris ?"). "Sortons. Je veux aller quérir la justice" (mouvement pour quitter la scène). "Je ne jette mes regards sur personne qui ne me donne des soupçons" (l'acteur parcourt des yeux tout le public). "Quel bruit fait-on là-haut ?" (l'acteur lève la tête vers les étages supérieurs du théâtre). "Allons vite, des commissaires..." (l'acteur esquisse un mouvement vers la sortie).

- Du point de vue de l'action, cette scène ne fait que confirmer une information donnée par la scène précédente : le vol de la cassette. L'intérêt de cette scène réside donc dans la peinture du personnage d'Harpagon, également source de comique. Le langage de ce monologue est marqué par une importance particulière de la fonction expressive. Le personnage apparaît comme l'incarnation d'une passion destructrice, qui se caractérise par la perte de la maîtrise de soi ! L'abondance des exclamations et des interrogations traduit l'émotion ressentie et le désarroi ; les phrases courtes traduisent l'intensité de l'émotion ; les énoncés se succèdent en se contredisant ; le sens de la réalité est perdu (Harpagon se prend lui-même le bras, il veut s'infliger à lui-même la torture et se pendre, il confond le public avec les personnages de la pièce). La figure de style dominante est l'hyperbole (traduisant la violence de la passion qui anime Harpagon. Noter la progression : "Au voleur ! à l'assassin ! au meurtrier !", ou encore : "Je suis perdu, je suis assassiné, on m'a coupé la gorge, on m'a dérobé mon argent" ; "Je me meurs, je suis mort, je suis enterré"). On notera aussi le rôle de la métaphore : Harpagon en vient, dans sa passion pour l'argent, à le comparer à un être cher ; la métaphore naît avec l'adjectif "pauvre", se poursuit avec l'expression "mon cher ami", elle-même développée par "mon support, ma consolation, ma joie", et par le dialogue imaginaire où Harpagon s'adresse à son argent en utilisant la deuxième personne : on m'a privé de toi ; tu m'es enlevé. C'est cette métaphore qui est à l'origine du quiproquo de l'acte V, sc. 3 : Valère parlera d'Elise, et Harpagon comprendra qu'il s'agit de sa chère cassette !

- Le mélange entre la fiction et la réalité du spectacle (Harpagon désignant les spectateurs de la pièce, fixant tantôt un point, tantôt un autre dans la salle du théâtre, s'adressant au public, constatant son rire...) possède une double justification : on peut l'interpréter comme le signe de la "folie" d'Harpagon, mais c'est aussi un mécanisme essentiel du comique. Pourtant, une telle pratique, contraire à la vraisemblance, était réprouvée par les théoriciens du théâtre classique, au XVIIè sicèle : ainsi l'abbé d'Aubignac critique cet effet à propos de L'Aululaire, de Plaute, où il se trouvait déjà (Molière s'en est inspiré pour L'Avare).

8 Racine, Phèdre (1677).

- Poursuite de l'exposition : Phèdre se meurt d'un mal mystérieux qu'elle se refuse à dévoiler (v. 2, 20, 22, 23, 33-44) ; en mourant, elle redonnera espoir à Hyppolyte, le fils que Thésée a eu d'un premier mariage avec une Amazone (v. 50-53). Dans la pièce, Oenone apparaît comme symbole de vie et comme porteuse de mort : rappelant Phèdre à la vie, elle sera aussi la cause de sa mort en servant sa honteuse passion. Face à une Phèdre divisée, Oenone est son double sombre ; elle incarne la violence de sa passion amoureuse contre ses exigences de pureté. Toutes les paroles d'Oenone ont pour but de ramener Phèdre à la vie, en réveillant en elle l'amour conjugal, l'amour maternel et la jalousie (v. 46-53). Tandis que Phèdre souhaite conserver sa pureté grâce à la mort et au silence, Oenone lui fait honte de ce désir.

- L'essentiel de la scène montre qu'Oenone n'est pas un véritable interlocuteur pour Phèdre. La scène progresse à travers deux monologues parallèles, qui se croisent rarement :

  - v. 1-4 : Phèdre ne s'adresse à Oenone qu'en apparence ; elle n'emploie pas le pronom de la deuxième personne, mais celui de la première personne du pluriel ; Oenone est un double fantomatique, Phèdre s'adresse à elle-même ;

- v. 6-9 : la question posée ne s'adresse pas à Oenone ; comme le montre le v. 9, Phèdre n'attend aucune réponse : l'interrogation n'est que la traduction d'une angoisse intérieure ;
- v. 17-20 : l'utilisation du pronom de la deuxième personne montre que Phèdre oublie Oenone, et invoque son ancêtre, le Soleil, qu'elle prend à témoin de sa mort imminente ;
- v. 24-26 : l'interjection "Dieux !" montre que Phèdre s'enfuit hors du réel par la puissance de son imagination ; elle quitte Oenone et oublie sa mort prochaine, pour rêver une nouvelle fois à Hyppolyte ;
- v. 27-32, v. 53 : pour la première fois depuis le début de la scène, Phèdre revient à la réalité, et s'adresse à Oenone en utilisant le pronom de la deuxième personne. De même, tandis qu'elle reste silencieuse, et comme indifférente, pendant la longue tirade d'Oenone qui accumule les arguments pour la décider à vivre, elle réagit au nom d'Hyppolyte. Sa réplique suivante s'adressera nettement à Oenone : "Malheureuse, quel nom est sorti de ta bouche ?". Ainsi, à travers ce dialogue solitaire, Phèdre est présentée comme un être isolé, sans aide aucune.

- Phèdre est un personnage en proie à toutes sortes de contradictions :
  - L'opposition entre la volonté et le langage du corps : le début de la scène est marqué par l'importance des notations physiques (v. 1-4, 6-16), c'est que le corps parle le langage de l'inconscient, il trahit le conflit intérieur et se révèle véridique. Tandis que Phèdre essaye une dernière fois d'assumer sa situation sociale et de revenir dans le monde qu'elle fuyait, son corps s'y refuse.
  - L'hérédité contradictoire : l'héroïne, "fille de Minos et de Pasiphaé", porte en elle des exigences de justice et de pureté, symbolisées par le Soleil (à cause de son père, Minos, juge des Enfers), mais (à cause de sa mère, Pasiphaé, qui s'est alliée à un taureau) elle est aussi la proie d'une passion aveugle et monstrueuse.
  - Des aspirations antagonistes : dualité entre la passion et le désir de pureté, qui apparaît dans l'opposition entre le rêve auquel se laisse aller l'héroïne (v. 24-26) et la reprise de sa maîtrise d'elle-même (v. 27-32). Le vocabulaire est dominé par ce thème des forces incontrôlées : insensées ; égarer ; j'ai perdu (mon esprit) ; malgré moi.

9 Anouilh, Antigone (1946).

Informations données : le nom et la qualité des personnages (Antigone ; Créon, son oncle, le roi ; Ismène, la soeur d'Antigone ; Hémon, fils de Créon, fiancé d'Antigone) ; le caractère des personnages principaux (l'opposition physique et morale d'Antigone et d'Ismène) ; la situation résultant des données extérieures (contrairement à toute attente, c'est à Antigone, et non à Ismène, qu'Hémon a demandé d'être sa femme).

- Dès le début de la pièce, le spectateur est averti du dénouement : la mort tragique d'Antigone et d'Hémon, son fiancé. C'est une situation qui était normale dans les tragédies antiques, illustrant des mythes connus de l'auditoire. Mais dans notre théâtre occidental, cette situation est exceptionnelle, puisqu'un des ressorts des pièces est la curiosité que l'on éveille chez le spectateur, et qui n'est satisfaite qu'au dénouement. Dans la pièce d'Anouilh, l'histoire nous est donnée d'emblée comme réalisée : le mot introducteur est "voila", et non "voici" ; il se réfère à une action antérieure totalement accomplie. Cette action nous est résumée du point de vue de chaque personnage : Antigone, et Hémon.

- Indications de mise en scène. Le texte est très descriptif. Le Prologue commente pour le spectateur l'aspect des personnages qui se trouvent tous réunis sur la scène, avant que l'action ne commence. Ces descriptions ont une forte valeur symbolique ; elles imposent un certain type d'interprétation des rôles.

- L'histoire représentée ici s'avoue comme une fiction. Elle nous est présentée par un récitant, le Prologue (qui n'apparaît plus dans la suite de la pièce), qui met en évidence les conventions de la représentation théâtrale avec tous ses éléments constitutifs :

  - Un spectacle avec des acteurs interprétant des rôles (*ces personnages vont vous jouer l'histoire d'Antigone ; elle va être Antigone*...). On notera à ce propos l'ambiguïté voulue du mot *rôle*, qui désigne à la fois le personnage que l'acteur incarne, et le destin assumé par le personnage d'Antigone.
  - Des spectateurs présents dans la salle, auxquels on s'adresse explicitement, et qui ne participent pas à la fiction.
  - Une scène que révèle le lever de rideau (*depuis que ce rideau s'est levé*...).
  - Un temps double : celui de l'histoire représentée, et le présent des spectateurs : une soirée théâtrale (*nous qui n'avons pas à mourir ce soir*).

- Le discours du Prologue découpe dans le temps de l'histoire trois moments différents :

  - Un présent des personnages qui constitue le début de l'action et qui coïncide avec le présent des spectateurs en train de regarder la scène. Ce moment est noté dans le texte par les verbes au présent (*elle regarde droit devant elle*...).
  - Un passé des personnages, qui concerne le récit de la demande en mariage. Les verbes sont alors à l'imparfait, au plus-que-parfait ou au passé composé.
  - Un futur, qui annonce le déroulement de l'action théâtrale et son dénouement. Les verbes sont au futur proche (*ces personnages vont vous jouer* ; *elle va être*...).

10 Ionesco, *La Cantatrice chauve* (1950).

- Les didascalies initiales, comme le reste de la pièce, ont pour but de développer une impression d'étrangeté et d'absurdité. Si leur contenu donne certaines indications précises pour la mise en scène (les occupations des personnages, quelques objets présents dans le décor : fauteuil, pantoufles, pipe...), ces didascalies sont avant tout faites pour être lues : la répétition insistante de l'adjectif *anglais* n'a pas une valeur descriptive, c'est une source de comique. Ainsi, dans quelques expressions, l'épithète *anglais* permet de caractériser réellement l'objet (*un intérieur anglais, des fauteuils anglais*...), mais dans la plupart des expressions, l'adjectif apporte une précision peu significative (*des pantoufles anglaises* ; *des chaussettes anglaises*), ou bien constitue un assemblage absurde (*soirée anglaise ; silence anglais ; dix-sept coups anglais*). La fonction comique des didascalies se trouve confirmée par les premières paroles de Mme Smith (*Tiens, il est neuf heures*), qui contredisent l'indication précédente (*dix-sept coups anglais*).

- Les informations données sont les suivantes :

  - Lieu : l'Angleterre, dans les environs de Londres.
  - Temps : une soirée (mais on connaît pas l'heure exacte !).
  - Les personnages : un couple, M. et Mme Smith, avec trois enfants, deux filles (Hélène et Peggy, deux ans) et un garçon ; une employée de maison, Mary.

- Parmi ces informations destinées au spectateur, certaines sont données incidemment, dans une phrase ayant pour but d'exprimer une idée ou d'énoncer un fait qui rentrent dans la communication entre les deux personnages présents sur la scène. Ainsi :

  - *Les enfants ont bu de l'eau anglaise* : l'information apportée par Mme Smith à son mari est représentée par le verbe *boire* ; pour les spectateurs, l'information est : les Smith ont des enfants.

- Mary a bien cuit les pommes de terre, cette fois-ci ! : le spectateur déduit de cette phrase l'existence d'une employée de maison.
- Notre petit garçon aurait bien voulu boire de la bière... : information indirecte, les Smith ont un garçon.
- Hélène me ressemble : autre information indirecte, les Smith ont une fille qui se nomme Hélène.

Au contraire, les autres informations supposent que la communication entre les personnages sur la scène est rompue, car leur seule fonction est d'informer le spectateur. De cette inadéquation entre la phrase prononcée et son destinataire, il ressort une impression d'absurdité et de comique. Ainsi :

- Nous habitons... notre nom est Smith : il est évident que M. Smith connait ces informations ; elles s'adressent donc uniquement au spectateur, ce qui bouleverse la communication théâtrale conventionnelle.
- Ca se voit qu'elle n'a que deux ans. Elle s'appelle Peggy : même procédé de l'adresse au public.

Pour une explication plus détaillée de cette scène, voir l'article d'A. Leclaire, "La Cantatrice chauve - Scène d'exposition et présupposition", Pratiques, n° 24, août 1979.

3. Création - Jeux

11 Ce monologue traduit les hésitations et les contradictions de Titus. On mettra donc dans la bouche du confident les vers qui développent le point de vue du pouvoir contre celui de l'amour ; et on supprimera les vers où Titus s'adresse à lui-même en termes ironiques. Par exemple :

- v. 987-992 : à supprimer.
- v. 993-1013 : Titus.
- v. 1014-1023 : le confident (en transformant à la deuxième personne du pluriel les verbes nécessaires).
- v. 1024-1040 : Titus, à nouveau, décidé enfin à servir son règne.

12 Pour cette transformation de didascalies, on pourra se reporter aux réalisations proposées par R. Monod dans son livre Les Textes de théâtre, pp. 36-41 (voir infra la bibliographie) : l'auteur inverse les codes graphiques de Phèdre, de Racine, et ceux du Marchand de Venise, de Shakespeare, ainsi que ceux du Tartuffe, de Molière et de La Mouette, de Tchekhov.

BIBLIOGRAPHIE

• R. Monod, Les Textes de théâtre, Ed. CEDIC, 1977.

Numéros spéciaux de revues : Le Français aujourd'hui, n° 33 - 34 (plus le supplém[ent] juin 1976; Pratiques, n° 15 - 16, juillet 1977; n° 24, août 1979; n° 41, mars 1984

IV LES EXERCICES DU BACCALAURÉAT

21. L'interrogation orale

(*Manuel*, *pp. 172 - 178*)

EXERCICES

1. *Lectures méthodiques*

1 Racine, *Phèdre* (1677)

- Etude préalable.

• Cette tirade constitue l'aveu par Phèdre de son amour pour Hippolyte. D'abord voilé et indirect, cet aveu devient de plus en plus explicite au fur et à mesure que la tirade progresse, par le jeu des pronoms personnels qui se substituent l'un à l'autre.
1. (vers 1 à 7) Portrait antithétique d'un Thésée vieilli et infidèle et d'un Thésée jeune et fier. Les pronoms utilisés sont celui de la 3ème personne (désignant Thésée au double visage) et celui de la 1ère personne (désignant Phèdre elle-même).
2. (vers 8 à 15) Comparaison entre Thésée jeune et Hippolyte; apparition du pronom de la 2ème personne désignant Hippolyte (et cela dès le vers 7, qui sert de transition), parallèlement à l'emploi de la 3ème personne pour désigner Thésée toujours présent. Phèdre s'adresse même directement à Hippolyte par ses questions (*Que faisiez-vous alors?...*), on remarquera cependant une hésitation devant toute sollicitation trop directe, puisque dans le vers 12, la 2ème personne est remplacée par la 3ème. De même, Phèdre hésite à s'imposer seule en face d'Hippolyte : elle utilise la 1ère personne au pluriel (*sur nos bords*).
3. (vers 16 à 19) Phèdre substitue Hippolyte à Thésée : le *il* désignant Thésée disparaît. Phèdre elle-même est cependant absente de cette évocation du passé dont les héros sont Hippolyte (remplaçant Thésée) et Ariane.
4. (vers 20 à 29) L'aveu de Phèdre, à travers son rêve amoureux, la met seule face à face avec Hippolyte; le pronom *je*, très insistant, côtoie le pronom *vous*.

• Le vers 5 est marqué par des allitérations en F, des assonances en E, un rythme fortement découpé : le 1er hémistiche comporte une coupe secondaire forte au 3ème pied, et le 2ème hémistiche une coupe au 2ème pied. Ces figures du signifiant contribuent à donner une impression de pudeur et de réticences, par opposition aux vers précédents qui montrent un Thésée trop ouvert aux sollicitations extérieures, et qui se caractérisent par un rythme plus ample et des sonorités plus rudes.

• Les vers 7 à 13 sont marqués par des références précises au sujet (Phèdre) et au destinataire (Hippolyte), ainsi qu'au temps de la communication (*tel que je vous vois*); par l'utilisation des pronoms personnels et adjectifs possessifs de la 1ère et de la 2ème personne (voir question 1); par la présence de déictiques désignant des éléments de la situation de communication (*cette noble pudeur*); par la présence d'interrogations qui se rattachent à la fonction expressive du langage et traduisent ici l'émotion que ressent Phèdre à imaginer Hippolyte à la place de Thésée ainsi que sa volonté de susciter son intérêt.

• A partir du vers 16, Phèdre évoque l'épisode du labyrinthe, mais en modifiant progressivement son déroulement, ce qui se traduit par l'utilisation du conditionnel passé dans tout le passage; 1ère transformation : substitution d'Hippolyte à

Thésée comme héros de l'épisode; 2ème transformation : substitution de Phèdre à sa soeur Ariane (vers 20); 3ème transformation : Phèdre oublie l'issue heureuse de l'épisode, elle met sur le même plan le succès éventuel (retrouvée...) et l'échec (perdue...), s'attachant surtout à souligner le destin qu'elle aurait partagé avec Hippolyte (avec vous).

• L'aveu de Phèdre se fait jour à travers l'abondance des termes qui expriment les sentiments amoureux (l'amour - tête charmante - votre amante - compagne); le rôle actif de soutien que se donne Phèdre auprès d'Hippolyte.

- Idée directrice pour la lecture méthodique : le thème de l'aveu.

1. La progression du texte et le jeu des pronoms personnels.
2. La reconstruction du passé (l'épisode du labyrinthe).

2 Rousseau, L'Emile (1762)

- Etude préalable.

• L'argumentation progresse ainsi :
1. (Du début à "raisonnement") Affirmation de la primauté de la conscience sur la raison, à travers des oppositions (haute philosophie ≠ fond de mon coeur; conscience ≠ subtilités du raisonnement).
2. (Jusqu'à "nous faisons mal") Une objection implicite : les voix intérieures privilégient l'égoïsme (opposition entre le soin de soi-même et le respect d'autrui); une réponse : la conscience a pour rôle de nous faire sentir quand notre intérêt personnel empiète sur l'intérêt d'autrui. L'argument appuyant cette réponse est représenté par la 3ème étape.
3. (Jusqu'à "la voix du corps") La nature ne doit pas être confondue avec le langage du corps et des passions; série d'oppositions où les expressions sens, être passif, voix du corps désignent les passions, et les expressions coeurs, être actif, voix de l'âme désignent la conscience.
4. (Jusqu'à la fin) Glissement du raisonnement : à l'opposition âme/corps, conscience/passions, succède l'opposition conscience/raison, qui reprend la 1ère étape du texte.

• Anaphore des mots bien, mal, voix. On notera qu'elles servent souvent à mettre en valeur les antithèses, particulièrement nombreuses.
* Antithèses : bien/mal; suivre/résister; écouter/mépriser; être actif/être passif; obéir/commander.
* Asyndètes : les antithèses sont soulignées par des asyndètes, c'est-à-dire l'absence de liaison entre des groupes symétriques.
* Personnifications : elles concernent surtout la nature, qui apparaît comme un guide aidant l'homme de sa voix. Elles annoncent la célèbre exclamation qui clôt le passage : "Conscience! conscience! instinct divin, immortelle et céleste voix, guide assuré d'un être ignorant et borné, mais intelligent et libre".

• Le champ lexical du concept de nature est particulièrement varié : coeur - sentir - conscience - voix intérieure - être actif - voix de l'âme. Il s'oppose d'une part au champ lexical de la raison (principe d'une haute philosophie - subtilités du raisonnement) et d'autre part au champ lexical du corps (nos sens - être passif passions - instinct). Ainsi, chez Rousseau, la conscience (expression en l'homme de la nature) ne se confond-elle pas avec l'instinct (expression des sens et du corps). La conscience représente plutôt une forme de la raison, la raison intuitive (l'âme), capable de certitudes immédiates, par opposition à la raison discursive, voix immédiate et dépendante des entraves de la société.

• Les marques de l'énonciation sont fortes : présence du sujet de l'énonciation à travers l'importance du pronom de la 1ère personne du singulier; présence du destinataire à travers les pronoms de la 1ère personne du pluriel, qui incluent le sujet parlant dans un ensemble auquel appartient également le lecteur; présence voilée des fonctions expressive et impressive, à travers les interrogations du 2ème §, qui traduisent l'origine du discours et une volonté d'agir sur le lecteur.

- Idée directrice pour la lecture méthodique : un texte construit sur l'opposition entre raison et conscience. On intégrera dans la démarche suivie les résultats de l'étude préalable qui a été réalisée.

Cette opposition se marque :

1. Dans la progression de l'argumentation.
2. Dans la nature des champs lexicaux.
3. Dans les figures de rhétorique (conjonctions et antithèses).

3 Baudelaire, "Remords posthume", Les Fleurs du mal (1857)

- Etude préalable.

• Les deux quatrains sont centrés sur le personnage aimable de la femme disparue (importance du pronom de la 2ème personne). Ils évoquent la mort de façon voilée, par référence à la vie; on notera cependant que la présence de la mort se fait plus nette dans le 2ème quatrain.
Les deux tercets sont centrés sur le tombeau, qui apparaît comme le porte-parole du poète. A la différence des quatrains, les tercets donnent une image négative de la femme aimée, et la mort est évoquée de façon crue et brutale.

• Dans le 1er quatrain, la mort est présentée de façon indirecte à travers : un euphémisme (tu dormiras); une périphrase pour désigner le tombeau (un monument construit en marbre noir); des métaphores et comparaisons (ma belle ténébreuse - tu n'auras pour alcôve et manoir).

• La progression du 2ème quatrain est orientée par l'exploitation du champ lexical de la lutte entre la vie et la mort (opprimant - peureuse - empêchera...).

• Le vers 5 se caractérise par une allitération en P et une assonance en I, qui mettent en valeur le thème de la victoire de la mort sur la vie.

• Les deux quatrains sont dominés par l'utilisation du pronom de la 2ème personne, désignant la femme aimée; le poète est également présent à travers l'adjectif possessif de la 1ère personne, dans la formule affectueuse ma belle ténébreuse.

• Les deux tercets, au contraire, renversent la situation : au couple amoureux succède une relation triangulaire, où le poète est l'allié du tombeau, adversaire et juge de la femme disparue. Ainsi, ce n'est plus le poète qui parle, mais le tombeau, et à la 2ème personne du singulier, affectueuse, succède la 2ème personne du pluriel, distante.

- Centres d'intérêt possibles pour une lecture méthodique.

1. L'évocation de la mort. Le poème est construit sur une opposition entre les quatrains et les tercets, amenant un dévoilement progressif du thème de la mort.
   * Analyse des deux quatrains : cf. ce que l'on a noté supra. Champs lexicaux mis en oeuvre : - celui du sommeil et de la nuit (dormir, ténébreux, alcôve);
     - celui de la lutte entre la vie et la mort (opprimant, peureuse, empêchera). On notera l'allitération en P et l'assonance en I du v. 5, qui contribuent à mettre en valeur la victoire de la mort sur la vie.
   * Analyse des deux tercets : cf. supra. Noter en particulier :
     - le champ lexical de la mort (tombeau, les morts...),
     - l'évocation crue du cadavre (le ver rongera ta peau...).
2. La confidence amoureuse.
   * La progression du sonnet : l'opposition entre les quatrains et les tercets.
   * Le jeu des pronoms personnels.
3. Le thème du tombeau. Voir ce que l'on vient de noter sur le thème de la mort.

- Centre d'intérêt exclu : "Baudelaire, lecteur de Ronsard".

Cette idée interviendra soit à l'occasion d'un rapprochement explicatif, soit dans la conclusion de la lecture méthodique.

Exemple de conclusion possible : dans son poème Remords posthume, Baudelaire tire le meilleur parti de la composition traditionnelle du sonnet : à travers une seule et longue phrase, les quatrains, puis les tercets imposent au lecteur le dévoilement progressif de la réalité de la mort. Parallèlement, le sonnet opère un renversement de la relation amoureuse : à l'hommage rendu à la femme aimée dans les quatrains succèdent les reproches dans les tercets.
Essentiellement fondé sur la surprise, ce poème se caractérise par une certaine dérision du discours amoureux. Il est à rapprocher du célèbre sonnet de Ronsard "Quand vous serez bien vieille..." (Sonnets pour Hélène, II, 43), dont il reprend l'idée essentielle : pour obtenir les faveurs de la femme aimée, le poète évoque le temps de la vieillesse et de la mort, temps des regrets et des remords, par opposition à la jeunesse où toute jouissance est possible. Cependant, le poème de Baudelaire est plus amer et plus désespéré que celui de Ronsard. Tandis que Ronsard exalte sa propre gloire littéraire avec orgueil, Baudelaire demeure sans illusions sur l'avenir posthume du poète et laisse la parole au tombeau. Enfin et surtout, Ronsard se contente d'évoquer la vieillesse de la femme aimée, laissant de la mort une vision sereine; Baudelaire, au contraire, en donne une vision cruele et réaliste, fermant la porte à tout espoir de survie.

4 Flaubert, Trois contes (1877)

- Etude préalable.

Situation du passage : Le chapitre II d'Un coeur simple décrit l'existence de Félicité avant son arrivée chez Madame Aubain, puis chez sa maîtresse, auprès de laquelle elle passera toute sa vie. Cet extrait figure dans la deuxième partie, qui décrit la monotonie de l'existence et les gestes répétitifs de la servante; l'épisode du taureau introduit une rupture : il met en évidence le dévouement exceptionnel de la servante.

Structure du passage : un récit. Ce récit est formé de deux séquences : après avoir triomphé d'un premier obstacle, les personnages en rencontrent un second plus difficile à surmonter.
1. Première séquence (du début jusqu'à "il fit volte-face, les autres l'imitèrent'
a/ les fonctions :
Sujet : Madame Aubain et ses enfants, Félicité. Objet : traverser les herbages pou rentrer. Opposants : les boeufs. Adjuvant : la complainte.
b/ les phases du récit :
* Etat initial (les deux premières phrases du passage) : l'objectif poursuivi est annoncé (rentrer chez soi). L'atmosphère est dominée par le calme (étendus - tranquillement); certains éléments sont cependant des indices des obstacles à venir : le brouillard (qui cachera le taureau) et l'impression d'incertitude et d'angoisse liée à la comparaison avec l'écharpe.
* Force transformatrice ("Des boeufs... en rond devant elles") : le danger est présenté de façon atténuée, pour mieux préparer la 2ème séquence; la position des boeufs (en rond) s'oppose à l'attaque de front du taureau.
* Force équilibrante ("Ne craignez rien... celui qui se trouvait le plus près") Félicité est dès lors mise au premier plan; ses paroles, les premières prononcées dans ce passage, sont soulignées par le style direct. Le personnage apparaît doué d'une forme de magie : Félicité se révèle proche de la nature et de ses forces obscures.
* Etat final ("Il fait volte-face, les autres l'imitèrent").

2. Deuxième séquence
a/ les fonctions :
Sujets : Mme Aubain et ses enfants, Félicité . Objet : traverser les herbages. Opposant : le taureau. Adjuvant : les mottes de gazon, les barreaux de la claire-voie.
b/ les phases du récit :
* Etat initial : il est représenté par la séquence précédente.
* Force transformatrice ("Mais quand l'herbage suivant... il avança vers les deux femmes") : l'obstacle est marqué par la forte rupture syntaxique du mais. La description du danger est faite de façon subjective : Flaubert nous donne d'abord

les sensations des personnages (un beuglement formidable s'éleva) avant d'identifier de leur source objective (c'était un taureau).

* Force équilibrante ("Mme Aubain allait courir... elle eut le temps de se couler entre deux barreaux") : Félicité prend une importance de plus en plus grande; à deux reprises, c'est elle qui prononce les seules paroles au style direct du texte, et celles-ci sont marquées par l'autorité : exclamations à valeur d'ordre, verbes à l'impératif. Dans la lutte entre le taureau et les promeneurs, l'animal est présenté comme une force monstrueuse, surhumaine, tandis que les personnages humains sont présentés comme des victimes vulnérables : Mme Aubain est comparée à une bête traquée (avec ses deux petits), tandis que l'animal accède, dans sa démesure, à une forme presque humaine (tremblait de fureur).
Dans la description, c'est toujours le point de vue des personnages qui domine : les deux femmes fuient, elles ne voient donc pas le taureau mais elles l'entendent (d'où l'allusion au souffle sonore qui se rapprochait); une comparaison traduit alors l'angoisse des personnages (ses sabots, comme des marteaux), qui envahit le texte avec l'apparition du style indirect libre, traduisant leurs pensées intérieures (voilà qu'il galopait maintenant).

* Etat final ("Et la grosse bête, toute surprise, s'arrêta") : la fin de la tension dramatique exprimée dans les phrases précédentes est illustrée par l'expression "grosse bête", qui réduit le taureau à des proportions dérisoires.

- Lecture méthodique : le personnage de Félicité.

* Son rôle dans l'action : le récit formé de deux séquences. Après avoir triomphé d'un premier obstacle, les personnages en rencontrent un second, plus difficile à surmonter. Dans ces deux séquences, Félicité joue un rôle de premier plan. Voir l'analyse des deux séquences faite supra.

* Sa place dans la narration : dans les deux séquences du récit, les seuls paroles reproduites au style direct sont celles de Félicité. Leur forme illustre d'ailleurs le rôle moteur du personnage dans l'action, en opposition avec son statut social inférieur : exclamations à valeur d'ordre; impératifs... On notera à propos de la description du taureau que c'est le point de vue des deux femmes qui domine.

* La proximité du personnage avec la nature : dans la première séquence, Félicité apparaît douée d'une forme de magie qui lui permet d'agir sur la nature et ses forces obscures (une sorte de complainte - elle flatta sur l'échine). Dans la deuxième séquence, Félicité utilise les éléments naturels pour vaincre (elle arrache des plaques de terre, des mottes de gazon...); elle accepte le corps à corps avec le taureau et s'y soumet.

5 Appolinaire, "Le Pont Mirabeau", Alcools, (1913)

- Etude préalable.

• Après la brève évocation d'un passé heureux, le poème progresse vers le pessimisme et la désillusion, thèmes exprimés dès le début à travers le refrain.
Dans la première strophe, le poète décrit parallèlement un présent décevant (vers 1 et 2) et un passé heureux (vers 3 et 4). Le refrain qui suit illustre donc la 1ère partie seulement de la stophe, en évoquant le poids du présent, la fuite du temps et la permanence des regrets.

Dans la deuxième strophe, c'est le domaine de l'illusion; le passé heureux redevient présent. La représentation visuelle et typographique du pont (à travers les groupes binaires qui composent le 1er vers), image de la stabilité, est un moyen de conjurer le temps qui passe. Le refrain est alors en opposition avec cette deuxième strophe, qu'il nous engage à interpréter comme un rêve illusoire.

Dans la troisième strophe, c'est la négation de la permanence de l'amour évoquée dans la strophe précédente : désillusion et plaintes lyriques. Le refrain est en parfaite harmonie avec cette strophe, dont il contribue à développer les thèmes.
Dans la 4ème strophe, reprise insistante des thèmes négatifs précédents (flux du temps et flux de l'eau). La reprise du 1er vers impose une construction cyclique au poème, illustration du flux du temps et de l'eau. Le refrain conclut le poème en insistant sur l'opposition précédemment mise en évidence : l'homme et ses regrets connaissent une permanence que le temps et l'eau ignorent

• Initialement, le poème était formé de quatre tercets en décasyllabes, séparés par un refrain de deux vers en heptasyllabes. Puis Apollinaire modifia cette disposition : il décomposa le 2ème décasyllabe de chaque strophe en deux vers, l'un de quatre pieds, l'autre de six pieds. Les deuxièmes vers de chaque strophe ne riment donc plus avec aucun autre, donnant une impression de déséquilibre et de solitude en accord avec les thèmes du poème.
Dans la 1ère strophe, la nouvelle disposition accentue l'ambiguïté du 2ème vers, qui peut ainsi être entendu comme un second sujet grammatical possible pour le verbe couler.
Dans la 2ème strophe, le nouveau découpage entraîne un fort rejet, illustrant l'image du pont.
Dans la 3ème strophe, le 2ème vers isole et met en valeur la répétition obsédante du thème du flux de l'amour.
Dans la 4ème strophe, le 2ème vers met en valeur le thème du flux du temps.

• Les deux champs lexicaux les plus exploités sont celui de l'eau (pont Mirabeau coula - la Seine - le pont de nos bras - l'onde - cette eau courante) et celui du temps (qu'il m'en souvienne - vienne la nuit - sonne l'heure - les jours s'en vont je demeure - des éternels regards - l'amour s'en va - la vie est lente - passent les jours et passent les semaines - temps passé - reviennent).

- Deux centres d'intérêts possibles : le thème du flux; la confidence lyrique.

1. Le thème du flux.
  * Le flux de l'eau : champ lexical important dans le poème.
  * Le flux du temps : les jours s'en vont ... passent les jours... temps passé... etc...
  * Le mètre et le rythme : voir ce que l'on a noté supra.
2. La confidence lyrique.
On notera en particulier :
  * L'importance des pronoms personnels de la 1ère personne (nos amours... m'en souvienne, etc...).
  * L'évocation du couple amoureux : le rappel des sentiments (la joie, la peine) les attitudes (les mains dans les mains; le pont de nos bras).
  * Le pessimisme du poème.

6 Cocteau, La Machine infernale, (1934)

- Etude préalable.

Situation du passage : Nous sommes au début de l'acte I. Deux soldats, de garde sur les remparts, discutent et évoquent la situation : l'angoisse que la présence du Sphinx aux portes de Thèbes fait peser sur la population, le fantôme qu'ils ont vu apparaître la veille au soir. Survient leur chef.

• Les informations données sont les suivantes : deux soldats ont vu un fantôme sur les remparts. Celui-ci prétend être le spectre du roi Laïus assassiné, et souhaite prendre contact avec son épouse la reine Jocaste et avec le devin Tirésias. Intrigués, les soldats en ont parlé autour d'eux, et ce bruit est parvenu aux oreilles de Tirésias. L'action est donc amorcée : il s'agira de résoudre l'énigme de l'apparition du roi Laïus et de comprendre le secret qu'il souhaite dévoiler à Jocaste.

• Le niveau de langue des personnages est familier; il contribue à provoquer le rire. On peut relever l'expression familière mes lascars, le juron nom de nom, les locutions populaires en vitesse, rapport à (pour "à propos de").

a/ Le chef : c'est sur lui que repose essentiellement le comique du passage. Son langage se caractérise par des ordres incohérents; ses répliques se contredisent l'une l'autre : il pose une question, puis intime l'ordre de se taire. La conscience ridiculement développée de sa supériorité hiérarchique se marque par l'importa

de la fonction impressive, du pronom de la 1ère personne. Son ironie traduit son incrédulité par opposition aux soldats, de plain-pied avec le surnaturel : voir l'accumulation des questions sur les détails de l'apparition du fantôme.
b/ Les soldats : leur langage comporte certains éléments comiques. On notera en particulier la succession en chaîne des termes de parenté. Pourtant, à la différence du chef, les soldats sont sympathiques; ils comprennent la logique particulière du surnaturel et témoignent de la pitié envers le fantôme. En montrant ce dernier sur la scène, l'auteur donnera raison aux soldats contre le chef incrédule et borné/

● Le dialogue est composé de deux parties :

a/ jusqu'à "très bien, très bien" : ce passage est essentiellement comique. Il s'agit d'un faux dialogue dans lequel le chef pose des questions incohérentes et cherche surtout à exprimer son mécontentement et à faire preuve d'autorité. La fonction du langage qui domine est la fonction impressive;
b/ jusqu'à la fin : dès lors s'instaure un véritable dialogue; à chaque interrogation du chef correspond une réponse précise de l'un des soldats. Malgré son ironie, le chef est intéressé et le dialogue progresse grâce aux questions qu'il pose et qui traduisent sa curiosité. La fonction dominante est la fonction expressive (interrogations, exclamations).

- Lecture méthodique.

1. L'intérêt dramatique du passage.
* Multiplicité des informations concernant l'action.
* Noter que c'est surtout dans la 2ème partie du dialogue (à partir de "Et... cette fameuse histoire...") que se développe l'intérêt dramatique.
2. L'intérêt psychologique du passage : les personnages sont très types, et leurs répliques, dont le niveau de langue est familier, sont construites pour susciter le rire. On analysera de ce point de vue le contraste qui existe entre le personnage du Chef et ceux des soldats.

2. Questions d'ensemble

La question du voyage et de l'évasion est un thème esthétique essentiel chez Baudelaire. Elle pourra se traiter à partir de La Chevelure et de L'Invitation au voyage, mais aussi, dans une moindre mesure, avec Les Chats, Spleen et Les Fenêtres.

1. Le voyage : réalité et exotisme.
* L'évocation des pays lointains : l'Asie et l'Afrique (La Chevelure); la "splendeur orientale", le "bout du monde" (L'Invitation au voyage); le "Sahara brumeux" (Spleen); l'Egypte (les grands sphinx des Chats...).
* Importance des thèmes de la mer et du bateau. Fascination pour les ports : La Chevelure, L'Invitation.

2. La recherche d'un "ailleurs" symbolique.
* Le voyage immobile : voyage rêvé, non vécu (La Chevelure, L'Invitation).
* Puissance de l'imagination : la vie rêvée est supérieure à la vie réelle (Les Fenêtres).

On traitera le sujet essentiellement à partir des trois textes du XIXème siècle présentés dans les Problèmes stylistiques des pp. 145 - 146 : passages extraits de Balzac, Flaubert et Zola. On pourra aussi faire référence aux courts extraits de Flaubert donnés pp. 143 - 144 (ex. n° 3 et 5).

Plan proposé :

1. La fidélité au réel : on rappellera ici la méthode de composition des écrivains réalistes et naturalistes : créer à partir d'informations précises recueillies par la lecture d'ouvrages scientifiques et techniques, ou même par l'enquête sur place

(cf. l'exemple de Zola). Voir sur ce point A. Pagès, Le Naturalisme, P.U.F., 1989, Coll. "Que sais-je?" - Chap. IV, "L'art de la fiction".

* La précision géographique : l'espace est décrit de façon systématique : cf. textes des ex. n° 7, 8 et 9. Référence est faite à des lieux précis.

* La présence du monde moderne : importance de la ville et du paysage urbain : par ex. les usines (texte 8), les abattoirs (texte 9).

* Richesse du vocabulaire technique.

2. Une création artistique :

* Une vision subjective : le monde est vu à travers le regard d'un personnage (textes 8 et 9).

* Une vision esthétique : - importance des images et des métaphores (textes 5, 7, 8 et 9).

- une composition picturale. Jeu des couleurs et des formes; le romancier emprunte le regard du peintre (textes 5, 7, 8 et 9).

9 Sujet possible : la peinture de l'amour.

Plan proposé :

1. L'amour malheureux : - suscitant la mélancolie : le temps destructeur de l'amour (cf. Nerval, Verlaine); l'absence de réciprocité (Ronsard);
- suscitant la dérision (Rimbaud).

2. Les liens avec la nature : - l'importance du champ lexical de la nature : les animaux (Ronsard, Verlaine); les végétaux (cf. les 4 poèmes); les éléments (eau, ciel, terre (cf. les 4 poèmes);
- la nature est associée aux sentiments dans les 4 poèmes.

3. La dimension symbolique : - images et métaphores : de la femme aimée (Nerval, Rimbaud); de l'amour et du poète (Ronsard, Verlaine);
- l'amour inspirateur du chant poétique (Nerval, Ronsard, Verlaine).

10 Pour une réflexion sur ces incipit, voir plus loin le corrigé correspondant à l'ex. 8 du chap. 26.

22. Le commentaire composé

(Manuel, pp. 179 - 188)

EXERCICES

1 Baudelaire, "La Chevelure", Les Fleurs du mal (1857)

- Plan de commentaire composé.

1. La métamorphose du réel.

a/la chevelure, objet créateur du rêve :
Par sa forme (vers 1 à 5), avec les allitérations en R évoquant le crépitement des boucles; par son parfum (vers 8 - 29 - 30); par sa texture (vers 13 - 28); par sa couleur (vers 22 - 26).

b/ métamorphoses de la chevelure; les métaphores :
animales (toison - moutonnant - crinière); végétales (forêt - aromatique); marines (nage sur ton parfum - soyez la houle - mer d'ébène - noir océan); cosmiques (pavillon de ténèbres - l'azur du ciel).

2. Les thèmes du voyage et de l'exotisme.
a/ voyage dans le temps :
Mélange des temps présent et futur; retour à un passé paradisiaque (à rapprocher du poème "La Vie antérieure") : vers 7.
b/ voyage dans l'espace :
Evocation de pays exotiques (strophes 2 - 3 - 4); présence de la mer, du port, des vaisseaux (à rapprocher du poème "L'Invitation au voyage).
3. L'incantation magique.
a/ les motifs de la houle et du bercement :
Dans l'évocation de la chevelure (moutonnant - agiter comme un mouchoir); dans l'évocation du voyage maritime (voguer - la houle - frémir - le roulis - infinis bercements).
b/ l'ivresse et l'hallucination :
Exploitation du champ lexical de l'ivresse (extase - se pâmer - amoureuse ivresse - je m'enivre ardemment - je hume à longs traits le vin du souvenir); rythme incantatoire (apostrophes - exclamations - syntaxe brisée).

- Conclusion pour le commentaire composé.

Pour Baudelaire, célébrer la chevelure de la femme aimée, c'est avant tout la transcender en un objet créateur de rêve, la métamorphoser en mettant au jour de subtiles correspondances, "les rapports intimes et secrets de choses", comme il l'écrit lui-même; épuré, métamorphosé, le réel n'est plus alors un obstacle à l'évasion, mais il la favorise. Ainsi, comme dans "La Vie antérieure", comme dans "L'Invitation au voyage", et dans bien d'autres poèmes, Baudelaire nous livre sa fascination pour le voyage, pour ces paradis originels, ces pays "où frémit l'éternelle chaleur". Mais la reprise de ces mêmes thèmes dans "Un hémisphère dans une chevelure", texte écrit en "prose poétique, musicale, sans rythme et rime", contribue, nous semble-t-il, à faire ressortir l'extrême beauté du poème en vers. A côté du poème en prose qui nous fait pénétrer dans l'épaisseur du réel, le poème en vers nous laisse une impression quasi hallucinatoire, fondée sur le pouvoir magique d'un rythme fortement incantatoire.

2 Rimbaud, "Roman" (1870)

- Critique du plan proposé.

Ce plan de commentaire composé n'est en réalité que le plan du texte; en effet, le poème se décompose ainsi : une première partie (strophes 1 à 4) évoque la promenade sous les tilleuls; une deuxième partie (strophes 5 à 8) raconte la rencontre et l'histoire du premier amour.

- Plan proposé pour le commentaire composé.

1. L'univers adolescent.
a/ l'acuité des sensations :
Importance de la saison; appel de la nature; abondance des notations sensorielles, à la fois olfactives (sentent bon - l'air est si doux - des parfums), visuelles (lustres éclatants - tilleuls verts - azur sombre - toute blanche - réverbère - l'ombre d'un faux-col), auditives (cafés tapageurs - le vent chargé de bruits - les cavatines).
b/ la violence des réactions :
Rythme brisé; exclamations; thème de l'ivresse et de l'excès (on ferme la paupière - on se laisse griser - vous monte à la tête - on divague - le coeur fou - immensément naïf).
c/ l'éveil de l'amour :
Expansion cosmique : le désir d'aimer fait apparaître dans la nature des visions féminines (strophe 3); valorisation de l'aimée : description flatteuse, métaphores divines (La font rire - l'adorée).
2. La distance ironique.
a/ le refus de l'identification :
Absence du pronom à la première personne, jeu sur les pronoms on et vous; portrait peu flatteur de l'adolescent : dans la relation amoureuse, il est naïf et victime.

b/ la valeur dérisoire de l'univers adolescent (bâtard et indifférencié) :
Une campagne bâtarde, éloignée des charmes de la vraie nature (promenade - la vil
n'est pas loin - des parfums de bière - la sève est du champagne); des réactions sentimentales dépendant de contraintes physiques (on se laisse griser - la sève est du champagne - un baiser/qui palpite là comme une petite bête); une hypertroph de l'imagination (strophe 3, vers 17 - 26).
c/ la valeur dérisoire de l'amour :
La rencontre est une parodie des romans de chevalerie : la construction cyclique poème (retour des deux premiers vers à la fin du poème) montre qu'après avoir obte satisfaction, l'amoureux abandonne ses amours pour revenir à la société.

3 Péguy, Le Porche du mystère de la deuxième vertu (1911)

Pour la rédaction d'une introduction et d'une conclusion, on pourra par exemple :

- Préciser le sens du mot mystère qui donne son titre au recueil poétique de Péguy et qui implique une double direction. Il s'agit d'une méditation sur les mystères de l'Incarnation et de la Rédemption, et sur le mystère des vertus théologiques (ici célébration de l'Espérance); mais le terme est à rattacher également aux mystères du Moyen Age, genre théâtral qui mettait en scène des sujets religieux.

- Citer certaines formules de Péguy qui éclairent particulièrement ses intentions et son style : "la racination" du spirituel dans le temporel; "Toutes les forces de la création, toutes les ressources de la nature et de la grâce rapportées en ordre aux pieds de Dieu".

- Rapprocher cet hymne à la Nuit d'un passage de la Bible (à laquelle d'ailleurs Péguy emprunte la forme du verset) : "Or la terre était un chaos, et il y avait des ténèbres au-dessus de l'Abîme et l'esprit de Dieu planait au-dessus des eaux" (Genèse, 1; traduction d'E. Osty, Seuil, 18.73).

4 Aragon, "La Rose et le Réséda", La Diane française (1946)

- Suite du plan de commentaire composé :

3. Les symboles et les images.
a/ la France symbolisée par la femme aimée;
b/ les métamorphoses du sang (de symbole de mort, il devient symbole de vie);
c/ la survie symbolique des martyrs de la Résistance.

Remarque : On pourrait reprocher à ce plan une deuxième partie exclusivement orie vers la forme. Il nous semble pourtant que ce développement autonome sur la chans est indispensable quand il s'agit d'une poésie "nationale" d'Aragon. Pour ce dernier, en effet, le choix du poème-chanson est plus que celui d'une forme, c'est une véritable profession de foi, un moyen de s'adresser à tous et de renouer avec une poésie populaire et traditionnelle. L'illustration des valeurs nationales s'accompagne alors d'un retour à la tradition des troubadours, marqué par une prédilection pour la rime, le refrain, la litanie.

- Les passages à citer :

1. a/ parallélisme des vers 1 et 2, répétés en refrain; répétitions parallèles des vers 5 et 6; les vers 29 et 30.
   b/ vers 5 et 6; 27 à 30; 33 à 36; 40 à 47;
   c/ vers 53 à 56.
2. a/ proverbe du vers 18; vers 35 et 42.
   b/ vers 5 et 6; 15 et 17; 22 et 23; 39; 48; 51.
   c/ le poème est construit sur deux rimes : une rime pauvre, simple assonance en A; une rime suffisante en EL. Par ailleurs, le vers impair de sept syllabes est plus proche de la chanson, car plus fluide.
   d/ des assonances en E, en A, en U, ou OU; des allitérations en P, R, L, K.

3. a/ les vers 3, 4 et 5 évoquant des récits de chevalerie; les vers 15 à 18; vers 27, 45 et 46;
b/ les vers 47 à 54;
c/ les vers 58 à 64.

5 Voltaire, Candide (1759)

- Plan de commentaire composé :

1. Les éléments du conte traditionnel.
a/ les caractéristiques formelles du conte : présence d'un narrateur; absence de tout réalisme historique ou géographique (un univers de convention).
b/ les personnages et les situations du conte : noblesse des personnages et du décor; amorce d'une intrigue romanesque.
2. L'ironie (le détournement du conte).
a/ des personnages et un décor grotesques : valeur comique des noms; description caricaturale des personnages (ils se réduisent à un trait démesurément grossi); contrastes constants entre les prétentions et la réalité.
b/ une morale du conte destructrice : critique sociale; critique philosophique (contre la philosophie optimiste inspirée par Leibniz).

6 Hugo, "Gros temps la nuit", Toute la lyre (1888)

- Utilisation indirecte de la mythologie antique :

1ère strophe : évocation de Poseïdon-Neptune, dieu de la mer, qui surgit du fond des eaux sur un char attelé de deux chevaux à la crinière d'or. Evocation d'Eole, dieu des vents, qu'il tient enfermé dans une caverne.
4ème strophe : évocation d'Héphaïstos-Vulcain, le dieu boiteux, forgeant les armes des dieux au fond des volcans. Il est assisté par les monstres que sont les Cyclopes.
5ème strophe : évocation du serpent monstrueux Typhon, sorti des entrailles de la Terre pour venger ses petits-fils, les Titans.
6ème strophe : évocation du mythe des sirènes, divinités de la mer, dont le chant merveilleux attirait les marins sur des écueils mortels.

- Plan de commentaire composé :

1. La description d'une tempête :
a/ violence des sensations : sonores; visuelles (couleurs et mouvements illustrés par le rythme et les sonorités des vers).
b/ lutte acharnée : des éléments naturels entre eux; de la nature contre l'homme.
2. Une vision mythologique et épique :
a/ métamorphose et personnifications des forces naturelles : les éléments sont symbolisés par des animaux monstrueux ou par des divinités de la mythologie antique.
b/ valeur morale et symbolique du combat : affrontements entre l'homme (porteur de progrès) et les forces aveugles de la nature : thème de la démence et du déchaînement. "La lutte de l'intelligence humaine avec les forces aveugles de la matière est le plus beau spectacle de la nature " (Hugo, Discours à la Chambre des députés de Paris, 1846).

7 Apollinaire, "Le Pont Mirabeau", Alcools (1913)

- Premier plan de commentaire composé :

1. Le thème du temps:
a/ un champ lexical particulièrement exploité;
b/ le mouvement du poème. Retour cyclique; rôle du refrain; jeu sur les temps verbaux.
2. Le thème de l'eau:
a/ un champ lexical particulièrement développé;

b/ l'image du pont;
c/ la fluidité du poème. Sonorités; rimes; rythme.
3. L'amour:
a/ vision pessimiste : opposition entre passé heureux et présent douloureux;
b/ une vision d'espoir : le souvenir des jours heureux demeure vivace.

- Deuxième plan du commentaire composé :

1. Le flux:
a/ la fuite du temps. Mouvement du poème; champ lexical développé;
b/ la fuite de l'eau. Thème de l'eau courante; fluidité des rimes, des sonorités, des rythmes.
2. La permanence :
a/ permanence du souvenir;
b/ permanence de l'espoir;
c/ image du pont.

8 Giono, <u>Regain</u> (1930)

- Plan de commentaire composé :

1. La lutte:
a/ un champ lexical développé;
b/ le mouvement du passage. Les étapes de la défaite de Panturle.
2. L'inversion des rôles:
a/ les métaphores animales pour l'homme;
b/ la personnification de l'eau.
3. La description subjective :
a/ la malédiction de la nature contre l'homme. Thème du pourrissement;
b/ une image obsessionnelle : la femme. La description traduit le délire de Panturle, poursuivi par son désir d'amour.

<u>Remarque</u> : La "maison aux soldats" fait allusion à la maison de prostitution où Panturle se rendait pendant son service militaire. La "carne qui pourrissait à la porte" désigne le renard que Panturle a capturé et suspendu à sa porte pour l'écorcher.

9 J. Gracq, "La Route", <u>La Presqu'île</u> (1970)

- Plan de commentaire composé :

1. Un voyage fantastique:
a/ indétermination spatiale et temporelle;
b/ indétermination des actions. Des acteurs indéfinis; des actions sans but (où mène cette marche?); des choses qui priment sur les êtres (les sujets grammaticaux des verbes sont des choses);
c/ rythme progressif de la phrase. Le rythme de la phrase illustre celui de la marche. En analysant le rythme de la première phrase selon les méthodes appliquées à la poésie, on obtient 6 / 6/ 6 / 8.
2. Un monde de contrastes et de métamorphoses:
a/ les contrastes : de sensations (couleurs contrastées; opposition de l'ombre et de la lumière); de matières (opposition du végétal et du minéral, du liquide et du solide); de thèmes (opposition de la vie et de la mort);
b/ les métaphores. Personnification de la route.
3. Un sens symbolique : le combat de l'homme et de la nature:
a/ importance du vocabulaire du combat;
b/ l'angoisse de mort. Thèmes de l'étouffement, du pourrissement;
c/ la route. Intermédiaire symbolique entre l'homme et la nature.

10 Ronsard,"Rossignol mon mignon", <u>Les Amours</u> (1555)
Verlaine, "Le Rossignol", <u>Poèmes saturniens</u> (1866)

Le commentaire peut être organisé de plusieurs façons : à partir d'un plan qui explique les ressemblances et les différences, comme l'indique le libellé de l'exercice, ou à partir d'un regroupement des remarques autour de quelques centres d'intérêt privilégiés. Nous donnons un exemple des deux formules.

- Premier plan possible (organisation logique) :

1. Ressemblances:
a/ le thème du rossignol. Lieu commun de la tradition littéraire (voir dans la mythologie grecque la légende de Philomène et de Procné; dans la littérature anglaise : Keats "Ode to a Nightingale");
b/ le thème de la mélancolie amoureuse. La référence à l'Absente (Ronsard, vers 4; Verlaine, vers 11); le décor aquatique (la saulaie - l'aune); le vocabulaire de l'amour (Ronsard, vers 8; Verlaine, vers 4); deux écritures périodiques assez proches (noter les enjambements : par exemple, Ronsard, vers 4-5; Verlaine, vers 9-10); même musique des E muets
2. Différences:
a/ le rôle du rossignol. Compagnon et complice chez Ronsard (un face à face dans le présent); symbole du souvenir amoureux chez Verlaine (un face à face avec le passé). Solitaire dans un cas, opposé aux oiseaux "criards" dans l'autre. Chez Verlaine, le souvenir fait naître le rossignol, chez Ronsard, le rossignol fait naître le souvenir;
b/ le rôle de la nature. Stabilité du décor posé par Ronsard; mobilité du "paysage intérieur" de Verlaine qui évolue de l'automne à l'été;
c/ l'image du poète. Thème du "dépit amoureux" opposé à la rêverie sur le "Premier Amour"; d'un côté, le jeu de la galanterie (l'amour répété), de l'autre le désir d'une virginité perdue (l'amour unique);
d/ la fonction du poème. Deux constructions différentes : le sonnet et ses articulations, les décasyllabes et leur enchaînement. La mise en scène d'un dialogue opposée à l'approfondissement d'une méditation intérieure.

- Deuxième plan possible (organisation thématique) :

1. Le thème du rossignol:
a/ un motif littéraire : le chant du rossignol;
b/ les éléments de la scène amoureuse. Le désir de l'absente; le décor.
2. La structure dramatique:
a/ le rapport entre le poète et l'oiseau. De l'oiseau-compagnon à l'oiseau-souvenir
b/ l'évolution des deux poèmes. Du dialogue au drame intérieur; une nature-décor d'un côté, une nature-symbole de l'autre.
3. La mélancolie amoureuse:
a/ la conception de l'amour. Thème du "dépit amoureux" ou du "Premier Amour";
b/ le mélange des sentiments. Tristesse et gaieté chez Ronsard; angoisse et apaisement chez Verlaine.

23. La contraction de texte

(Manuel, pp. 189 - 197)

EXERCICES

1 Péguy, L'Argent (1913)

Situation de l'extrait (Ed. Gallimard, 1957, Bibliothèque de la Pléiade, pp. 1049 - 1050) : le texte appartient au début de L'Argent, où Péguy évoque son enfance à Orléans : "Nous avons été élevés dans un tout autre monde. On peut dire dans le sens le plus rigoureux des termes qu'un enfant élevé dans une ville comme Orléans entre 1873 et 1880 a littéralement touché à l'ancienne France, l'ancien peuple, le peuple tout court, qu'il a littéralement participé de l'ancienne France, du peuple. On peut même dire qu'il en a participé entièrement, car l'ancienne France était encore toute, et intacte. La débâcle s'est faite si je puis dire d'un seul tenant, et en moins de quelques années". (op. cit., p. 1047). L'Argent est un des plus célèbres des Cahiers de la Quinzaine (février 1913) : à travers ses souvenirs d'enfance, Péguy y exalte la grandeur de l'école laïque des années 1880.

● Le texte se divise en deux parties. La coupure se situe à la fin du troisième paragraphe.
1. Partie descriptive (point de vue social et économique) : le travail présent n'a pas la valeur du travail passé.
2. Partie explicative : 2.1. Explication morale : la joie des ouvriers d'autrefois n'existe plus actuellement.
2.2. Explication historique : le respect des traditions anciennes n'existe plus aujourd'hui.

● Sur le rôle logique des anaphores, voir ce que nous avons noté plus haut (chap. 19, ex.13). La correspondance qui relie "chantier" et "chantait" est d'abord de l'ordre du signifiant; mais elle produit bientôt une relation intellectuelle entre l'idée du travail et celle de la joie et elle est à l'origine, dans le quatrième paragraphe, des formules qui réunissent "travailler" et "chanter", "aller" et "chanter". La paronomase est génératrice du mouvement textuel.

● Le texte est difficile à contracter à cause de ses répétitions. Le résumé essayera de les éviter et de structurer un raisonnement dont la logique est dissimulée. Malheureusement, les effets propres à la rhétorique de Péguy disparaîtront en grande partie...

Résumé : Du temps de notre enfance, les ouvriers travaillaient dans la joie, alors qu'aujourd'hui on vit dans une contestation perpétuelle. Et pourtant, on ne gagnait pas beaucoup d'argent. Mais il y avait partout une aisance matérielle et une finesse intellectuelle bien éloignée de l'état d'esprit bourgeois qui caractérise l'époque actuelle.

Ainsi la vie s'écoulait-elle dans l'harmonie.

Comment expliquer l'envie de travailler que possédaient ces ouvriers? Il y avait en eux une conscience religieuse devant l'ouvrage que la société moderne a perdue. Et puis, ils respectaient des traditions artisanales qui remontaient au Moyen Age et étaient profondément ancrées en eux. (108 mots)

2 R. Barthes, Mythologies (1957)

Situation de l'extrait (Ed. du Seuil, 1957, pp. 63 -65) : de tous les textes cités dans ces exercices, c'est le seul qui soit intégral. Il s'agit, en effet, d'un chapitre entier de Mythologies, ce recueil où Roland Barthes (1915 - 1980) a rassemblé des articles qu'il a écrits entre 1954 et 1956, et où il analysait les différents aspects de la vie quotidienne en France à cette époque.

● L'explication des expressions proposées nécessite une double démarche :
a/ le relevé des mots-clés, dont la signification est essentielle dans le mécanisme du texte (mythes/techniques; littéralement, que Barthes souligne, d'ailleurs; fonctions adultes), puis le relevé des mots qui doivent être expliqués pour eux-mêmes (préfigurer, posthume);
b/ l'intégration de ces explications partielles dans un commentaire général de la phrase.

● Beaucoup d'exemples apparaissent dans le deuxième et le troisième paragraphe du texte de Barthes. Les énumérations doivent être supprimées, mais on ne peut supprimer tous les exemples : l'exemple des poupées dans le troisième paragraphe joue un rôle important et doit être conservé. Ainsi dans le résumé proposé, on éliminera : semblable à une tête de Jivaro; les mythes et les techniques (...) l'Aviation; il devient "pantouflard" et n'a même pas à inventer les "ressorts de la causalité adulte". Est également inutile le dernier paragraphe du résumé, qui constitue une addition et fait dévier la contraction vers la discussion.

3 E. Sullerot, Droit de regard (1970)

Situation de l'extrait (Ed. Fayard, 1976, pp. 124 - 125 et p. 129) : Droit de regard est un recueil d'articles, où l'auteur développe le point de vue d'une femme sur les grands thèmes de discussion du monde contemporain. Notre extrait appartient à la troisième partie de l'ouvrage, qui porte sur "la mode"; il constitue une partie d'un long article intitulé "A la mode des genoux"; le dernier paragraphe est séparé des précédents par plusieurs pages de texte.

Evelyne Sullerot (née en 1924) est une sociologue qui s'est toujours intéressée aux problèmes de la femme. Elle a publié en 1968, Histoire et sociologie du travail féminin, et en 1978, Le Fait féminin.

• Mode et folklore, structure et changement s'opposent par rapport à la notion de "temps" : le folklore dépend d'une tradition, d'une structure sociale permanente; la mode, au contraire, suppose l'innovation, le changement des structures sociales. Ces oppositions, ainsi que les syntagmes antithétiques, phénomène de classe/ phénomène de masse, à la fin du deuxième paragraphe, cernent progressivement la notion de mode, dans sa réalité historique et sociale. Celle-ci est définie clairement comme un phénomène moderne propre à la civilisation occidentale capitaliste, et révélateur des conflits qui la traversent.

• Il est possible de présenter la progression logique du texte de plusieurs façons. Ainsi :

1. Origine historique de la mode. 1.1. Dans les sociétés traditionnelles (§ 1),
   1.2. Dans les sociétés démocratiques (§ 2),
2. Situation présente de la mode. 2.1. Par rapport à l'économie (§ 3);
   2.2. Par rapport à un groupe social : les adolescents (§ 4).

Deuxième découpage possible :

1. Réalité historique de la mode. 1.1. Dans les sociétés traditionnelles (§ 1),
   1.2. Dans les sociétés démocratiques (§ 2),
2. Réalité économique de la mode (§ 3).
3. Réalité sociale de la mode : la mode des adolescents (§ 4).

Voici encore une présentation possible :

1. Les sociétés qui ignorent la mode (§ 1).
2. Les sociétés de la mode. 2.1. Aspects historiques de la mode (§ 2),
   2.2. Aspects économiques (§ 3),
   2.3. Aspects sociaux : la mode des adolescents (§ 4).

• On voit que le plan d'un texte (surtout d'un extrait, qui est une composition artificielle) est une organisation logique qui vaut par sa cohérence interne. Les trois plans que nous proposons ne se contredisent pas, mais ils adoptent des langages différents. Il est évident qu'un résumé dépend étroitement, dans sa formulation, du plan qui a été choisi. Le résumé qui suit a été fait à partir du premier découpage .

Résumé : Analysons les problèmes posés par la mode. Les sociétés traditionnelles ignorent la mode : chez elles, les différences vestimentaires renvoient à une différence de structures sociales; le vêtement témoigne de la permanence d'une tradition. Dans les sociétés démocratiques, au contraire, qui vivent sous le signe du progrès, la mode prend une importance de plus en plus grande elle constitue un phénomène à la fois social et économique. D'abord limitée à une classe de privilégiés, elle sert à marquer la hiérarchie sociale; puis, peu à peu, elle s'étend et devient un phénomène de masse. Mais des variations individuelles sont toujours permises.

Par ailleurs, la relation entre la mode et l'économie est essentielle : le renouvellement périodique des choix vestimentaires permet à tout un réseau économique de fabrication et de distribution de prospérer. L'exemple de la jeunesse est particulièrement révélateur : les adolescents constituent un groupe de consommateurs important : socialement, ils reflètent le désir d'uniformisation qui caractérise la société démocratique. (161 mots).

4 E. Ionesco, Antidotes (1977)

Situation de l'extrait (Ed. Gallimard, 1977, pp. 11 - 13) : Antidotes est un recueil d'articles écrits par Ionesco entre 1960 et 1976 (extraits du Figaro, des Nouvelles littéraires, du Monde, de L'Express, etc...), et portant sur la culture moderne, le théâtre, mais aussi sur les événements politiques du monde contemporain. Le texte proposé en résumé ("Oser ne pas penser comme les autres" : le titre est de Ionesco) est tiré de l'Introduction; il présente la philosophie générale de l'écrivain.

• a/ Les systèmes de clichés, les idées reçues : désignant une copie obtenue par gravure ou photographie, le mot cliché a pris le sens imagé d'idée ou expression trop utilisée; synonyme, dans cette acception, d'"idée reçue" (ou préjugé). "Systématisés", les clichés forment des ensembles intellectuels dont les éléments sont reliés les uns aux autres et s'entraînent logiquement (une idée reçue en évoque une autre; c'est le processus du bavardage et de la conversation). Ionesco évoque aussi la pensée majoritaire fondée sur des idées toutes faites, et s'opposant à la réflexion critique des véritables penseurs.
b/ Un dramatique terrorisme intellectuel et sentimental : violence exercée par une majorité sur la pensée et les sentiments d'un individu. Pour Ionesco, cette pression de la masse sur l'individu est nuisible car elle entretient le conformisme intellectuel. Cet argument reprend une idée du 1er paragraphe : ne pas penser comme les autres implique un véritable courage.

• Les expressions entre guillemets sont celles des adversaires de Ionesco. Ces derniers prônent la pensée de masse, au nom d'idéaux collectifs. Les penseurs critiques sont au contraire présentés comme des marginaux sans influence (quelques-uns, solitaires...).

• Plan de l'argumentation du permier paragraphe :
1. La pensée véritable est singulière.
2. La pensée majoritaire : 2.1. Elle est soumise aux préjugés et aux impulsions;
   2.2. Elle domine car elle donne conscience et s'exerce sans aucun risque.
3. La pensée solitaire : 3.1. Elle est seule source de progrès pour l'homme;
   3.2. C'est pourquoi il faut "oser ne pas penser comme les autres".

Résumé : La pensée véritable est une pensée singulière, car penser comme tout le monde signifie en fait céder à des stéréotypes ou à des impulsions. Si la majorité se satisfait cependant de cette absence d'esprit critique, c'est parce qu'elle y trouve un intérêt moral et qu'elle manque de courage. Pourtant, c'est grâce à quelques solitaires que l'humanité peut progresser, car toute vérité admise collectivement doit a son tour être remplacée. J'ai donc raison de penser différemment des autres.

D'ailleurs, la prétendue collectivité n'est que la juxtaposition des différents milieux qui exercent un pouvoir arbitraire sur les individus qui les composent. Ainsi ai-je fait l'expérience qu'en changeant de milieu, on peut rencontrer une foule de gens qui partagent vos idées. La solitude absolue n'existe donc pas, bien qu'il soit souhaitable de la rechercher contre toute forme de conformisme intellectuel. (151 mots)

5 J. Cazeneuve, La Vie dans la société moderne (1982)

Situation de l'extrait (Ed. Gallimard, 1982, Coll. "Idées") : l'ouvrage de Jean Cazeneuve se compose d'une série d'essais analysant différents aspects des rites, des structures et des mentalités sociales du monde moderne. Le texte proposé en résumé est extrait du chap. 2, intitulé "Fêtes et mascarades". L'analyse sociologique qu'entend pratiquer l'auteur consiste, comme il l'explique lui-même, à examiner un à un divers aspects de la vie d'une société, à tâcher de les décrire, d'en trouver les tenants et les aboutissants. En procédant ainsi par petites touches, on peut espérer proposer à la fin une vue d'ensemble qui ne souffre en principe d'aucun parti pris a priori et qui peut suggérer de libres réflexions". (Avant-Propos, pp. 9 - 10).

Jean Cazeneuve, (né en 1915), est universitaire et sociologue. Il est l'auteur de différents ouvrages portant notamment sur la médiocrité de la "culture de masse" et sur les problèmes posés par la "consommation" de la télévision (voir, par exemple, Bonheur et civilisation, Gallimard, 1966).

• Explication d'expressions.

a/ Masque social : l'image désigne les règles de comportement qu'une société impose aux individus (respect des lois morales, politesse, contraintes du travail...). Celles-ci constituent un masque, parce qu'elle émanent non de la personnalité de chacun, mais de la société dans laquelle on vit. N.B./ A la fin du paragraphe, le mot "masque" n'a plus son sens imagé; il évoque les déguisements de la fête.

b/ Personnage mythique : personnage imaginaire. Cette phrase représente l'argument essentiel du 1er paragraphe, qui se fonde sur l'opposition entre la réalité sociale (le quotidien) et la création imaginaire (la fête).

c/ La fête se désacralise : elle perd ses liens avec le sacré. Cette idée constitue le premier argument du 2ème paragraphe, nuancé plus loin ("Même laïcisé... comme d'autres le croient").

d/ Maintenir la cohésion sociale : consolider les liens qui unissent les différentes parties de la société (individus et classes sociales). Cette idée représente le 2ème argument du 2ème paragraphe, qui explique le recul de la fête par l'affaiblissement des traditions et l'éclatement des sociétés.

• L'argumentation du texte.

1er paragraphe : le passé. Référence aux fêtes traditionnelles telles qu'elles ont existé depuis l'Antiquité.

2ème paragraphe : le présent. La fête actuelle a perdu son caractère sacré, elle tend à disparaître.

3ème paragraphe : l'avenir. Réflexion sur la renaissance ou le remplacement de la fête dans les sociétés contemporaines.

Résumé : a/ Pour le résumé du 1er paragraphe, éliminer :

- le contenu de la parenthèse, formée d'exemples inutiles;
- les expressions reprises du texte, et trop précises ("le bruit et l'agitation").

Le résumé de ce paragraphe aura alors 51 mots; le résumé complet comportera environ 150 mots (1/4 du texte).

b/ Suite possible du résumé :

Ainsi la fête perd ses liens avec le sacré, mais elle continue à traduire la volonté d'échapper à la réalité dans un monde dominé par l'absence d'idéal. Pourtant, on constate un recul des festivités, dû au relâchement des liens sociaux dont la fête était à la fois l'expression et le garant.

Pour l'avenir, on ne peut prétendre faire de la vie quotidienne une fête perpétuelle, l'une et l'autre étant antagonistes. Mais on ne peut pas non plus considérer que les activités de loisirs la remplaceront : car les réjouissances collectives expriment en l'homme un désir de dépassement (au total : 154 mots).

6 R. Mathé, L'Aventure (1972)

Situation de l'extrait : le texte est extrait (avec quelques coupures) de la conclusion d'une étude sur le thème de l'"aventure", publiée chez Bordas, dans la Collection "Univers des Lettres" (1ère éd. en 1972, éd. revue en 1985). L'auteur, Roger Mathé, est un universitaire.

• Explication d'expressions.

a/ Frustrer : priver quelqu'un d'un bien essentiel auquel il a droit; provoquer ainsi un sentiment d'insatisfaction ("frustration"). N.B./ On attirera l'attention des élèves sur la confusion possible avec le paronyme "fruste" (= grossier, rude).

b/ Pittoresque : d'abord adjectif, ce mot signifie "digne d'être peint". Comme substantif, il désigne le caractère remarquable d'un spectacle ou d'un objet. La phrase exprime un des arguments majeurs du texte : la monotonie de la vie moderne ne permet pas à l'homme d'assouvir son besoin d'aventure.

c/ Une situation... immobilisme : - conformisme : attitude de l'individu qui se soumet passivement aux idées et aux usages de son milieu;
- immobilisme : attitude qui consiste à refuser le progrès.

Dans le texte, le mot situation signifie emploi, rang élevé dans la hiérarchie sociale. Mais l'auteur prend aussi le mot dans son sens étymologique de "position dans l'espace", ce qui lui permet de le rattacher aux termes de stabilité et d'immobilité. Ces caractéristiques objectives impliquent alors, selon l'auteur, le refus de l'originalité (conformisme) et du progrès (immobilisme, déduit de immobilité).

Résumés : Le désir d'aventure est un trait humain. Mais face aux obstables psychologiques ou matériels, on préfère rêver l'aventure plutôt que de la vivre Ainsi la littérature ou le cinéma permettent-ils aux hommes, quels que soient leur âge ou leur statut social, de compenser par l'imagination la monotonie de leur existence. Ce fut d'ailleurs, de tout temps, une des fonctions essentielles de la poésie épique.

Notre époque a réduit à néant les possibilités d'une aventure réelle. L'immensité de l'espace ne recèle plus aucune part d'inconnu et la civilisation s'étend sur l'ensemble du globe, avec ses règles et ses stéréotypes. L'existence individuelle elle-même est codifiée : l'être humain se voit privé de la liberté et de l'originalité, constituants essentiels de l'aventure. (134 mots).

- L'aventure rêvée permet de compenser la monotonie de la vie, à travers la littérature ou le cinéma. C'est grâce à l'imagination que les hommes de notre époque peuvent satisfaire leur désir d'inconnu, alors que la Terre entière est soumise à l'emprise d'une civilisation industrielle hégémonique. L'individu lui-même se voit privé de la liberté et de l'originalité indispensables à l'aventure. (69 mots).

- les hommes ont toujours assouvi dans l'imaginaire leur désir d'aventure. Mais aujourd'hui, le monde ne leur offre malheureusement que cette seule possibilité. (25 mots).

- Titre : "L'Aventure, rêve et réalité".

24. La discussion

(Manuel, pp. 198 - 202)

EXERCICES

1 C. Péguy, L'Argent (1913)

- Commentaire de texte.

• "Et aujourd'hui tout le monde est bourgeois", écrit Péguy à deux reprises. Il est clair que dans le texte, la notion de "bourgeois" n'a pas un sens politique, mais un sens moral : le bourgeois est celui qui s'occupe des questions d'argent. Etre bourgeois est un état d'esprit, pour Péguy, non une position sociale. "L'ouvrier", au contraire, est défini par rapport à son activité : c'est celui qui est relié au "chantier", qui appartient à un "corps de métier". Péguy ne parle donc pas de l'ouvrier d'usine : il fait référence à l'artisan, à l'ouvrier qui est sans doute soumis à un patron dans bien des cas, mais qui maîtrise la tâche qu'il exécute. En dernier ressort, l'exigence morale vient compléter le portrait qui est tracé : l'ouvrier (idéal) est celui qui "honore" son travail, qui lui accorde tout son "coeur" et sa "piété".
"L'ouvrage" est le résultat du travail et son but : ce qui est accompli par une énergie à la fois sentimentale (grâce au chant) et physique, par des gestes répétés conformément à une tradition (voir l'allusion finale au métier qui fut celui de la mère de Péguy, le rempaillage des chaises).

• Le thème central du texte est moins le travail que la joie dans le travail. Péguy parle de façon abstraite des ouvriers qu'il évoque. Il n'étudie aucune activité manuelle précise. Son attention se porte sur des attitudes. Il cherche à retrouver une cohérence morale, et à décrire un état spirituel. La comparaison avec l'époque des cathédrales donne au texte une résonance religieuse. Deux pages après l'extrait que nous citons, la méditation de Péguy se conclut par des formules très fortes, qui définissent le travail comme une prière : "Ils disaient en riant, et pour embêter les curés, que travailler c'est prier, et ils ne croyaient pas si bien dire. Tant leur travail était une prière. Et l'atelier un oratoire" (op. cit., p. 1052).

• Ce dernier paragraphe du texte pose le problème de l'évolution historique des sociétés. A la société de tradition orale, dominée par une mentalité religieuse, que Péguy évoque dans ses souvenirs d'enfance, a succédé une autre société, qui remet en cause les traditions. Un autre état d'esprit a surgi, qui accorde moins d'importance au passé et accepte plus volontiers les conflits sociaux. C'est ce que Péguy ne peut supporter. Il fait preuve d'un refus devant les changements qui a quelque chose d'étonnant pour une conscience moderne. Faut-il le condamner? Cela n'aurait guère de sens... Mais il faut quand même ajouter qu'une telle attitude était encore défendable en 1913, à une époque où la France ignorait presque entièrement le travail industriel : elle l'est beaucoup moins de nos jours, après les descriptions de la condition ouvrière que nous ont laissées Simone Weil (La Condition ouvrière, 1951) ou Georges Friedmann (Le Travail en miettes, 1956).

- Sujets de discussion.

Sur le thème de la joie dans le travail, deux directions sont possibles pour la réflexion.

1. Première opposition de concepts : artisan/ouvrier; liberté/dépendance.
a/ La position de Péguy concerne en fait le travail de l'artisan. Ce dernier peut éprouver du bonheur dans son activité, car il est libre et maîtrise tous les stades

d'un travail conçu comme une action sur le monde : - maîtrise de son temps,
- maîtrise de toutes les étapes de la fabrication de l'objet,
- maîtrise de l'objet fini, don[illegible] la réussite conditionne la valeur marchande.

b/ Au contraire, l'ouvrier de l'industrie moderne ne peut retirer aucune satisfac- tion individuelle d'un travail qui fait de lui une machine. Le travail à la chaîn[illegible] se caractérise, en effet, par : - des gestes simples et répétitifs (opposition entre une action simple/une action complexe),
- l'absence d'une vue d'ensemble de l'objet à produire (opposition entre la partie/et le tout),
- l'absence de lien entre la qualité de l'objet fini et le salaire de l'ouvrier.

2. Deuxième opposition de concepts : point de vue moral/point de vue historique e[illegible] social.

a/ D'un point de vue moral, on peut considérer que Péguy a raison. Sa position rejoint celle des psychologues ou des psychiatres modernes, qui ont découvert la valeur thérapeutique de travail (pratique de l'ergothérapie).

b/ D'un point de vue historique et social, la position de Péguy est difficilement acceptable. Elle néglige la réalité du travail aliénant. Elle correspond à une civilisation pré-industrielle qui n'est plus la nôtre aujourd'hui.

3. Sujet à extraire du 1er paragraphe du texte : "Le travail procure-t-il le bonheur?". Plan possible (voir les remarques qui précèdent) :

A - Analyse du sujet :

a/ situation historique de la pensée de péguy : distinction à établir entre l'ouv[illegible] et l'artisan; la valeur idéologique et morale du travail dans la philosophie du XVIIIème siècle (cf. *Candide*, chap. 30);

b/ la joie dans le travail, exemples littéraires : voir *La Bête humaine*, de Zola (Jacques Lantier amoureux de sa locomotive), *Regain*, de Giono (la renaissance par le travail : Panturle; ou la mort quand le travail cesse : Gaubert).

B - Discussion :

Oui, d'un point de vue moral : le thème du divertissement pascalien peut être rep[illegible] dans ce sens (le travail est une façon positive de résoudre la question de l'ango[illegible]se existentielle).

Non, d'un point de vue historique et social : ignorance de la réalité du travail aliéné; caractère utopique de la pensée de Péguy, qui rêve à une société non ind[illegible]trielle, comme Giono à une société agricole.

2 R. Barthes, "Jouets", *Mythologies* (1957)

- Commentaire de texte : étude de l'argumentation (la logique des arguments, les obj[illegible]tions possibles contre la thèse de l'auteur).

● Etude de l'argumentation du texte.

Le 3ème paragraphe dégage une conséquence de la constatation effectuée dans le 2è[illegible] paragraphe : les jouets imitent le monde adulte; ils servent donc à conditionner l'enfant. Dans le 3ème paragraphe, Barthes oppose l'enfant-créateur et l'enfant-u[illegible]ger (ou propriétaire) : tandis que le premier invente un univers original à parti[illegible] de ses jouets, le deuxième se contente d'être l'utilisateur de produits achevés, déjà bien intégrés dans la causalité du monde adulte.

Après avoir étudié le sens des formes des jouets, Barthes s'intéresse à leur subs[illegible]ce, dans le 4ème paragraphe.

● Eléments de discussion.

Thèse de Barthes : le jouet conditionne l'enfant à accepter l'univers adulte.

A/ Illustration de la thèse.

a/ Une sélection rigoureuse interdit aux garçons les jouets dits de filles, et vic[illegible] versa. Cette différenciation fondée sur le sexe montre clairement que le choix des jouets est le fruit de préjugés culturels : voir à ce propos E.G. Belotti, *Du côté des petites filles*, Ed. Des Femmes, 1974.

b/ De manière générale, les jeux reflètent la société qui les produit, et contribuent à former la collectivité à un certain type de réaction. C'est pourquoi on peut étudier une société en observant les jeux qui s'y pratiquent prioritairement.

Par exemple, l'importance du golf en Angleterre est en corrélation étroite avec l'extrême honnêteté du contribuable anglais à l'égard du fisc : le golf est en effet un jeu où chacun peut tricher, mais qui perd tout intérêt si l'on triche! (exemple donné par R. Caillois, dans *Les Jeux et les Hommes*, 1958).
B/ Limites de la thèse.
a/ La pratique ludique est souvent une activité compensatoire. Loin de reproduire l'activité réelle, certains jeux servent au contraire de dérivatifs, puisqu'ils appartiennent à l'univers de la fiction. D'où l'attitude opposée que peuvent avoir les parents à l'égard des jouets guerriers que manipulent leurs enfants : sont-ils une incitation à la violence ou permettent-ils une libération de l'agressivité??
Voir encore les thèses de R. Caillois, *op. cit.*.
b/ L'enfant, très éloigné des modes de pensée logique de l'adulte, intègre naturellement ces éléments du monde adulte à son propre univers, dominé par une causalité animiste et non rationnelle. Voir B. Bettelheim, "Le Besoin de magie chez l'enfant", *Psychanalyse des contes de fées*, Hachette, 1976, pp. 85 - 88.

- Baudelaire, "Morale du joujou" (1853)

Le texte de Baudelaire part d'un souvenir d'enfance de l'auteur; puis il développe une réflexion sur le jouet et le jeu, entrecoupée par un récit qui sera repris dans les *Petits Poèmes en prose*, sous le titre "Joujou du pauvre".
L'analyse de Baudelaire annonce celle de Barthes sur plusieurs points :
- l'importance accordée au jouet comme élément essentiel pour la formation de l'enfant;
- la distinction entre les jeux d'imitation (les fillettes jouant "à la dame" paraissent odieuses à Baudelaire) et les jeux d'imagination, où l'enfant exerce à partir de rien cette "démiurgie" dont parlera Barthes;
- l'intérêt porté à la matérialité du jouet, avec (chez Baudelaire) une prédilection pour les couleurs;
- la préférence accordée au jouet de fabrication simple, que Baudelaire appelle le "joujou primitif".

Mais il faut noter plusieurs différences avec l'analyse de Barthes (différences qui ne constituent pas à proprement parler des oppositions, mais apparaissent comme le développement d'autres points de vue) :
- une attention plus grande portée à la psychologie de l'enfant. Baudelaire relève en particulier cette faculté qu'a l'enfant d'annexer n'importe quel jouet, même sophistiqué, à son propre univers. Cette liberté fondamentale reconnue chez l'enfant donne à la réflexion baudelairienne une dimension optimiste que n'a pas le texte de Barthes;
- la relation entre l'enfant et ses parents est analysée avec précision. Baudelaire met en évidence l'impérialisme qu'exercent les parents sur l'univers de l'enfant;
- la dimension sociologique du jouet apparaît nettement : le jouet cher est une marque de distinction sociale pour les parents. Face au jouet, les enfants pauvres ne sont pas les égaux des enfants riches.

3 E. Sullerot, *Droit de regard* (1970)

● Le 1er paragraphe du texte, qui montre que la mode n'existe pas dans les sociétés traditionnelles, est fondé sur l'opposition entre l'*expression individuelle*, caractérisée par la diversité, et l'*expression d'une société*, caractérisée par des structures fixes.
La notion de société est développée par les termes suivants : *rôles*, *sexe*, *rang*, *fonction*, *groupe*, *tradition du groupe*, *clan*, *structure*, *stabilité*. La deuxième partie du texte étudie la valeur sociale et économique de la mode dans nos sociétés démocratiques. La mode se présente alors comme un mélange d'expression individuelle (les sociétés démocratiques étant fondées sur le primat de l'individu) et d'expression collective (les contraintes économiques et la tendance sociale à l'uniformisation faisant de la mode un phénomène de masse).

● On peut parler d'un "paradoxe de la mode" si l'on examine sa signification psychologique. Les motivations de ceux qui suivent la mode oscillent entre un désir de conformisme social et un désir d'expression personnelle et de différenciation. Etre à la mode, c'est, en effet, d'abord satisfaire un besoin de se fondre dans une communauté, de s'identifier à un groupe. Mais parallèlement, la mode correspond aussi à un désir de se singulariser, de se faire remarquer en exprimant sa personnalité. Par exemple, chez les jeunes, la mode vestimentaire fonctionne comme un signal de reconnaissance : être habillé "punk" ou baba-cool", c'est à la fois se faire reconnaître et accepter par les membres du groupe qui suivent la même mode (désir d'approbation et de sécurité, désir de conformité) et se distinguer par rapport aux autres (désir de singularité et d'expression personnelle).

• L'opposition entre mode et rites vestimentaires n'est pertinente que dans une certaine mesure. Certes, la mode suppose le changement, tandis que les rites vestimentaires, pour fonctionner comme symboles et instruments de reconnaissance sociale, doivent rester fixes. Mais la mode n'est dominée par la diversité et le changement qu'en apparence. Tout d'abord, les rythmes de la mode sont beaucoup plus lents qu'on ne pourrait le croire. J. Stoetzel montre qu'on doit "distinguer, d'une part des variations dans la silhouette d'ensemble, qui change tous les cinquante ans (avec par conséquent une période de l'ordre du siècle), et d'autre part des variations de menus détails, qui donnent l'impression de l'instabilité. En réalité, la mode se déplace entre deux types, l'un qui fait figure de type permanent à une période donnée (pour nous, la jupe large, longue, la taille étroite et placée au-dessus des hanches), l'autre, opposé, qui fait figure d'aberration (jupe étroite, courte, taille large, remontée ou descendue). Si l'on étudie la variabilité des mesures pendant une durée déterminée, on voit que le type permanent est stable, tandis que le type aberrant est instable pendant cette durée". (La Physionomie sociale, Flammarion, 1963, p. 245). D'autre part, la mode, loin d'exprimer de pures variations individuelles, exprime, comme les rites vestimentaires, l'esprit d'une société et d'une époque données. Il y a, en effet, une correspondance souvent étroite entre le style et les goûts en matière artistique (architecture, peinture, musique...) et les goûts en matière de costume.

• En affirmant que la mode, phénomène de classe, est devenue un phénomène de masse E. Sullerot ne fait que constater la démocratisation de nos sociétés. Il y a un si. le vêtement renvoyait à une classification sociale stricte; de nos jours, le vêtement n'a plus pour fonction d'opposer les différentes catégories socio-professionnelles, il renvoie plutôt à une psychologie individuelle. On peut à ce propos citer le mot de La Fayette arrivant à New York : "Où est le peuple? Je ne vois que des gens bien mis".
Grâce à la démocratisation du vêtement, l'être individuel ne se confond plus avec sa fonction sociale; la communication entre individus y gagne en authenticité. Pourtant la mode n'est pas libérée de toute signification sociale; elle continue à fonctionner comme un code extrêmement rigide. C'est ce que montre Leroi-Gourhan "Il est facile, dans notre code, d'imaginer un homme qui porterait des éperons sur des espadrilles, une soutane et un chapeau de paille garni de fleurs. Son retrait rapide de la circulation sociale serait la meilleure preuve de la rigidité de notre système de référence. Chaque individu, masculin ou féminin, quoique enveloppé dans un complet-veston ou une robe, porte un certain nombre d'insignes qui permettent, par la couleur de sa cravate, la forme de ses chaussures, le décor de sa boutonnière, la qualité du tissu, le parfum dont il use, de le situer avec une grande précision dans l'édifice social. Ce qui est vrai de notre société l'est tout autant en Mélanésie, chez les Esquimaux ou en Chine. La parure a avant tout une valeur ethnique, l'appartenance au groupe est d'abord sanctionnée par le décor vestimentaire. Prendre un vêtement européen est depuis un siècle la marque de l'acheminement vers la civilisation, un symbole de l'assimilation d'une personnalité sociale idéalement humaine, mais à l'inverse les dernières bribes du sentiment d'appartenance intime à un groupe s'accrochent au costume folklorique, vestige de la livrée particulière des occupants d'un territoire cohérent". (Le Geste et la Parole, A. Michel, 1965, p. 188).

4 E. Ionesco, Antidotes (1977)

• Les effets stylistiques que constituent les images d'un texte ne sont pas à reprendre dans un résumé. La reformulation doit donc éliminer la comparaison finale "comme des vêtements de confection". Reformulation proposée : "Pourquoi les autres n'exercent-ils pas leur esprit critique face à une pensée stéréotypée?".

• Le fonctionnement de ce texte à valeur polémique repose sur de constantes oppositions :
- 1er paragraphe : opposition entre originalité et conformisme; entre majorité et minorité; entre vérité et erreur;
- 2ème paragraphe : opposition entre individu et société;
- 3ème paragraphe : opposition entre solitude relative et solitude absolue.
Sujets possibles : l'anticonformisme est-il obligatoirement marginal? Quelle est la place de l'individu dans une société?

• Les deux phrases qui suivent cette affirmation la développent : l'histoire progresse quand une minorité éclairée devenue majorité est à son tour remplacée. Voir de ce point de vue l'exemple des révolutions politiques dans une société; ou encore l'importance des "grands hommes solitaires" dans les découvertes scientifiques (cas de Galilée condamné pour des théories qui seront ensuite admises).

• Plan proposé :
1. Le bonheur est compatible avec la solitude.
a/ Point de vue philosophique (opposition entre morale individuelle et vie sociale) : le vrai bonheur est une ascèse individuelle à laquelle toute vie sociale fait obstacle. Voir les philosophies antiques et en particulier la philosophie épicurienne et la maxime : "Pour vivre heureux, vivons cachés".
b/ Point de vue psychologique (opposition entre être et paraître) : le bonheur est une expérience intérieure, il ne coïncide pas forcément avec l'apparence. Voir l'exemple des vedettes mythiques du monde du spectacle et du cinéma, qui "possèdent tout pour être heureuses" et peuvent cependant éprouver une réelle souffrance intérieure.
c/ Point de vue psychologique (opposition entre sentiments et conventions sociales) : les conventions sociales sont souvent un obstacle au bonheur, en particulier au bonheur amoureux vécu dans l'intimité à deux. Voir les mythes de Tristan et Yseult, Roméo et Juliette.
d/ Point de vue historique et sociologique (opposition entre génie solitaire et foule ignorante) : l'histoire des sciences ou l'histoire de l'art mettent en évidence le rôle des génies solitaires. Voir le mythe du poète maudit au XIXème siècle (Baudelaire, Verlaine, Rimbaud) : pour accéder à la vérité artistique et au bonheur, l'artiste doit accepter d'être rejeté et incompris de ses contemporains.
2. Le bonheur ne peut cependant pas être lié à l'exclusion (= redéfinition du mot solitude).
a/ Point de vue historique (opposition entre homme et animal). Les êtres humains ont toujours formé des sociétés organisées. La solitude absolue est un accident, non un état souhaitable. Voir l'histoire de Robinson Crusoë.
b/ Point de vue psychologique : l'homme est un être de langage. C'est par la communication avec ses semblables que l'enfant devient un homme. Voir (a contrario) le cas des enfants-loups.
c/ Point de vue sociologique : même en matière artistique, l'exclusion a ses limites, car toute création implique un échange entre l'artiste et son public (même si la rencontre est différée).

5 J. Cazeneuve, La Vie dans la société moderne (1982)

• Reformulations :
- la fête devient profane,
- la fête a-t-elle encore une dimension symbolique et religieuse?

• Discussion.
Documents
1. Développement du point de vue de l'auteur : les mêmes thèmes développés par un autre texte de J. Cazeneuve : "Dans les fêtes primitives, qui souvent présentent un caractère de grande sauvagerie, et qui sont en même temps des rituels intégrés dans un contexte magico-religieux, on observe très souvent que sont abolies, transgressées volontairement les règles les plus sacrées de la tribu, et notamment les tabous. (...) Dans l'Antiquité, de nombreuses festivités, notamment les Saturnales, en témoignaient visiblement, de même qu'au Moyen Age la "fête des fous" au cours de laquelle on voyait des prêtres et des bourgeois ridiculiser la liturgie. Ainsi

encore, chez les Indiens Zunis, les clowns sacrés se moquaient ouvertement des dieux. Et, chez nous, le carnaval a longtemps gardé ce caractère de rébellion ouverte et permise contre toutes les règles. (...) (La fête) est un moyen de réagi contre l'engourdissement dans lequel le respect prolongé des traditions risque de plonger la collectivité. A la longue, le maintien des routines finit par produire une usure, une accumulation d'impureté. La fête est une sorte de coup de balai magistral, moyen d'un retour au chaos originel. Ce sacrilège permis et même nécessaire ne peut évidemment être supporté que s'il est, d'une part, enfermé dans des limites bien déterminées et, d'autre part, sublimé, c'est-à-dire placé sous le signe d'une libération qui met en jeu ce qui dépasse l'humain. C'est pourquoi la fête est d'abord partie intégrante du rituel magique ou religieux". Aimer la vie, Le Centurion, 1977).

2. Critique du point de vue de l'auteur.

a/ La fête n'a pas seulement une signification symbolique et métaphysique (thèse de Cazeneuve); elle a aussi une fonction sociale de compensation, comme le montre Harvey Cox dans le texte suivant : "Pendant la fête des fous nul usage ni convention n'était à l'abri du ridicule, et même les plus hauts personnages pouvaient être tournés en dérision. La fête des fous ne fut jamais populaire chez les puissants. Elle fut constamment proscrite et critiquée. Malgré les efforts d'ecclésiastiques impatients et une nette condamnation par le concile de Bâle en 1431, la fête des fous survécut jusqu'au XVIème siècle. Puis elle disparut progressiveme pendant la Réforme et la Contre-Réforme. (...) Pourtant sa mort fut une perte. La fête des fous avait démontré qu'une culture pouvait périodiquement se moquer de ses pratiques religieuses et royales les plus sacrées, imaginer, au moins une fois de temps en temps un genre de monde entièrement différent, un monde où le dernier était le premier, où les valeurs acceptées étaient inversées, où les fous devenaient rois, où les enfants de choeur étaient des prélats. La suppression de la fête des fous a marqué un changement significatif de la mentalité occidentale : un affaiblissement de l'aptitude de notre civilisation à goûter la fête et à faire montre de fantaisie. Son effacement a montré que les gens commençaient à comprendre leurs rôles sociaux et leurs conventions sacrées de telle façon qu'ils ne pouvaien se permettre une aussi violente satire, qu'ils n'avaient plus le temps ni le coeur à des parodies sociales aussi mordantes". (La Fête des fous, Seuil, 1971).

b/ Toutes les valeurs liées à la fête ne meurent pas; une renaissance s'amorce : "Le tableau, cependant, n'est pas tout à fait aussi sombre que je ne l'ai peint jusqu'ici. A la vérité, en dépit de l'érosion à long terme, l'homme industriel a commencé à redécouvrir les dimensions festives et imaginaires de la vie. Un processus qui dure depuis des siècles est peut-être en train de s'inverser. Du fait qu'a récemment augmenté l'influence exercée sur nous par les cultures non occidentales et par ces domaines de notre propre civilisation qui ont échappé à une totale intégration dans le processus d'industrialisation, nous avons pris conscience de regretter quelque chose. Les loisirs suscités par le progrès technique nous ont forcés à nous poser quelques rudes questions sur notre culte traditionnel du travail. Partout dans les sociétés industrialisées, les jeunes démontrent que les jeux expressifs et la création artistique sont au centre de la vie, non à sa lointaine périphérie. Un théâtre d'expression corporelle, gorgé de mime, de danse et d'acrobatie, supplante le théâtre intellectuel dont nous avons hérité. Les fêtes de rue qui disparaissaient jadis aussi vite que certaines variétés d'oiseaux, comme par exemple la grue couronnée, reviennent. Psychiatres et éducateurs commencent à rejeter leurs rôles traditionnels de bourreaux de la fantaisie. Certains cherchent même des moyens de l'encourager. L'intérêt éveillé chez les Blancs par la culture noire a rehaussé notre estime d'une approche de la vie plus tournée vers la fête et vers l'émotion : nous l'appelons "soul". Films, romans et pièces explorent le monde des rêves et il y a même des philosophes qui ont redécouvert la signification de la fantaisie. Même dans les Eglises la danse, la couleur, le mouvement et de nouveaux styles de musique soulignent le retour de la célébration. Bref, nous assistons peut-être à l'aurore d'une complète renaissance culturelle, à "l'ouverture" (au sens musical du terme) d'une révolution de la sensibilité humaine : à nouveau seront nourries et appréciées les facultés que nous avons affamées et réprimées pendant les siècles de l'industrialisation." (H. Cox, Op. cit.)

R. Mathé, L'Aventure (1972)

• Le thème de l'aventure : inventaire et essai de typologie.

Document

"Chaque aventure doit être jugée en fonction de son temps : Magellan, bouclant pour la première fois le tour de notre globe à bord d'une caravelle a accompli un exploit aussi fabuleux, plus peut-être, qu'Armstrong foulant le sol de la lune. Les progrès de la science et de la technique ont permis à l'homme d'éclairer nombre de mystères, réduisant dans l'aventure la marge des périls. L'aventurier moderne est délivré des antiques terreurs qui peuplaient l'univers inconnu de monstres et de prodiges.

Néanmoins, en dépit de la multiplicité des formes prises par l'aventure au cours des siècles, nous pouvons la ramener à quelques catégories typiques, si nous nous plaçons dans une optique littéraire. Chacune d'entre elles est courue par un aventurier caractéristique, obéissant à des motivations rituelles... qu'il s'agisse d'aventuriers fictifs, créés par un auteur ou d'aventuriers historiques dont l'oeuvre littéraire reproduit la vie, en l'arrangeant. Proposons une classification, de toute évidence arbitraire :

1/ L'aventure quêteuse, celle du voyageur, du marin, de l'explorateur, du pionnier de l'Ouest, de l'air, de l'espace : Hannon, Marco Polo, Cook, Stanley, Lindberg, Mermoz et son équipe, Gagarine et les Américains de la Lune... ou l'aventure du savant déchiffreur de secrets, Newton, Fleming, Einstein, aventuriers de la pensée. Cette aventure est, en principe, innocente : elle n'a point recours à la violence et ses mobiles sont désintéressés. L'aventurier est dans ce cas un "curieux" (ainsi Pascal appelait ceux qui appartiennent à l'ordre de l'esprit). L'aventure est pour lui un moyen de satisfaire une curiosité qui se révèle féconde. Elle donnera naissance à des récits de voyage et de science-fiction.

2/ L'aventure héroïque, elle aussi désintéressée : l'aventurier affronte l'aventure parce qu'il poursuit un idéal. Il ressemble beaucoup au héros dont il est la réplique humaine. Il s'incarne en des personnages divers : combattant volontaire, croisé, chevalier errant, chevalier féal, légionnaire, missionnaire, opposant à un régime... Du Guesclin, Amadis de Gaule, Robespierre, Henri de Bournazel, le père de Foucault, Clemenceau, les personnages de L'Espoir, des Mercenaires... Ces êtres sont auréolés de légende : hommage à leur dévouement, à leur mépris du danger, aux services rendus à une cause. Leurs exploits sont contés dans des biographies, surtout dans des oeuvres à prétentions historiques ou romanesques. Du sang, des horreurs, mais aussi, chez les protagonistes, une élévation de pensée qui rachète la brutalité de leurs actes.

3/ L'aventure individuelle : elle peut être intéressée, quand elle est déclenchée par l'esprit de lucre, de conquête, de gloire. L'aventurier qui la vit est assez malfamé : son entreprise, foncièrement égoïste, animée par une volonté de puissance s'exerce dans la cruauté, le mépris des autres, la violence. C'est le moins sympathique de tous : il est le plus propre à l'expression romanesque, par son relief, les situations étranges, pittoresques ou pathétiques qu'il crée. Au bas de l'échelle c'est un bandit, amusant s'il est un picaro, attachant s'il se nomme Gil Blas, Mandrin, Arsène Lupin, odieux quand il est Fantomas ou un écorcheur de Grandes Compagnies.

A un niveau supérieur -l'aventure est alors involontaire-, l'aventurier se contente d'être un personnage à part, que son entêtement, son amour de l'imprévu, sa mauvaise étoile ont placé dans des conditions d'existance aventureuses : un naufragé, Robinson ou la Suzanne de Giraudoux, un évadé, Fabrice, Papillon, Albertine Sarrazin qui choisit les hasards de la "cavale".

Cette forme d'aventure peut enfin être idéologique : en scène, un conspirateur impénitent, dans le genre du cardinal de Retz, un révolté mû par le désir d'une vengeance ou d'une revanche : Monte-Cristo, Moravagine, Ravaillac, Caserio, Bonnot et sa bande, ou un idéaliste, comme les héros de La Condition humaine. Réel ou imaginaire, ce genre d'aventurier est le héros typique de la plupart des oeuvres livresques ou filmées qui racontent une aventure.

4/ L'aventure jeu : ni innocente, ni intéressée, elle est le fruit d'un caprice : l'aventurier est alors un instable qui agit gratuitement, parce qu'il porte en lui le démon de l'aventure. Son action est inexplicable : elle n'est pas motivée; il n'en attend aucun profit. Etant irrationnelle, elle n'en est que plus fertile en péripéties et en revirements, offrant au romancier une riche substance. L'Antiquité surtout fourmille d'aventuriers de ce modèle : presque tous sont de chimériques bâtisseurs d'empire ou des gâcheurs d'occasion. Leur chute est aussi spectaculair que fut leur élévation. Quelle aubaine, pour l'auteur, que ces destins en zigzags! Alcibiade, commandant l'expédition de Sicile, mutilant les Hermès la veille du départ, proscrit, puis sauveur d'Athènes, proscrit de nouveau, assassiné par un obscur satrape! Pyrrhus, le chef de guerre, tué au siège d'Argos par une vieil Alexandre narguant le destin, César dédaignant les avis de ses fidèles aux Ides d Mars, des dictateurs de jadis et d'aujourd'hui, tous incapables de borner leur ambition, voulant toujours aller de l'avant, jusqu'au point de rupture. A un degr plus modeste, celui de l'expérience égotiste, c'est le cas de Julien Sorel, des héros de Cendrars, des réprouvés de Mac Orlan... Tous sont des joueurs qui, pour vivre, ont besoin de jouer un jeu mortel dont la roulette russe pourrait être le symbole. Les joueurs qui se ruinent à Monte-Carlo appartiennent à cette catégorie d'aventuriers : même gagnants, ils doublent la mise.

5/ L'aventure du Superman : elle est d'invention récente, engendrée par les grand secousses mondiales, le développement de la criminalité et de l'espionnage. En ce monde incertain où la tranquillité de tous est menacée, il est réconfortant de pe ser que des défenseurs veillent sur vous, dans l'ombre. Ce sont les aventuriers typiques de notre temps et de la littérature d'aventures actuelle, ceux qu'on pou rait nommer les professionnels de l'aventure : détective, agent secret, espion. Ils offrent à l'admiration de notre temps, dans les multiples et médiocres ouvrag qui les célèbrent, leur haute silhouette, leur visage de prince pirate, leur sédu tion de play-boy. Intrépides, impassibles, triomphant des périls et parfois des coeurs, ils se tirent avec élégance de pièges inextricables. Certes, ils ne reche chent pas volontairement l'aventure : ce sont des fonctionnaires du risque. Leur fonction les contraint à susciter le danger, par devoir, par conscience professic nelle. Mais sont-ils emportés par la houle des événements, quelle virtuosité pour terrasser l'adversaire, trouver la ruse ou la complicité qui transforme en succès leur défaite provisoire! Qu'ils se nomment James Bond, le Saint, San Antonio, naguère Rouletabille ou Sherlock Holmes... ils animent romans, films, bandes dessin consacrés à des aventures policières ou d'espionnage, unique lecture de la plupar des Français.

6/ L'aventure rêvée : elle est aux antipodes des autres formes d'aventure, puisqu'elle n'est pas vécue, ignore l'action et se déroule dans le monde des chimères. Point nocive, en apparence, elle ne sécrète pas le péril. Mais elle est à sa manière hasardeuse pour l'aventurier qu'elle peut conduire à l'angoisse, au désespoir, à la folie. Matamore, qui vit dans un univers loufoquement héroïque, est un personnage caricatural. A un niveau humain et sérieux, on trouve le poète incapable de vivre comme les autres, à la recherche de paradis artificiels ou de réalités transcendantales : Baudelaire, Rimbaud, les surréalistes, Henri Michaud... Découvreur à sa manière et risque-tout, cet aventurier s'expose à tous les périls de la découverte. Il peut perdre, dans l'aventure, son équilibre psychique, sa santé, sa réputation, sa situation sociale. C'est aussi le cas du mystique qui parie sur Dieu et sur le bonheur éternel. Perceval et Galaad -héros de la légende médiévale du Saint-Graal- préfigurent cette forme sublime de l'aventur Car il est possible de courir l'aventure, en demeurant dans la cellule d'un couvent, comme Rancé ou Sainte Thérèse, si l'on s'abîme dans le gouffre vertigineux de la contemplation divine. Evidemment, cette forme suprême de l'esprit d'aventure n'est point matière à romans populaires. Son expression littéraire, réduite, est de haute qualité : la quête du Graal, la vie de Rancé, Port-Royal, des confidences de poètes, de mystiques, des manifestes, des oeuvres poétiques... Nous voilà bien loin de la série Le Masque et des "comics". N'est-ce pas une preuve de l'extraordinaire richesse du thème de l'aventure?" (R. Mathé, L'Aventure, op. cit., pp. 21 - 25).

• La vie quotidienne est strictement réglementée... Exemples d'une vie moderne sans imprévu :

- les contraintes du temps (horaires de travail; rites sociaux journaliers...);
- les contraintes de la vie sociale et collective : la vie au jour le jour est quasi impossible; l'intégration dans une société complexe implique l'engagement à long terme, les contrats entre individus...

Document :

"Que de devoirs enfin! Devoirs dissimulés dans le confort lui-même! Devoirs que la commodité, le souci du lendemain multiplient de jour en jour, car l'organisation toujours plus parfaite de la vie nous capte dans un réseau, de plus en plus serré, de règles et de contraintes, dont beaucoup nous sont insensibles! Nous n'avons pas conscience de tout ce à quoi nous obéissons. Le téléphone sonne, nous y courons; l'heure sonne, le rendez-vous nous presse... Songez à ce que sont, pour la formation de l'esprit, les horaires de travail, les horaires de transport, les commandements croissants de l'hygiène, jusqu'aux commandements de l'orthographe qui n'existaient pas jadis, jusqu'aux passages cloutés... Tout nous commande, tout nous presse, tout nous prescrit ce que nous avons à faire et nous prescrit de le faire automatiquement. L'examen des réflexes devient le principal des examens aujourd'hui (...). Nous sommes circonscrits, dominés par une réglementation occulte ou sensible, qui s'étend à tout, et nous sommes ahuris par cette incohérence d'excitations qui nous obsède et dont nous finissons par avoir besoin. (P. Valéry, <u>La Politique de l'esprit</u>, conférence prononcée le 16 novembre 1932).

• Plan de discussion (fondé sur l'opposition entre <u>société</u> et <u>individu</u>) : l'aventure peut être définie comme un ensemble d'activités comportant des risques en vue d'atteindre un objectif nouveau.

1/ L'aventure comme phénomène social n'est plus possible dans le monde moderne, car celui-ci se caractérise par l'absence de nouveauté et de risque.

a/ Absence de nouveauté : les espaces vierges et inconnus n'existent plus (l'aventure d'un Marco Polo ou d'un Christophe Colomb est aujourd'hui impossible). C'est ce que montre C. Lévi-Strauss dans ce passage de <u>Tristes Tropiques</u> (Plon, 1955) :

"Aujourd'hui où des îles polynésiennes noyées de béton sont transformées en porte-avions pesamment ancrés au fond des mers du Sud, où l'Asie tout entière prend le visage d'une zone maladive, où les bidonvilles rongent l'Afrique, où l'aviation commerciale et militaire flétrit la candeur de la forêt américaine ou mélanésienne avant même d'en pouvoir détruire la virginité, comment la prétendue évasion du voyage pourrait-elle réussir autre chose que nous confronter aux formes les plus malheureuses de notre existence historique? Cette grande civilisation occidentale, créatrice des merveilles dont nous jouissons, elle n'a certes pas réussi à les produire sans contrepartie. Comme son oeuvre la plus fabuleuse, pile où s'élaborent des architectures d'une complexité inconnue, l'ordre et l'harmonie de l'Occident exigent l'élimination d'une masse prodigieuse de sous-produits maléfiques dont la terre est aujourd'hui infestée. Ce que d'abord vous nous montrez, voyages, c'est notre ordure lancée au visage de l'humanité".

La civilisation occidentale s'étend en réduisant les différences entre les cultures : "Je comprends alors la passion, la folie,la duperie des récits de voyage. Ils apportent l'illusion de ce qui n'existe plus et qui devrait être encore, pour que nous échappions à l'accablante évidence que vingt mille ans d'histoire sont joués. Il n'y a plus rien à faire : la civilisation n'est plus cette fleur fragile qu'on préservait, qu'on développait à grand-peine dans quelques coins abrités d'un terroir riche en espèces rustiques, menaçantes sans doute par leur vivacité, mais qui permettaient aussi de varier et de revigorer les semis. L'humanité s'installe dans la monoculture : elle s'apprête à produire la civilisation en masse, comme la betterave. Son ordinaire ne comportera plus que ce plat." (C. Lévi-Strauss, <u>op. cit.</u>).

b/ Absence de risque individuel : la société moderne implique une plus grande protection de l'individu, mais aussi une plus grande dépendance, contraire à l'aventure.

2/ L'aventure peut exister comme expérience intérieure pour l'individu.

a/ l'aventure ne se mesure pas de l'extérieur, elle se vit comme confrontation de l'intérieur avec ce qui est différent de soi. Ex. la rencontre (et l'effort de dialogue) avec quelqu'un qui appartient à une culture étrangère;

b/ l'aventure intellectuelle, la recherche scientifique...

c/ l'aventure comme dépassement de ses propres limites (intellectuelles, physiques).

25. La composition française

(Manuel, pp. 203 - 211)

EXERCICES

1 Domaines littéraires.

1/ La littérature :
- le texte littéraire : sujets n° 1, 6.
- l'écrivain : sujets n° 2, 3, 8.
- le lecteur : sujets n° 1, 9.

2/ Les genres littéraires :
- le roman : sujets n° 3, 4, 7, 9.
- la poésie : sujets n° 5, 8.
- le théâtre : sujets n° 7, 10.
- autres genres littéraires (journalisme, cinéma...) : sujets n° 2, 3, 6, 9.

Certains sujets peuvent être classés dans plusieurs rubriques. Le sujet n° 3 porte implicitement sur le roman (Mauriac tient à affirmer que le roman ne permet pas la littérature engagée, réservée au journalisme). De même, le sujet n° 9 concerne sans doute le cinéma, mais porte aussi sur le roman, qui est le genre écrit qu'on lui oppose de façon indirecte.

2 Thèse et argumentation.

Les sujets comportant des citations contiennent tous une argumentation apparente. La citation du sujet n° 3 est allusive (il faut deviner les raisons qui poussent Mauriac à refuser au roman la possibilité d'une expression engagée : de toute évidence, l'idée que le roman est une forme trop élevée et trop complexe pour être mêlé à des engagements partisans, par nature éphémères et étrangers à la profondeur littéraire). Les sujets n° 6, 7, 9 sont formulés sur la base d'une argumentation qu'il faut reconstruire (ce qu'est la sous-littérature; pourquoi il est intéressant d'opposer un personnage de roman et un personnage de théâtre; pourquoi la communication littéraire est intéressante).

3 Thèse et idée de base.

- Sujet n° 1. Le lecteur découvre sa propre personnalité à travers les livres (thèse). La lecture apporte quelque chose au lecteur (idée de base).
- Sujet n° 2. L'écrivain s'occupe de ce qui dure (thèse). Le journaliste n'est pas un écrivain (idée de base).
- Sujet n° 3. Le journalisme seul permet la littérature engagée (thèse). La littérature engagée est une forme de littérature possible (idée de base).
- Sujet n° 4. Le titre d'un roman ne doit pas être un simple résumé du contenu (thèse). Le titre d'un roman doit posséder une signification quelconque (idée de base).
- Sujet n° 5. La fonction du poète est de traduire les désirs et les aspirations du lecteur (thèse). La poésie est une forme de communication (idée de base).
- Sujet n° 8. L'engagement ne consiste pas à juger le monde, mais à en ressentir les problèmes (thèse). La poésie engagée est une forme de littérature possible (même idée de base que pour le sujet n° 3).
- Sujet n° 10. Le théâtre est un art régi par des lois conventionnelles (thèse). Le théâtre communique une vérité (idée de base).

Dans le cadre d'une discussion littéraire, la mise en cause de l'idée de base peut s'avérer intéressante, car elle donne une perspective historique au débat en revenant sur ses fondements notionnels (de quel genre littéraire parle-t-on? la littérature engagée est-elle possible? etc...).
L'opposition que nous établissons ici entre la thèse et l'idée de base rejoint celle que les linguistes font entre le posé et le présupposé. Dans un énoncé, ce qui est "présupposé", c'est l'information qu'il contient en dehors du message proprement dit -information que le locuteur présente comme allant de soi. Par exemple, l'énoncé "Jacques est guéri" pose que "Jacques a cessé d'être malade", et présuppose que "Jacques était malade". Sur cette question, voir les ouvrages d'O. Ducrot : Dire et ne pas dire. Principes de sémantique linguistique, Hermann, 1972; Le dire et le dit, Ed. de Minuit, 1984.

4 L'art de la formule.

Les citations des sujets n° 1, 2, 4, 8, 10 sont construites sur un double mouvement :
- un mouvement d'explication, par le jeu du rapprochement d'expressions antithétiques. C'est le lieu d'une argumentation qui se forge par une exploitation paradigmatique des syntagmes : lire un livre/se lire dans un livre; temps qui passe/temps qui dure; embrouiller/embrigader les idées; juge/accusé; vérité psychologique/vérité conventionnelle;
- un mouvement de contraction, par la création d'aphorismes. La pensée se clôt sur un énoncé bref, qui résume ce qui a été dit, mais en même temps essaie de le dépasser, en lui donnant un tour plus ou moins énigmatique. Effet de surprise final, affirmation péremptoire qui permettent à la citation de remplir cette fonction d'autorité qu'elle possède souvent.

5 La position et l'intention de l'auteur.

Quand l'auteur n'est pas seulement un critique, mais quand il fait la théorie de sa propre pratique littéraire, l'étude de la position intellectuelle devient très importante. Ainsi, dans les sujets n° 1, 3, 5, R. Rolland, F. Mauriac ou P. Soupault ne nous parlent pas seulement de problèmes concernant la poésie ou le théâtre; ils nous donnent aussi un témoignage sur la façon dont ils ont conçu leur oeuvre, et sur la signification de celle-ci.

6 Une question littéraire : l'engagement.

En parlant de l'engagement en littérature, Mauriac, Vigneault et Troyat définissent leur conception de la littérature et parlent de leur oeuvre propre. Les genres littéraires concernés sont soit le roman, soit la poésie. C'est peut-être ce qui explique les différences dans leurs positions respectives. Les deux romanciers sont assez hostiles à l'engagement, alors que pour Gilles Vigneault l'idée de l'engagement du poète ne fait pas de doute. La réflexion la plus négative est celle de Troyat (l'engagement, c'est de la "politique"). Mauriac a une position moyenne, qui est assez subtile. Quant à Vigneault, il cherche à approfondir l'idée de l'engagement en opposant la littérature du juge et celle de l'accusé. Mais on remarquera que pour tous les trois, l'engagement n'est pas conçu comme un choix partiel ou limite : la littérature est engagée ou ne l'est pas; mais elle ne peut pas l'être sous certaines conditions, ou à certains moments. L'engagement est une attitude qui met en cause toute la personnalité, ce n'est pas une possibilité stylistique.

7 Le plan en deux parties.

Le plan en deux parties oppose une justification (l'examen du sujet à partir de la citation) et une discussion (la recherche d'un point de vue différent). Les sujets 6, 7 et 9 rentrent parfaitement dans ce cadre, car ils se présentent directement comme une alternative entre deux thèses.
La solution la plus simple veut que les deux parties expliquent cette alternative.
Par exemple, pour le sujet n° 9 :

a/ la concurrence des médias face à leur littérature; leur force et leur pouvoir de suggestion;
b/ l'importance, malgré tout, du message apporté par la littérature; la valeur éminente de la lecture à côté du film ou du spectacle de télévision...
En revanche, un sujet comme le sujet n° 7 (recherche de différences entre deux objets) devra plutôt être traité dans une démarche synthétique : non pas le person nage de théâtre, puis le personnage de roman, mais les deux ensemble, comparés -le mouvement de la composition française marquant d'abord les ressemblances avant de noter les particularités de chacun d'entre eux.

8 Le plan en trois parties.

Les sujets qui présentent clairement un choix entre deux idées acceptent plus facilement que les autres une organisation dialectique en trois parties. Celle-ci aura pour objectif de rompre le caractère schématique de l'alternative et de le nuancer. Par exemple :

- Sujet n° 2 :
a/ l'écrivain, l'homme de l'essentiel (ex. des grandes oeuvres littéraires, en dehors du temps);
b/ le journaliste-écrivain, l'homme de l'urgent (devant la nécessité de l'engagement, ou plus simplement dans l'activité de la chronique ou de la critique);
c/ les deux qualités également nécessaires à l'intellectuel moderne (ex. de Sartre ou de Camus).

- Sujet n° 9 : (où l'on peut reprendre, en le complétant, le schéma esquissé précédemment) :
a/ la concurrence des médias face à leur littérature;
b/ l'importance du message apporté par la littérature;
c/ les relations d'échange existant entre les deux formes d'expression (ex. de l'adaptation cinématographique, qui invite à relire l'oeuvre littéraire d'origine ou pousse à sa découverte...).

9 L'utilisation des exemples généraux.

Un exemple n'a de signification qu'en fonction du raisonnement dans lequel il est intégré. C'est ainsi que les références à l'expérience de Zola et de Camus peuvent être utilisées soit pour soutenir les thèses de J. d'Ormesson et de F. Mauriac, soit pour les combattre. Dans un cas, on expliquera que Zola et Camus ont partagé leur oeuvre en deux parties, qu'ils ont donné au journalisme la part de "l'urgent" ou la part de "l'engagement", et réservé pour le roman le reste, l'essentiel, le message dégagé des contingences de l'histoire. Dans l'autre cas, on montrera que les deux écrivains ont fait une oeuvre unique, que leurs romans se sont alimentés aux mêmes thèmes que leurs articles de journaux, et qu'il n'y a pas lieu d'opposer l'urgent à l'essentiel, le message engagé à la leçon éternelle. Le choix entre l'une ou l'autre forme de raisonnement dépendra de l'interprétation que l'on fera de l'oeuvre de Zola ou de Camus.

10 L'utilisation des exemples particuliers.

• La "sous-littérature" (sujet n° 6) : le chapitre 11 présente -avec les exercices 5 et 6 (p. 91)- une abondante série d'exemples de romans policiers/ d'espionnage/ noirs/ou de science-fiction pouvant illustrer l'idée de "sous-littérature".

• Le théâtre (sujets n° 7 et 10) :
a/ relations avec le roman (exercices du chap. 17 : par ex., la scène de drame peinte par Vallès, p. 137, ou la scène de comédie, décrite par M. Aymé, p. 137 - 138);
b/ la spécificité du théâtre (exercices du chap. 20) :
- pour illustrer l'idée des conventions théâtrales, les extraits de Molière et de Racine (exercices 1 et 8);

- sur le problème du rejet des conventions classiques, les extraits de Giraudoux, Anouilh et Ionesco (exercices 6, 9, et 10);
- pour défendre un point de vue différent de celui de Montherlant, c'est-à-dire qu'il existe un théâtre de vérité psychologique et philosophique, l'extrait de Sartre (exercice 4);
- pour montrer l'influence du cinéma sur le théâtre, voir la complexité des didascalies chez Pagnol (exercice 2).

Sur le cinéma et le roman, voir aussi l'interview citée p. 236, exercice 5.

• Les titres de romans (sujet n° 4) : voir les listes proposées par les exercices 1, 3, 4, pp. 218 - 219.

1 L'utilisation des citations.

• Illustration du thème de la vérité conventionnelle : le théâtre ne cherche pas la vérité absolue, mais veut d'abord plaire à un public (citation de Molière); le théâtre accepte toutes les réalités, mais les transforme par les procédés de l'art (citation de Hugo).

• Illustration du thème contraire (le théâtre est source de vérité psychologique) : par la représentation qu'il fait du vice, le théâtre peut avoir une influence dangereuse (citation de Rousseau); le théâtre, par sa force d'envoûtement, agit sur les sentiments (citation d'Artaud). Voir aussi les arguments développés par R. Planchon dans l'interview citée au chap. 28, exercice 4, pp. 235 - 236.

V PRATIQUES DE LA COMMUNICATION

26. La fiche de lecture

(Manuel, pp. 214 - 220)

"Les élèves ne lisent pas" : face à cette réalité, le professeur de français est souvent démuni, hésitant entre deux démarches. Ou bien il demande aux élèves d'accumuler les lectures, en privilégiant la distraction et en les orientant vers des oeuvres séduisantes et faciles ; ou bien il considère que sa fonction est de faire réfléchir, et il s'attache à une analyse détaillée en multipliant les découpages. Or l'expérience prouve qu'aucune de ces méthodes n'est à elle seule satisfaisante. C'est pourquoi nous pensons qu'il est important de montrer qu'une oeuvre est un réseau de significations, et qu'elle offre une multitude de lectures possibles : découverte d'une intrigue, découverte de personnages, d'un style, d'une société... Si l'idéal est de superposer ces lectures, il faut veiller à ne pas dévaloriser tel ou tel mode unique de pénétration du texte : *la* lecture d'un texte peut être aussi *une* lecture possible parmi d'autres et choisie en fonction de l'âge, des goûts, des intérêts du moment.

EXERCICES

1. Lectures

1 1. Jusqu'au XIXème siècle, les titres étaient généralement formés de deux parties (titre et sous-titre), le second désignant la forme du texte (voir chap. 2, ex. 2) Ici, le sous-titre fait référence à la tradition des récits ayant pour héros le géant Pantagruel.

. Fonction informative : le personnage, son nom et sa généalogie.

. Fonction incitative : exploitation du succès obtenu par l'oeuvre antérieure de Rabelais, à laquelle le titre fait explicitement référence à travers les expressions "abstracteur de quinte essence" et "pantagruélisme", qui renvoient au titre exact du *Pantagruel* : "Pantagruel roi des Dipsodes, restitué à son naturel avec ses faits et prouesses épouvantables composés par feu M. Alcofribas, abstracteur de quinte essence". On remarquera qu'aux débuts de l'imprimerie, les titres varient d'une édition à l'autre.

2. Fonction informative : l'héroïne, son nom et ses origines aristocratiques. Marivaux se rattache à la tendance qu'eut le XVIIIè siècle de faire passer pour documents authentiques, des oeuvres de fiction, en utilisant les termes introducteurs "la vie de...", "les aventures de..." ; le nom incomplet de l'héroïne laisse supposer son existence réelle.

3. Fonction incitative : le titre-énigme de ce roman inaugure une mode nouvelle qui tend à délaisser la surcharge et la fonction référentielle au profit d'une signification plus détournée et symbolique. L'opposition entre *rouge* et *noir* suggère une intrigue contrastée ; le rouge symbolise la vie et la violence, le noir symbolise la mort ; d'un point de vue sociologique, le rouge symbolise l'Armée et le noir, l'Eglise.

4. Fonction informative : un cadre géographique. Fonction incitative : une intrigue mouvementée fondée sur l'ambition.

5. Fonction informative : l'utilisation du mot *vie* renvoie au monde réel des mémoires authentiques. Fonction incitative : l'article indéfini renforce l'idée de réalisme et de banalité ; ce roman se veut aux antipodes d'un romanesque échevelé, comme le souligne le sous-titre : *L'humble vérité*.

6. Fonction informative : référence à un épisode du roman (un réseau de jeunes enfants écoule de la fausse monnaie). Fonction incitative : la valeur référentielle du titre n'est qu'apparente, l'épisode de la fausse monnaie n'occupant qu'une place très secondaire dans le roman. Confronté au texte, le titre révèle son véritable sens, qui est symbolique : la fausse monnaie désigne tous les sentiments que l'on s'invente, tous les mensonges d'une société sur elle-même. Ainsi le titre, faux introducteur au roman, joue sur le leurre.

7. Fonction informative : le nom de l'héroïne.

8. Fonction informative : la qualité du personnage ; le lieu ; la forme du texte.

9.Fonction informative : les personnages et l'idéologie.

10. Fonction incitative : titre-énigme ; on ne sait qui parle à travers le je ; promesse d'une intrigue mouvementée (transgression des règles sociales et morales).

11. Fonction informative : la caractérisation sociale et morale de l'héroïne ; la forme du texte.

12. Fonction incitative : titre-énigme ; quel rôle peut jouer "l'os du pied" désigné par le nom technique et pourtant poétique (assonance en A) d'astragale ?

13. Fonction incitative : allusion à un thème romanesque du livre (le coeur) ; jeu de mots sur l'expression garde du corps.

14. Fonction incitative : un thème romanesque (la beauté) ; jeu de mots sur l'expression Chat Botté.

2 Les titres se répartissent ainsi :

- Titres métaphoriques ayant une fonction incitative : Le Réveil du loup; La soif du sang ; L'Homme mangeur de l'homme ; Le Fauve ; L'Age de pierre ; L'eau qui dort.

- Titres explicatifs et abstraits ayant une fonction informative : Vouloir et faire ; L'Instinct ; La Victime innocente ; Sans motif ; L'Excrétion ; Le Meurtre ancestral ; L'Inconscient ; L'Envers du progrès ; L'Immuable ; Peuples en marche.

Le thème essentiel est celui du monstre inhumain et de la bête, repris d'ailleurs par le titre définitif de La Bête humaine. La bête apparaît alors comme la métaphore du corps, de l'instinct, de même qu'elle représente l'univers primitif avant l'apparition de la civilisation (théories biologiques et scientifiques). Un autre thème est également présent : c'est celui de l'irresponsabilité individuelle, qui se rattache à une volonté d'analyser, d'un point de vue psychologique, la pulsion de meurtre : ainsi s'expliquent l'opposition entre vouloir et faire, les expressions sans motif, victime innocente, l'inconscient, l'immuable.

3 1. Le titre du roman est métaphorique, désignant, par métonymie, d'abord l'enseigne du bistrot du père Colombe, puis l'alcool et ses méfaits, puis tout déterminisme. La métaphore est reprise par le titre d'un film (Le Poison de l'humanité), où elle est plus explicite et plus étroite. Les deux autres titres de films sont informatifs : l'un explique le sens du roman (Les Victimes de l'alcool), l'autre donne le nom de l'héroïne (Gervaise).

2. Le titre du film affaiblit la dimension symbolique du titre du roman. L'un informe sur l'action (La Grève), l'autre sur le cadre (Au Pays noir).

4 La Brute : fonction incitative ; le titre annonce un personnage violent, en marge de la société, et une intrigue mouvementée. Le résumé reprend le thème de l'anormalité en énumérant trois de ses caractéristiques, et précise l'idée de marginalité sociale par la référence au meurtre. Un stéréotype moral : les anomalies physiologiques mettent en marge de la société ; confusion entre le "monstre" et le "malade".

Le Château de la Juive : fonction informative, renseignements sur le lieu de l'action et l'héroïne ; fonction incitative : une promesse d'évasion (le château annonce un univers de richesse et de noblesse étranger au lecteur moyen) ; la promesse d'une intrigue contrastée : l'aristocratie terrienne évoquée par le mot château s'oppose à la marginalité religieuse et sociale que représente l'expression péjorative "la Juive". Le résumé reprend ce dernier aspect du titre : le conflit entre les valeurs traditionnelles et les visées d'une aventurière marginale et maudite. Le titre, très marqué idéologiquement, renvoie à un code social stéréotypé : "On repère ici le stéréotype dynamique, inusable depuis des siècles, de la mésalliance. On voit aussi rôder l'ombre de Drumont et de La France juive (...). Ce titre profile (...) l'annonce d'un scénario du suspense,né de la rupture du code social (...) et le rappel à l'ordre, l'avertissement idéologique et politique : la France aux Français" (H. Mitterand, "Les titres des romans de Guy des Cars" in Sociocritique, 1979, coll. Nathan-Université, p. 95).

La Tricheuse : fonction incitative ; promesse d'une évasion dans l'univers de la marginalité et du vice. Le résumé reprend le thème de la tricherie sans donner d'information supplémentaire ; la référence aux thèmes rebattus de l'amour et de la mort ne fait que renforcer la fonction incitative du titre. Une nouvelle fois, le titre désigne comme héros un personnage féminin, immoral, perpétuant la vieille tradition chrétienne (depuis la figure d'Eve) qui fait de la femme un être impur.

L'Impure, La Corruptrice, La Maudite : ces titres et ces résumés jouent sur les mêmes ressorts que La Brute et La Tricheuse.

La Demoiselle d'opéra : fonction informative : un espace ; fonction incitative : l'évasion dans un univers qui draine des fantasmes sexuels ; au XIXè siècle, les danseuses et les actrices représentaient une version plus noble de la prostituée : en les entretenant, les hommes n'instauraient pas seulement un rapport marchand, ils tenaient aussi le rôle de mécènes artistiques. Tel est le sens de l'association des mots art et luxure dans le résumé. On s'aperçoit qu'ici le stéréotype idéologique (la danseuse entretenue) est plus le produit du siècle passé que celui du XXè siècle.

La Vipère : fonction incitative ; le titre est fondé sur une comparaison qui suggère un univers inhumain. Pour contrebalancer l'ambiguïté de la métaphore, le résumé précise la monstruosité de l'héroïne. Idéologiquement, nous retrouvons le stéréotype de la femme impure.

5 Les Liaisons dangereuses (Laclos, 1782)

- L'Avertissement de l'Editeur et la Préface du Rédacteur offrent deux perspectives contradictoires : le premier affirme que le texte appartient à la fiction, tandis que le second prétend qu'il s'agit d'un document authentique, comme tend à le montrer le sous-titre ("Lettres recueillies dans une Société, et publiées pour l'instruction de quelques autres"). Voir chap. 2, exercice 2.

- L'Avertissement de l'Editeur : malgré sa volonté d'apporter un démenti aux affirmations du Rédacteur, l'Editeur n'est pas convaincant. Bien au contraire, son argument de l'invraisemblance ("plusieurs des personnages qu'il met en scène ont de si mauvaises moeurs, qu'il est impossible de supposer qu'ils aient vécu dans notre siècle ; dans ce siècle de philosophie...") vient renforcer la thèse du Rédacteur : celui-ci prévoit en effet que le caractère scandaleux de son ouvrage rencontrera deux sortes de censeurs : "les hommes et les femmes dépravés, (qui) auront intérêt à décrier un ouvrage qui peut leur nuire" et "les rigoristes, alarmés par le tableau des mauvaises moeurs qu'on n'a pas craint de présenter". C'est à cette dernière catégorie qu'on ne manquera pas de rattacher l'Editeur, à la lecture de ses vertueuses protestations.

- La Préface du Rédacteur : l'insistance du Rédacteur sur "l'utilité de l'ouvrage" laisse supposer un projet cohérent de son auteur. La fin de la préface développe en effet le thème de la valeur morale du livre en ce qui concerne son objectif ("rendre un service aux moeurs, dévoiler les moyens qu'emploient ceux qui en ont de mauvaises pour corrompre ceux qui en ont de bonnes"), sa structure ("preuve et exemple de deux vérités importantes... : l'une, que toute femme qui consent à recevoir dans sa société un homme sans moeurs, finit par en devenir la victime ; l'autre, que toute mère est au moins imprudente, qui souffre qu'un autre qu'elle ait la confiance de sa fille").

Le jeu de renvoi entre l'Editeur et le Rédacteur concourt à servir l'oeuvre. En faisant passer des romans pour des mémoires ou des lettres authentiques, le romancier du XVIIIè y gagnait une certaine vérité psychologique (en particulier par l'emploi de la première personne) ; mais en même temps, il prévenait les objections éventuelles, en gardant sa liberté de juger et de critiquer personnages et situations. Par ailleurs, en révélant l'artifice et en laissant entendre que les références au réel n'étaient qu'un jeu, l'auteur se réservait la gloire d'une construction originale et vraisemblable.

6 Candide (Voltaire, 1759)

Le vocabulaire abonde en termes négatifs, suggérant l'idée de malheurs (chassé, tempête, naufrage...). L'enchaînement des phases positives et des phases négatives se fait selon un mouvement alternatif strictement mécanique ; à un bonheur succède inévitablement un malheur. Il n'y a donc pas de progrés ni d'espoir d'une destinée meilleure. Les personnages sont dépossédés de toute autonomie, ils oscillent au gré des événements. L'absence de causalité entraîne l'absence de toute Providence et donc la négation de la métaphysique optimiste.

7 Les Misérables (Hugo, 1862)

Enigmes : chapitres II - X - XIII - XX. Symboles, allégories et métaphores : III - IV - V - VI - VIII - XIX. Antithèses: I - VII - VIII. Paradoxes : XI - XXI. Figures du signifiant : IX - XV.

On notera également que les titres préparent à une lecture globalisante de l'oeuvre ; loin de présenter le texte comme une simple succession d'épisodes, ils mettent en évidence des enchaînements et dégagent la logique interne : voir le parallèlisme des chapitres XII et XVII, voir les chapitres XVI et XXII.

8 Au début d'un roman, l'incipit apporte une réponse à deux grandes questions : a/ la question de la situation de l'intrigue (lieu ? temps ? personnages ?) ; b/ la question de la nature de la fiction (roman réaliste ou non ? l'écart entre les référents propres à la fiction et ceux du lecteur est-il réduit ou non ?). Le romancier peut résoudre le problème de l'incipit de deux façons : ou il l'esquive, le "naturalise", en jetant, par exemple, le lecteur en plein dans le mouvement dramatique (début in medias res), ou, au contraire, il montre la difficulté que procure tout début de fiction. La première attitude est celle du romancier qui se place dans le cadre d'une écriture réaliste ; la deuxième attitude est choisie par les écrivains qui souhaitent poser le problème de l'invention romanesque. Ainsi Diderot, au début de Jacques le Fataliste : "Comment s'étaient-ils rencontrés ? Par hasard, comme tout le monde. Comment s'appelaient-ils ? Que vous importe ? D'où venaient-ils ? Du lieu le plus prochain. Où allaient-ils ? Est-ce que l'on sait où l'on va ?", ou encore Beckett, dans les premières lignes de L'Innommable : "Où maintenant ? Quand maintenant ? Qui maintenant ? Sans me le demander. Dire je. Sans le penser. Appeler ça des questions, des hypothèses. Aller de l'avant, appeler ça aller de l'avant".

De nos trois exemples (voir Manuel, pp. 48 - 49), l'incipit qui s'avoue le plus nettement comme tel (c'est-à-dire qui pose le problème du commencement) est bien sûr celui de Céline (ça a débuté comme ça...); le plus réaliste (le moins apparent) est celui de Queneau, puisque le lecteur se trouve d'emblée placé dans une situation dramatique. La question du commencement est très claire, également, dans le texte de M. Duras, puisque le début du roman coïncide avec le début d'une recherche d'ordre biographique (Lol V. Stein est née ici...). Remarquons que, parallèlement au problème de l'incipit, les trois écrivains s'attachent à résoudre une autre difficulté, qui est celle de l'intérêt pour la fiction qu'ils proposent (volonté de captatio benevolentiae). Chacun répond aux questions qu'impose l'incipit, mais pas entièrement, ni trop vite : il faut surprendre le lecteur et lui laisser le temps de deviner. Céline ne dit pas ce qui a commencé : la lecture du roman entier sera nécessaire pour que l'on comprenne le sens de ça, qui est l'ensemble des aventures du héros. Queneau joue sur l'effet de surprise inaugural du "Doukipudonktan". Quant à M. Duras, elle plonge son lecteur dans un univers de référents mystérieux, à la fois proches et éloignés de ceux de l'expérience quotidienne (voir ce que nous avons noté plus haut, au chap. 5). Sur cette question, voir J. Verrier, Les Débuts du roman, B. Lacoste, 1988, Coll. "Parcours de lecture".

Sur la problématique de l'incipit, voir le livre d'Aragon, Je n'ai jamais appris à écrire ou les incipit, Skira, 1969 (rééd. Flammarion, 1981, coll. Champs), ainsi que l'article de C. Duchet, "Pour une socio-critique, ou variations sur un incipit", Littérature n° 1, février 1971.

2. Problèmes stylistiques

9 Balzac, La Rabouilleuse (1842)

- 1ère partie : Agathe Bridau, veuve, vit pauvrement entre ses deux fils, Philippe et Joseph, et sa tante, Mme Descoings. Joseph travaille à perfectionner ses dons de peintre ; Philippe, au contraire, après une brillante mais brève carrière militaire au service de l'Empereur, sombre dans l'inaction et fait des dettes. Après avoir volé les économies de la Descoings et provoqué sa mort, Philippe, ayant accompli d'autres crimes, est menacé de prison. Pour lui épargner cela, Agathe décide de partir avec Joseph à Issoudun, auprès de son frère Rouget, pour obtenir de lui de l'argent et éviter qu'il ne la dépossède de son héritage.

2ème partie : Flore Brazier, la maîtresse de Rouget, réussit, avec l'aide de son amant de coeur, Maxence Gilet, à renvoyer les Parisiens chez eux. Ces derniers sont alors remplacés par Philippe qui s'installe à Issoudun.

3ème partie : Philippe rentre dans les bonnes grâces de Rouget et impose sa volonté à Flore, la Rabouilleuse. Au cours d'un duel, il tue Max Gilet ; puis il fait épouser Flore par son oncle. Ayant hâté la mort de Rouget, il épouse la veuve qui lui fait donation de tous ses biens. Après avoir provoqué la mort de cette dernière et celle de sa mère, Philippe est tué à la tête d'un régiment en Algérie.

- On peut proposer plusieurs schémas pour les forces agissantes, car le sujet et l'objectif de l'action ne sont pas les mêmes dans les trois parties :

1ère partie : Sujet : Philippe. Objet : l'argent et la gloire. Adjuvants : Agathe, Joseph, la Descoings. Opposant : le sort.

2ème partie : Sujet : La Rabouilleuse. Objet : l'héritage de Rouget. Adjuvant : Maxence Gilet. Opposants : Agathe, Joseph, Philippe. Ce changement de sujet illustre le passage de la 1ère à la 2ème partie : le cadre change (de Paris à Issoudun) et les six premiers chapitres sont centrés sur Flore et Maxence Gilet, tandis qu'Agathe et Joseph disparaissent momentanément.

3ème partie : Sujet : Philippe. Objet : l'héritage de Rouget. Adjuvants : Les Hochon, Fario, puis Flore, involontairement. Opposants : Max Gilet, Flore.

L'exercice 3 du chap. 17 propose également quatre schémas fonctionnels pour le chap. 8 de la première partie.

- Comme le montrent les schémas fonctionnels précédents et le vocabulaire dominant, le thème central de ce roman est l'argent. Il s'agit cependant ici d'une vision non dynamique de l'argent, l'essentiel n'étant pas l'accroissement d'un capital par des opérations financières rentables, mais la conservation et la transmission d'un héritage conçu comme un acquis dont on redoute la disparition ou l'amenuisement. Titre proposé : L'Héritage.

10 Zola, L'Assommoir (1877)

- Le thème de la machine apparaît dès le titre, qui illustre métaphoriquement l'idée du déterminisme social, de l'hérédité : "Son rêve était de vivre dans une société honnête, parce que la mauvaise société, disait-elle, c'était comme un coup d'assommoir, ça vous cassait le crâne, ça vous aplatissait une femme en moins de rien" (L'Assommoir, chapitre II). L'univers écrasant de la mécanique apparaît ensuite à travers deux évocations du chapitre II : celle de l'alambic, présenté comme la "machine à soûler", prête à écraser l'homme, "à envahir la salle, se répandre sur les boulevards extérieurs, inonder le trou immense de Paris" ; celle de l'immeuble des Lorilleux présenté comme une "machine en branle", avec les Lorilleux poursuivant dans leur atelier "leur besogne étroite de machine".

- Le roman se caractérise par la prédominance du style indirect libre, qui permet une narration subjective et polyphonique : la parole des personnages investit le récit. Pour les caractéristiques du style indirect libre, voir l'analyse de l'exercice 7, chap. 16.

- A sa parution, L'Assommoir obtint un succès de scandale. La presse républicaine protesta contre le tableau "noirci" qui était proposé de la classe ouvrière. Zola, dans sa préface, prétend faire là "le premier roman sur le peuple, qui ne mente pas et qui ait l'odeur du peuple". Il s'agit, en effet, d'une étude systématique du monde ouvrier, avec les grandes étapes de la vie individuelle (mariage, naissances, décès, fêtes...), avec la description de différents types de logements, avec les différentes attitudes devant la pauvreté : la vertu d'un Goujet, les efforts maladroits et incomplets de Gervaise et de Coupeau, les phases de la plongée dans l'alcoolisme. Mais un des aspects essentiels de l'analyse sociologique de Zola réside dans la mise en évidence de l'unité d'un groupe, qui se traduit par : un sentiment d'appartenance à une communauté (symbolisée par l'importance des lieux clos : boutique, immeuble, quartier, et des rituels communautaires : fêtes, bavardages...) ; une dureté du monde extérieur, qui s'exprime à travers le thème de la mécanique (voir en particulier la description angoissante de la visite au Louvre, univers hostile et étranger).
Pour une étude détaillée de L'Assommoir, on pourra se reporter à J. Dubois, L'Assommoir de Zola - société, discours, idéologie, Larousse, 1973. Sur le thème de la machine dans l'oeuvre de Zola, voir J. Noiray, Le Romancier et la machine, tome 1 : L'univers de Zola, J. Corti, 1981.

11 Alain-Fournier, Le Grand Meaulnes (1913)

- Pour l'étude du roman et du rythme de la narration, voir le chap. 17, exercice 6.

- Dans l'essentiel du roman, le pronom je désigne François, le narrateur. Pourtant, l'acteur central du roman demeure Meaulnes : c'est lui qui donne son nom à l'oeuvre et qui se trouve au coeur de l'Aventure. Il tire d'ailleurs une grande part de son mystère du fait qu'il est toujours vu de l'extérieur dans les épisodes dont il est l'acteur principal. Dans le récit de l'Aventure, Meaulnes est désigné par le pronom il ; il ne dit je que dans les derniers chapitres, qui constituent son journal, c'est-à-dire quand l'énigme est résolue. Ainsi Le Grand Meaulnes présente l'avantage de dissocier deux fonctions qui sont souvent réunies dans un même personnage et donc plus difficiles à percevoir : le héros et le narrateur.

Le type d'énoncé utilisé est le récit à la première personne, qui permet de juxtaposer aux phrases du récit pur (passé simple et imparfait) des phrases de discours (passé composé et présent). Ainsi le lien constamment établi entre passé et présent suggère un passé dont le poids continue à se faire sentir sur le présent : l'aventure vécue avec Meaulnes laisse une marque indélébile sur la vie du narrateur. On pourra, par exemple, étudier dans cette perspective le début du chapitre I (Le Livre de Poche n° 1000, pp. 11 à 13) et certains passages du chapitre VII (ibid., pp. 48-49).

- Le récit étant assumé par François, c'est son point de vue qui oriente la narration : ses réactions et ses appréciations s'imposent au lecteur, en particulier à travers les passages de discours. Le lecteur a donc la même vision lacunaire que lui, comme lui, il en est réduit aux hypothèses sur le séjour de Meaulnes à Paris, sur son dernier et mystérieux voyage. Le seul passage où ne domine pas le point de vue de François est le récit de l'Aventure elle-même. Bien que vu de l'extérieur (utilisation de la troisième personne), Meaulnes oriente la narration par son point de vue, puisque c'est lui qui a raconté à François sa visite au Domaine mystérieux ; voir, par exemple, les pages 72-73, 91, 95 (op.cit.)

- Les forces agissantes :
1ère et 2ème parties : Sujet : Meaulnes. Objet : Y. de Galais. Adjuvants : François, Frantz de Galais. Opposants : les camarades de l'école, le temps.

Début de la 3ème partie : Sujet : François. Objet : Y. de Galais. Adjuvants : Jasmin Delouche, Dumas. Opposants : Meaulnes et son manque d'espoir, Frantz de Galais et sa promesse, Valentine.

Fin de la 3ème partie : Sujet : Meaulnes. Objet : le bonheur. Adjuvants : Y. de Galais, François. Opposants : Frantz de Galais, Valentine.

BIBLIOGRAPHIE

- C. Duchet, "Eléments de titrologie romanesque - La Fille abandonnée et La Bête humaine", Littérature n° 12, 1973.
- G. Idt, R. Laufer, F. Montcoffe, Littérature et Langages, tome III : Le roman, récit non romanesque, le cinéma, Nathan, 1975.
- H. Mitterand, "Les titres des romans de Guy des Cars", in Sociocritique, Nathan, 1979, Coll. "Nathan-Université".
- A. Viala, M.P. Schmitt, Faire/Lire, Didier, 1979.
  Savoir lire, Didier, 1982.

27. Le message informatif

(Manuel, pp. 221 - 227)

Ce chapitre est un essai de synthèse portant sur les différentes formes de messages informatifs. Nous avons essayé de lui donner un contenu pratique (en rappelant notamment le code d'écriture d'une lettre), mais nous avons tenu aussi à conserver une perspective linguistique aussi rigoureuse que possible. Dans notre esprit, l'entraînement à la rédaction des lettres et des comptes rendus ne peut constituer une fin en soi : il doit rester lié aux "problèmes stylistiques" que posent les textes littéraires.

EXERCICES

1. Lectures

1 Demandes : 2, 6, 10. Répliques : 1, 8. Réactions : 3, 4 (peut être classé dans les répliques, si on considère le message implicite que comporte l'envoi d'un livre), 5, 7, 9.

2 1a ; 2e ; 3d ; 4g ; 5b ; 6h ; 7f ; 8c (ou : 8f, 8h).

3 1. SUIS RECU - ARRIVE DEMAIN - BAISERS - JEAN.
2. PAPA GRAVEMENT MALADE - PRESENCE INDISPENSABLE - URGENT - MAMAN.
3. ARRIVE PARIS 13 MARS - TRAIN 18 H 50 - VOUS ATTENDRAI - PIERRE.
4. ANNULE CONFERENCE DEMAIN 20 H 30 - CAUSE ENNUIS GRAVES - MILLE EXCUSES - PAUL PETIT.

4 Etude comparée de deux messages informatifs :

- Les deux entreprises signalent leur importance, leur extension géographique ("groupe français", "entreprise de renommée mondiale"), mais ne se nomment pas directement : seul le secteur d'activité est précisé. La disposition typographique de l'annonce est la même dans les deux cas : désignation de l'annonceur, définition du destinataire, formule de conclusion. Sous une forme modifiée, on retrouve le code rhétorique de la lettre. Mais alors que la lettre introduit une communication entre des personnes qui se connaissent (un partenaire, au moins, sait qui est l'autre), le message publicitaire cherche à faire entrer en contact des personnes qui ne se connaissent pas.

- Les deux annonces visent des destinataires différents. Ils auront le même âge (25 ans, délivrés des "obligations militaires"), mais appartiendront à des groupes sociaux bien distincts : pour Le Monde, de "jeunes cadres" issus des grandes écoles ; pour France-Soir, un "jeune vendeur" qui sera jugé sur sa seule personnalité. Dans un cas, le titre de reconnaissance sociale (le diplôme de grande école) doit être déjà possédé, dans l'autre cas, il sera attribué après une période d'initiation ("on lui confiera un secteur fixe avec le titre de Chef de secteur..."). L'annonce du Monde est assez laconique : elle s'adresse à un public qui connaît le code qu'elle véhicule (d'où l'usage des sigles et des abréviations : HEC, ESSEC, SUP de CO, Impt. O.M.). L'annonce de France-Soir, au contraire, n'utilise pratiquement pas d'abréviations, et explique en détail son propos : car elle doit construire un type social qui n'est défini par aucune sanction universitaire.

- Une seule abréviation commune : C.V. Elle indique l'importance du curriculum vitae : source de renseignements nécessaires, mais aussi acte de candidature à travers lequel le postulant apparaîtra et pourra être jugé. L'annonce de France-Soir exige, en plus, une photo : c'est que celle-ci fait également partie du curriculum vitae, puisqu'elle correspond à la qualité de "bonne présentation" qui est demandée !

5 Le rapport comprend quatre articulations essentielles : a/ la situation de départ - b/ les conditions de réalisation - c/ les objectifs - d/ conclusion. D'où l'organisation suivante : a/ la situation de la construction scolaire : problèmes financiers et démographiques (2, 9) - b/ les conditions de réalisation : politiques, géographiques et économiques (5, 7, 8) - c/ les objectifs : la sécurité, la visée pédagogique et culturelle (3, 1, 6) - d/ conclusion (4). Il est possible d'inverser l'ordre respectif des deuxième et troisième parties, la définition des objectifs précédant l'énumération des conditions de réalisation.

6 L'exercice est une application des définitions données dans le texte de la leçon, que l'on combinera avec les indications apportées par un dictionnaire de langue ou un dictionnaire encyclopédique.

2. Problèmes stylistiques

7 Laclos, Les Liaisons dangereuses (1782)

- La lettre de M. Bertrand est une "réaction", puisqu'elle rend compte d'un événement, la démarche faite auprès du magistrat. Mais c'est aussi une "réplique" déguisée : le Président répond, par l'intermédiaire du vieux serviteur, à la lettre que ce dernier lui a communiquée de la part de Madame de Rosemonde.

- Le code de politesse est ici très fortement marqué : dans la formule d'introduction, et surtout dans le paragraphe final où le vieux serviteur demande à Madame de Rosemonde des nouvelles de sa santé. M. Bertrand transgresse le devoir de réserve que lui impose sa condition sociale : aussi demande-t-il qu'on lui pardonne la "liberté" qu'il prend. En effet, son message va au-delà de ce qui lui avait été prescrit : il devient donc "libre", et n'est acceptable qu'encadré par les prescriptions de la politesse.

- La formule finale est abrégée par souci littéraire, pour que soient évitées d'une lettre à l'autre des répétitions inutiles. Mais l'effacement du nom du Président et de la date est intéressant. Il tient aux conditions de publication qui sont censées être celles du recueil composé par Laclos. La "préface du rédacteur" explique les raisons pour lesquelles les lettres qui sont publiées ont subi certaines modifications. Certains passages ont été supprimés, les noms des personnes ont été changés pour que soit préservé le caractère privé des lettres. Cette censure est fictive, bien sûr, puisqu'il s'agit d'un roman. Mais n'oublions pas qu'un tel travail de réorganisation était tout à fait courant au XIXè siècle dans l'édition des correspondances réelles. Coupures, modifications, interpolations même ont amenagé les correspondances de Balzac, de Stendhal, de Flaubert, de Mérimée, de G. Sand ou de Zola. Les additions de Madame Hanska dans le texte des lettres de Balzac sont restées célèbres. Des accidents du même ordre ont déformé les volumes de la Correspondance inédite, de Stendhal, donnés en 1855 par le cousin et exécuteur testamentaire du romancier, Romain Colomb, ou les volumes de la Correspondance, de Flaubert, dus à sa nièce Caroline Commanville (éd. Charpentier, 1887-1893). Même chose pour la première édition, chez Fasquelle, de la Correspondance de Zola, constituée à partir de copies manuscrites faites par Alexandrine Zola. Dans la tradition littéraire, la lettre a toujours été considérée comme un texte au statut incertain, situé entre le document autobiographique et l'invention apocryphe...

8 Balzac, Le Colonel Chabert (1844).

Curriculum vitae du Comte Ferraud (en 1818).
(Tous les renseignements donnés ci-dessous sont déduits de l'extrait du Colonel Chabert que nous avons cité).

1. Etat civil
Nom : Ferraud.
Date et lieu de naissance : 1781, à Paris.
Origine sociale : noblesse de robe. - Titre : comte.
Situation de famille : marié.
Situation professionnelle : Conseiller d'Etat, Directeur général.
Adresse : faubourg Saint-Germain, Paris.

2. Carrière
1793 : Régime de la Terreur. Emigre et perd sa fortune.
1800 : Début du Consulat. Rentre en France.
1800-1807 : Attitude politique d'opposant à l'Empire.
1803 (août) : Mariage avec la veuve du Colonel Chabert. L'Empereur favorise cette union.
1814 (mai) : Restauration : Retour de Louis XVIII.
1814 (décembre) : Ordonnance sur la restitution de leurs biens aux émigrés : retrouve une partie de sa fortune.
1815-1818 : Entame une carrière politique avec l'appui du roi Louis XVIII.

9 Zola, lettre à Nadar, 28 août 1876 (Correspondance, t. II, 1869-1877, éd. H. Mitterand, B. Bakker, C. Becker, Presses de l'Université de Montréal et CNRS, 1980, p. 485).
La lettre est très courte. Deux notes historiques auront pour fonction de situer les deux faits qui composent ce message : le séjour en Bretagne et le projet de photographie. Ces notes cerneront l'événement dans sa réalité chronologique : dates des vacances en Bretagne, et du rendez-vous avec Nadar. Si l'on ne veut pas limiter l'annotation à la solution des allusions immédiates, il sera utile de dépasser l'anecdotique pour atteindre une perspective biographique : il faudra rappeler, alors, la nature des relations qui unissaient Zola et Nadar, et indiquer quelle a été leur importance dans la carrière du romancier. Un troisième niveau d'annotation est même possible, cette fois-ci sociologique, et réfléchissant à la composition du milieu artistique dans les débuts de la Troisième République. On voit donc que la situation historique d'un message est complexe. Tout dépend du niveau d'interprétation qu'on lui donne : anecdotique, biographique ou sociologique.
En ce qui concerne le style de la lettre, il faut mentionner la netteté pragmatique de la communication. A la demande de Nadar, Zola entend donner une réponse complète et définitive : "voila une affaire entendue", écrit-il, comme s'il avait déjà eu l'accord de son interlocuteur. La lettre a ici la densité d'un télégramme et l'efficacité d'un message téléphonique. Elle est organisée autour de la seule fonction référentielle.
N.B. Félix Tournachon, dit Nadar (1820-1910) est un des plus grands photographes du XIXè siècle. Il avait fait paraître en 1854 un Panthéon des gloires contemporaines, et préparait, en 1876, un deuxième Panthéon où il voulait inclure Zola. Mais cet ouvrage ne vit jamais le jour. Nadar était, comme Zola, lié au milieu des peintres impressionnistes. Les deux hommes se connaissaient depuis quelques années. Nadar réalisa plusieurs portraits de Zola entre 1876 et 1898.

3. Création
Ces exercices d'entraînement permettent une prise de contact avec les situations de la vie réelle. On utilisera les manuels qui sont cités en étant conscient des services qu'ils peuvent rendre, mais en n'hésitant pas aussi à sortir du cadre souvent rigide qu'ils imposent.

BIBLIOGRAPHIE

- J. Alméras, P. Noblecourt, J. Chastrusse, Pratique de la communication. Méthode et exercices, Larousse, 1978.

- D. Baril, J. Guillet, Techniques de l'expression écrite et orale, Sirey, 1972, 2 tomes.
- P. Jeoffroy-Faggianelli, L.R. Plazolles, Techniques de l'expression et de la communication, Nathan, 1975, Coll. "Nathan-Université".
- F. Vanoye, Expression et communication, A. Colin, 1973, Coll. "U" (op. cit. dans la bibliographie du chap. 5).
- Y. Bourdoiseau et alii, Savoir s'exprimer, Ed. Retz, 1977.

28. La performance orale

(Manuel, pp. 228 - 237)

Ce chapitre sur la performance orale constitue une synthèse des études précédentes sur la communication. Plutôt que de donner une série de recettes pour l'exposé, le dialogue ou le débat, nous avons voulu illustrer une nouvelle fois l'idée que toute parole est un acte, et que la validité d'un message oral dépend avant tout de la prise en compte des modalités de son énonciation. C'est ce qui explique l'importance accordée aux conditions de réalisation des messages oraux, à travers le problème des niveaux de langue et des fonctions du langage.

EXERCICES

1. Lectures

1 P.A. Chassagneux, Le Monde (26 décembre 1975).

- Plan de l'article : deux parties opposées à partir de la distinction entre l'Eglise-institution et l'Eglise communauté.
1. Agonie de l'institution : a/ Diminution du nombre des pratiquants. - b/ Diminution du nombre des prêtres. - c/ Désarroi des croyants devant les lignes fondamentales de la foi.
2. Vigueur de l'Eglise-communauté : a/ L'institution agonise parce que son langage est celui du passé. - b/ Avec un langage d'aujourd'hui, le message du Christ est toujours perçu.
Le texte a été coupé au moment où l'auteur va démontrer la vitalité du message du Christ, à travers les arguments suivants :
c/ Les ordres contemplatifs accueillent de plus en plus de gens, en quête de recueillement. - d/ Dans tous les milieux, naissent et se développent de petites communautés chrétiennes "au nom de Jésus", fondées sur le besoin de partage et de communication.

- Ce plan est un plan dynamique : l'argumentation a pour but de susciter un renouveau chez un public de croyants qui perd tout espoir dans l'avenir de la religion en l'associant à celui de l'Eglise. Autre plan possible :
1. Le rôle de l'Eglise autrefois : a/ Rôle politique. - b/ Rôle religieux. - c/ Rôle social.
2. L'Eglise aujourd'hui : a/ Difficultés internes (crise du recrutement, affrontements sur les dogmes). - b/ Difficultés externes (diminution du nombre des pratiquants, concurrence des sectes).
Ce plan est statique ; il se place dans une perspective historique et se borne à être un constat, une description. Il s'adresserait à un public plus large, désireux de s'informer sur l'Eglise, sans que se pose le problème d'une mise en pratique d'une foi religieuse.

- Pour une documentation et une synthèse sur la question, on pourra se reporter aux Dossiers et Documents du Monde, n° 32, juin 1976, d'où est extrait ce glossaire, point de départ utile pour des recherches.

AGGIORNAMENTO : Mot italien utilisé par le pape Jean XXIII pour parler de la "mise à jour" ou renouvellement de l'Eglise.

APOCALYPTIQUE : Qui évoque la fin du monde, de terribles catastrophes (telles qu'elles sont décrites dans l'Apocalypse, dernier livre du Nouveau Testament).

CHARISMATIQUE : Ce qui a trait aux dons conférés par la grâce divine. "Mouvement charismatique" : le courant pentecôtiste récemment apparu dans l'Eglise catholique.

COMMUNAUTE DE BASE : Petit groupe de chrétiens, souvent en marge ou même coupé de l'Eglise "institutionnelle".

DEMYTHISATION : Procédé préconisé par le théologien Rodolphe Bultmann pour débarrasser les récits bibliques de leurs aspects merveilleux, miraculeux et "mythiques".

ESOTERISME : Doctrine suivant laquelle des connaissances ne doivent pas vulgarisées, mais communiquées seulement à un petit nombre de disciples.

FONDAMENTALISME : Le fait d'interpréter la Bible littéralement.

GNOSE : Connaissance suprême, et cachée, des mystères de la religion.

INTEGRISTES : Nom donné aux catholiques qui refusent toute évolution de l'Eglise et veulent maintenir le système religieux dans son intégralité.

METAPHYSIQUE : La recherche rationnelle des fondements des actes humains, de la religion, de l'art, de l'être en tant que tel et des causes de l'univers.

MILLENARISTE : Se dit des sectes qui enseignent que le Messie règnera mille ans (millenium) sur la terre avant le jugement dernier.

OECUMENISME : Mouvement favorable à la réunion de toutes les églises chrétiennes en une seule.

PARAPSYCHOLOGIE : Etude des phénomènes psychiques inexpliqués, paranormaux (télépathie, prémonition, télékinésie, lévitation, etc.).

PENTECOTISME : Mouvement né dans le protestantisme américain, dans lequel l'Esprit-Saint se manifesterait comme lors de la Pentecôte (don des langues ("glossolalie"), de la guérison, de la prophétie, etc.).

PROGRESSISTES : Nom donné aux catholiques favorables à la réforme de l'Eglise, voire de la religion en sa formulation dogmatique.

SECTE : (sens religieux) groupe qui a fait sécession d'une église ; ensemble des disciples d'un maître hérétique ; (sens sociologique) groupement contractuel de volontaires qui partagent la même croyance.

SECULARISATION : Processus selon lequel la sphère du sacré et de l'intemporel disparaît au profit du profane et du temporel (le "siècle").

ZEN : Une des principales écoles du bouddhisme japonais. C'est une technique de méditation-contemplation.

- Fonction expressive : a/ phrases exclamatives et interjections traduisant la passion de l'orateur pour son sujet (indignation, regret) - b/ emploi de la première personne du singulier et du pluriel, montrant que l'orateur s'investit personnellement dans son argumentation (nous révélait - mon village natal - me confiait un évêque). Fonction impressive : interrogations oratoires visant à réveiller la réflexion de l'auditoire (Où est l'essentiel ? Qu'admettre ou que rejeter ?). Fonction de contact : elle s'exprime essentiellement par une certaine simplification de la construction syntaxique, ainsi que par l'abondance des phrases nominales. Fonction poétique : abondance des métaphores (l'Eglise-institution agonise - tout craque - parler de la liturgie serait un poème - les coeurs s'ouvrent).

2 Comme l'analyse, la reformulation, tout en dégageant l'essentiel d'une pensée, a pour but de mettre en évidence les moyens employés pour la démonstration ; elle utilise donc un langage descriptif et des formules d'introduction, et présente les idées dans un ordre hiérarchique qui n'est pas forcément l'ordre chronologique du texte.

1. P. Viansson-Ponté s'attache à détruire le mythe du travail manuel comme moyen d'épanouissement physique. Il montre, en effet, que d'après les études statistiques, ce sont les travailleurs en contact avec la matière qui vivent le moins longtemps (moins de 74 ans en moyenne).
2. P. Dijoud entend affiner les analyses qui concernent le nombre des étrangers figurant parmi les demandeurs d'emploi. Il reconnaît que la progression du chômage est plus forte chez les travailleurs immigrés que chez les autres, mais il ajoute que le pourcentage d'étrangers parmi les chômeurs est inférieur au pourcentage qu'ils représentent dans l'ensemble des travailleurs.
3. C.A. Julien souhaite que se développe en France une éducation antiraciste. Il pense, en effet, que le racisme prend chez nous des formes plus insidieuses, mais non moins graves qu'ailleurs : notre intolérance à l'égard de toute pratique qui s'éloigne de celles auxquelles nous sommes habitués nous conduit à considérer comme inférieur tout être différent, ce qui est le propre du racisme.

3 Vraies questions : 2, 4, 7, 8. Fausses questions : 1, 3, 5, 6, (4, selon les situations).

4 Interview de R. Planchon

- Redondance phonétique : anaphore des "pourquoi ?". Redondance sémantique : synonymes (textes datés - vieillis) ; répétition de la même idée (cf. la reprise des classiques, phénomène récent, et : auparavant, les hommes de théâtre ne montaient jamais de classiques ; vers la fin du XIXè siècle... c'est le surgissement du metteur en scène, et : avant le XIXè siècle, il n'y a pas de metteur en scène ; j'appartiens à une race de metteurs en scène peu théoriciens, et : je ne cherche pas à faire de la théorie ; à l'origine, la démarche est intuitive, et : je lis le texte, j'ai une intuition) ; formules d'insistance (non - absolument - il n'y a aucun doute...).

- Fonction de contact : elle apparaît dans les formules d'insistance. Fonction expressive : importance du pronom de la première personne, dans les paroles de R. Planchon. Fonction impressive : les questions et l'emploi du pronom de la deuxième personne par les deux journalistes. Fonctions référentielle et métalinguistique : précision de l'analyse que fait Planchon de l'apparition historique du metteur en scène ; précision des exemples (le Tartuffe de Planchon, le Chatterton de Jourdheuil, Le Misanthrope de Vincent). Les deux journalistes reformulent à plusieurs reprises les idées exprimées par Planchon, afin d'établir une synthèse partielle et de faire progresser la réflexion. Ainsi : En somme, ce qui fait l'intérêt d'un texte... que la mise en scène ré-opacifie (cette phrase résume le développement précédent de R. Planchon, et constitue une réponse globale et précise à la première question posée : "Pourquoi monter des classiques ?"). Tu refuses la conception du créateur original et omniscient (condensé des idées de Planchon sur sa façon de travailler ; réponse à la question posée : "Comment aborde-t-on le montage d'un texte classique ?").

5 Extrait de Positif (janvier 1977).

- Fonction référentielle : noter la précision des exemples (le film de R. Allio, les ouvrages de Le Roy Ladurie, etc.). Fonction expressive : dans les paroles de R. Allio et d'E. Le Roy Ladurie, qui interviennent ici en tant que créateurs. Fonction de contact : redondance syntaxique à travers l'utilisation de présentatifs et de formules d'insistance (usage fréquent de : c'est, ce qui, c'est que...) ; redondance sémantique (cf. épuisement du roman, et : tout semble avoir été dit ; évacué, et : marginal ; personnage populaire, et : homme du commun) ; reformulation : reprise par E. Le Roy Ladurie de la dernière phrase de R. Allio.

- Enchaînement des idées dans les répliques (nous avons numéroté les répliques de 1 à 7, en excluant la première intervention, celle de M. Sineux). 1. Reprise de l'idée exprimée : l'histoire remplace le roman comme fournisseur de thèmes de films. 2. Progression du général au particulier (des films d'histoire aux films de R. Allio, centrés sur les oubliés de l'histoire) : passage à la 1ère personne. 3. Approfondissement de l'idée précédente (Je crois en effet) : dans les documents historiques qui ont inspiré ces films, le peuple s'exprime vraiment avec sa culture propre. 4. Progression d'une constatation à une explication : l'histoire intéresse le cinéma parce qu'elle permet la quête des racines, caractéristique essentielle de notre époque. 5. Reprise de l'idée de la parole donnée au peuple, avec un approfondissement : la parole populaire avait été confisquée. 6. Nouvel approfondissement de l'idée précédente dans une perspective d'évolution historique : a/ de la parole confisquée à la parole redonnée - b/ la juxtaposition de deux paroles, celle du peuple et celle du pouvoir. 7. Illustration de l'idée précédente : l'institution judiciaire est privilégiée, car elle juxtapose les deux types de paroles.

- Synthèse partielle :

Les interlocuteurs ont mis en évidence l'importance que prennent les travaux des historiens dans le cinéma. Le peuple, auquel ces travaux ont donné la parole, est devenu un personnage important du cinéma. Après avoir rendu vie aux cultures populaires oubliées, le cinéma aborde maintenant une deuxième étape : il procure une vision plus complète du passé en juxtaposant ces deux paroles si différentes, celle du peuple et celle du pouvoir.

2. Problèmes stylistiques

6 Hugo, Discours à l'Assemblée législative (1850).

- La superposition de différents types de lectures conduit aux conclusions suivantes. Si l'on s'en tient aux seules pauses indiquées par la ponctuation écrite, le texte perd beaucoup de sa force de persuasion ; on conserve une démonstration logique, non une parole avec sa vie et ses effets. Le deuxième type de lecture permet des variations plus importantes, mais il reste essentiellement centré sur la valeur logique et sémantique du texte. Au contraire, le troisième type de lecture, en "coups de poings", donne une parole contrastée, dramatique, c'est-à-dire centrée sur l'adhésion affective du public, plus que sur une conviction raisonnée. Voir ce que nous avons noté plus haut pour l'exercice 10, chap. 5.

- Fonction expressive : abondance des exclamations ; importance du pronom de la première personne.

- Fonction impressive : mise en cause directe du public (Messieurs) ; présence de la deuxième personne désignant l'auditoire ; importance des impératifs.

- Redondance du message : redondance phonétique (anaphore des mots : homme, délit, incertain, justice, remarquez, actuel, saisissez ; reprise de certaines phrases entières) ; redondance syntaxique (présentatifs : voila, c'est là...) ; redondance sémantique (vous le saisissez / vous l'arrachez / vous le déracinez).

- Fonction poétique : les anaphores relevées plus haut contribuent à la fois à l'efficacité et à la beauté du message oral ; voir aussi les métaphores, les antithèses (bruit / silence ; clarté / ténèbres), les jeux sur les sonorités (allitérations en c : condamné, criminel ; en f : femme, enfants, famille, affection ; assonances en i : amis, famille, patrie ; en an : silence, distance, effrayante).

3. Création

7 Cet exercice de création pourra se faire collectivement. C'est une bonne mise en application des conseils donnés dans les chapitres sur la documentation et le savoir littéraire (chap. 1, 2, 4) : il s'agira en particulier de distinguer les différentes sources d'information, et de mettre constamment en relation le texte, d'une part, structure autonome et culturelle, et l'écrivain, d'autre part, être individuel et social.

BIBLIOGRAPHIE

- F. Vanoye, Travailler en groupe, Hatier, 1976, Coll. "Profil Formation".
- H. Sorez, Prendre la parole, Hatier, 1976, Coll. "Profil Formation".
  Pour conduire une réunion, Hatier, 1977, Coll. "Profil Formation".

29. Les schémas

(Manuel, pp. 238 - 244)

Comme les autres chapitres de la Cinquième partie, ce chapitre conduit à des méthodes de travail qui dépassent la stricte étude des textes littéraires. D'où l'utilisation que nous avons faite, dans les exercices, des études de cas ou des études de documents proposés en histoire et géographie ou en sciences économiques et sociales. Mais ce détour apparent ne sera pas inutile : outre qu'il donnera à l'élève une meilleure conscience de l'interdisciplinarité des méthodes de réflexion, il lui apprendra à pratiquer aussi la schématisation pour l'analyse des discours et des récits : c'est pourquoi les "problèmes stylistiques" proposent un schéma fonctionnel et deux schémas numériques sur des lectures de Corneille, Zola et Camus.

EXERCICES

1. Lectures

1 Les deux schémas de l'exercice ont été réalisés à partir des données numériques fournies par l'article EDITION de l'Encyclopaedià Universalis (éd.1968, t.5, pp. 958-960).

- Les deux figures comparent entre elles des quantités, et montrent les influences respectives des cinq grandes langues de diffusion internationale. Il est intéressant de constater que le français arrive en 5ème position pour le nombre des livres produits mais en 2ème position pour le nombre des traductions. L'anglais manifeste sa prépondérance dans les deux cas, mais plus encore dans la figure 2 que dans la figure 1. Les traductions de l'espagnol sont particulièrement faibles en regard des livres produits. Ajoutons que les cinq grandes langues réunissent une production d'environ 240 000 titres sur un total mondial de 450 000 titres : ce qui donne une proportion de 54%. En 1950, le pourcentage était de 45% : l'écart entre les nations riches et les nations pauvres s'accroît de plus en plus !

- Le premier schéma montre des quantités chiffrées, le deuxième des pourcentages. La transformation de la figure 1 en diagramme à secteurs est possible, mais l'inverse ne l'est pas : il faudrait connaître le nombre total des livres traduits - information que l'on n'a pas dans le schéma.

2 La réalisation de ces schémas ne pose pas de problèmes particuliers. Les deux courbes ainsi que l'histogramme montrent les fortunes respectives des romans de Zola au XIXème et au XXème siècle. La Débâcle est le roman le plus lu au XIXème siècle, mais ne vient qu'en 16ème position au XXème siècle; inversement, Germinal, le roman le plus célèbre de Zola de nos jours, ne vient qu'en 5ème position au XIXème siècle (voir le corrigé de l'exercice 4, chap. 4). Le diagramme comparant les tirages des six Rougon-Macquart les plus lus au XXème siècle doit être réalisé à partir des pourcentages suivants :

1. Germinal	27 %	
2. L'Assommoir	19 %	
3. La Bête humaine	16 %	sur un total de
4. Le Rêve	14 %	4 248 000 titres
5. Nana	13 %	
6. La Curée	11 %	

3 Deux aspects du sujet peuvent être traités :
a/ Le pétrole par rapport aux autres sources d'énergie (l'électricité, le gaz, le charbon) : aspects quantitatifs (les données numériques) et historiques (l'évolution des données).
b/ La production pétrolière en France : aspects géographiques (l'implantation des raffineries et des oléoducs) et économiques (de l'importation au raffinage).
Exemples de schémas possibles : une courbe des importations de pétrole de 1965 à 1978 ; un histogramme ou un diagramme comparant les différentes sources d'énergie en telle ou telle année.

4 Schéma de fonctionnement dans un grand garage :

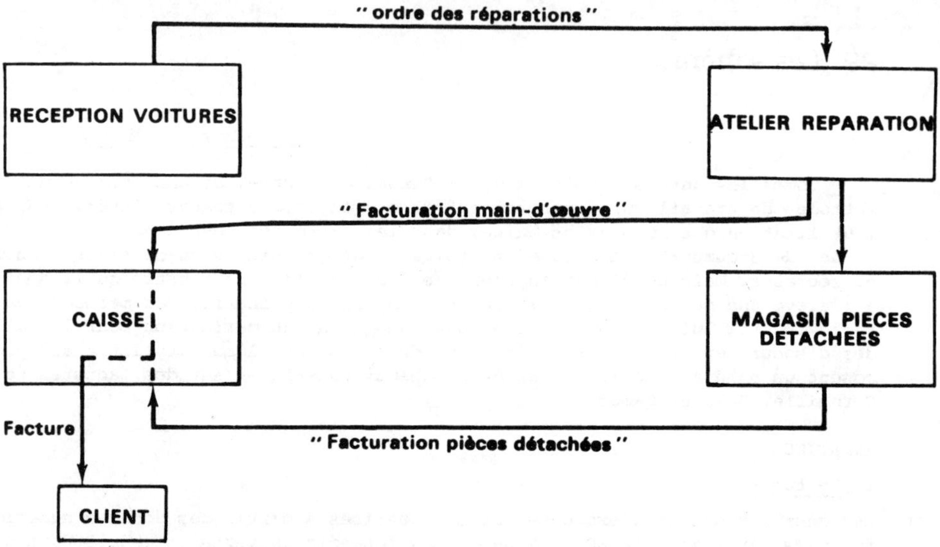

5 Le tableau-planning est un système à double entrée qui doit rassembler de la façon la plus économique autant d'informations que possible. Voici une solution où le programme d'activités est présenté sur deux colonnes seulement.

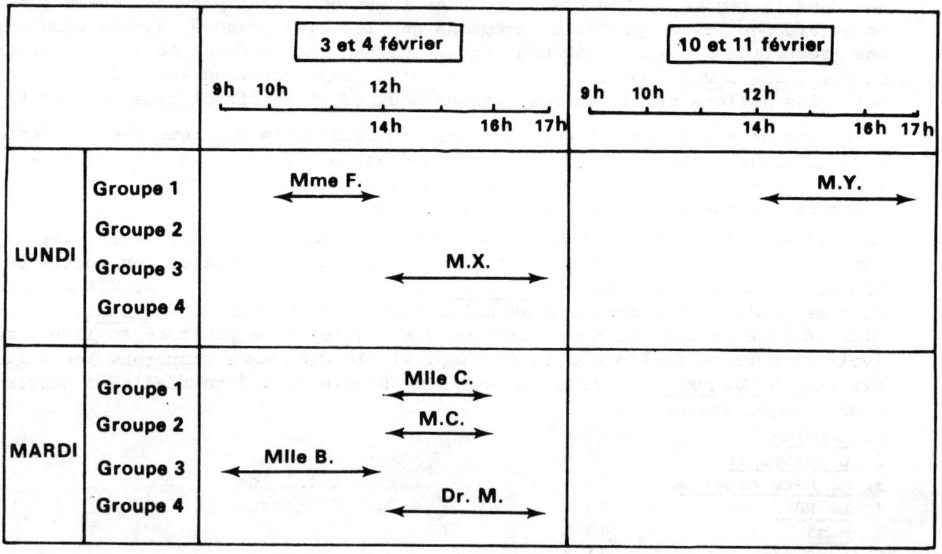

6 Organigramme montrant les différentes ristournes possibles :

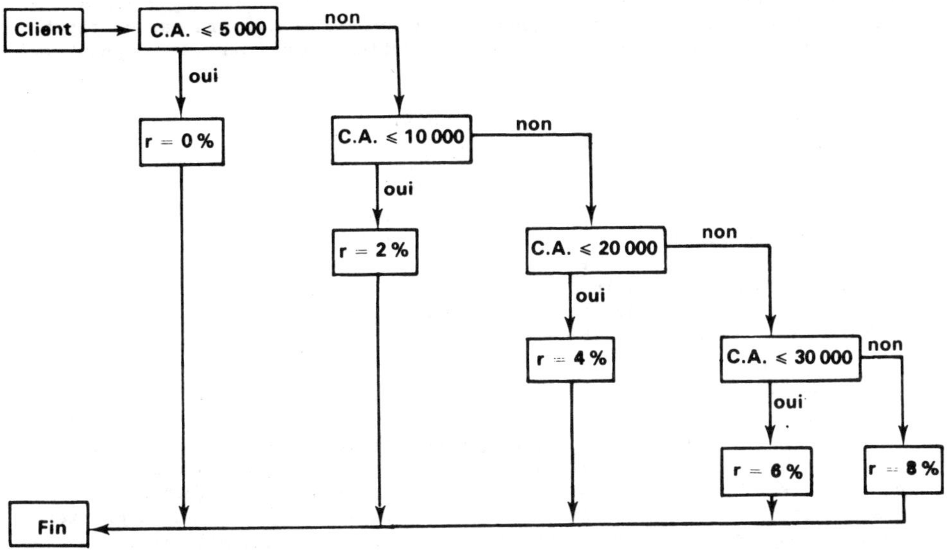

N.B. Dans cet exercice, comme dans l'exercice qui suit, la présentation de l'organigramme est simplifiée. Nous n'employons pas le code graphique des informaticiens qui distinguent par des rectangles ou des losanges les différentes opérations à effectuer.

7

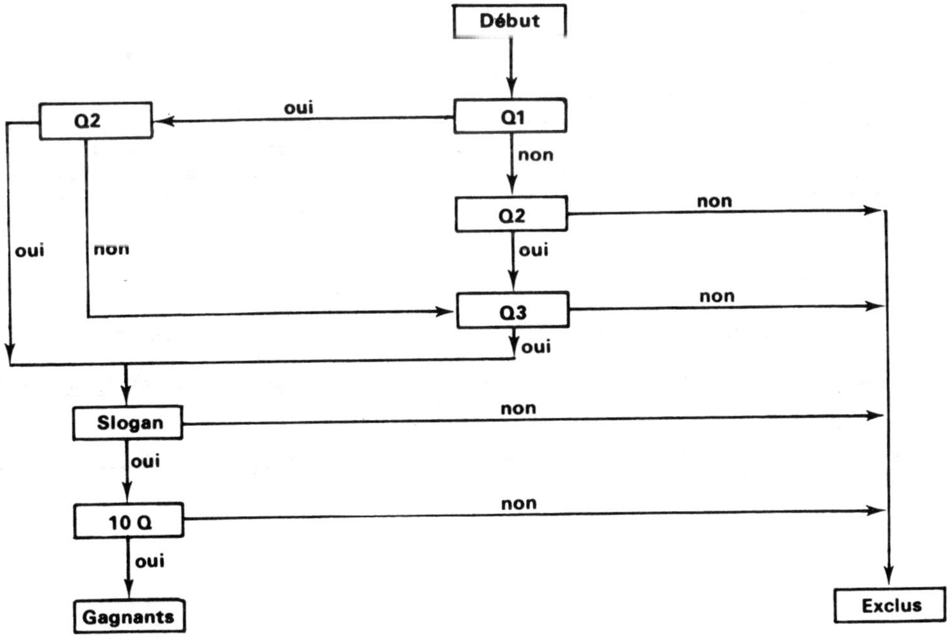

2. Problèmes stylistiques

8 Zola, L'Assommoir (1877).
Voici le déroulement chronologique du roman de Zola, chapitre par chapitre :
- Chap. I et II (Gervaise abandonnée par Lantier ; rencontre de Coupeau) : mai 1850.
- Chap. III (la noce) : été 1850.
- chap. IV (la vie des Coupeau) : 1850-1854.
- Chap. V. (la boutique) : 1855-1858.
- Chap. VI (Goujet, la forge) : 1858.
- Chap. VII (la fête de Gervaise): juin 1858.
- Chap. VIII (le retour de Lantier) : 1858-1860.
- Chap. IX (la fin de la boutique) : décembre 1860-début 1862.
- Chap. X (la déchéance) : 1863-1865.
- Chap. XI (Nana) : 1866-1868.
- Chap. XII (l'errance de Gervaise) : Janvier 1868.
- Chap. XIII (la mort) : 1869.

9 Camus, L'Etranger (1942).

Alors que dans L'Assommoir les repères chronologiques font souvent défaut, ici ils sont relativement abondants, et permettent de situer chaque chapitre par rapport à un jour de la semaine. Le récit se déroulant au cours de trois week-ends (de trois pauses dans des semaines de travail), on a figuré par des pointillés les journées intermédiaires. Parmi tous les chapitres de la première partie, seul le chap. V fait difficulté, car il se laisse mal situer dans le tamps : on peut penser, cependant, que les événements qu'il contient se déroulent un lundi ; en tout cas, il s'agit d'un début de semaine : voir l'épisode du repas chez Céleste et la rencontre de la "petite femme" qui coche le programme des émissions radiophoniques de la semaine.
Les divisions sur l'axe des abcisses sont égales, par souci de simplification ; mais on aurait pu tenir compte de la longueur respective de chaque chapitre, et représenter ces derniers par des segments inégaux.
L'unité temporelle du récit est celle de la journée. Un chapitre correspond de façon très régulière à une ou deux journées : rythme temporel bien différent de celui de L'Assommoir, où le chapitre peut recouvrir une journée ou plusieurs années (sur le rythme de la narration, voir Manuel, pp. 131 - 133). La progression dramatique se caractérise par : le resserrement autour de deux journées fortes (le samedi et le dimanche) et l'ellipse des journées intermédiaires; et surtout, par une densité croissante du rythme de la narration qui décrit des week-ends de plus en plus courts dans le temps. Le rétrécissement temporel s'accompagne d'une réduction des chapitres : le premier week-end se déroule sur trois chapitres, le deuxième week-end sur deux, et le dernier, le plus important, sur un seul! Ainsi, l'enchaînement des événements, le cheminement de la fatalité sont-ils figurés dans l'espace même de l'écriture romanesque.

BIBLIOGRAPHIE

- P. Barrère, M. Cassou-Mounat, Le Document géographique, Masson et Cie, 1972.
- B. Chevalier, Méthodologie d'utilisation d'un centre de documentation, Hachette, 1980 (op. cit. dans la bibliographie du chap. 2).
- O. Girault, Organisation administrative (enseignement supérieur technique, IUT, BTS...), Foucher, 1976.

30. La création extra-littéraire

(Manuel, pp. 245 - 252)

Après une étude des systèmes complexes que sont les textes littéraires, ce chapitre de conclusion oriente la réflexion vers les systèmes de signes non-verbaux qui se manifestent dans l'expression dramatique, la communication journalistique et l'image. Sans prétendre introduire à une pratique de ces différents langages, nous voulons ici en proposer une lecture, un décodage. C'est pourquoi nous nous sommes appuyés sur des études critiques récentes qui essaient d'appliquer à l'espace scénique, à l'espace journalistique, à l'image des analyses de type sémiologique (voir infra, la bibliographie).

EXERCICES

1. Lectures

1 L'intérêt de l'exercice consiste à passer d'une réflexion sur le texte théâtral (chap. 20, exercice 4) à une réflexion sur la dramaturgie , représentée en particulier par l'occupation de l'espace scénique.
Pour figurer spatialement l'alliance de Garcin et d'Inès contre Estelle, on peut adopter une disposition des acteurs en triangle : à la pointe extrême, Estelle, seule, fait face aux deux autres acteurs placés sur une ligne qui constituerait la base du triangle. Chaque réplique offensive de Garcin et d'Inès (particulièrement les phrases exclamatives ou interrogatives) peut être appuyée par une avancée de quelques pas en direction d'Estelle. Se sentant menacée physiquement, celle-ci recule et finit par s'enfuir - mouvement signalé par les didascalies ("Elle se précipite vers la porte... elle se retourne sur eux, adossée à la porte").

2 1. Récit de presse : a/ Structure formelle du récit : affrontement des personnages en vue de la réalisation d'un objectif. Sujet : les gangsters ; objet : accomplir victorieusement un hold-up ; adjuvant : un otage ; opposant : les policiers. - b/ Caractérisation psychologique des personnages, traduisant les sentiments du narrateur ("le calme, le courage et l'esprit d'à propos des policiers"). - 2. Information brute : Article dominé par la fonction référentielle ; précisions de temps et de lieu ; succession de verbes d'action purement descriptifs. Le seul lien exprimé entre les propositions est d'ordre chronologique et non logique (alors que). - 3. Article d'opinion : Importance de la fonction expressive (présence du pronom de la 1ère personne ; importance du vocabulaire des sentiments : je n'ai pas envie ; tristesse ; angoisse). - 4. Commentaire : Après la 1ère phrase qui énonce les faits, la 2ème phrase amorce une explication en fournissant des renseignements d'ordre historique (fondée en avril 1978), numérique (plusieurs milliers de militants), politique et idéologique (se réclame du mouvement de la Conscience noire).

3 1. Fonction incitative. Le titre joue sur le rapprochement insolite, souligné par la symétrie de la forme, entre une notation morale et une notation physique. Car, comme le dit Barthes (voir bibliographie, infra), tout fait divers essaie d'attirer la curiosité du lecteur et met en avant le détail surprenant. La nominalisation des phrases de titre (ici des participes passés, sans même le nom dont ils sont épithètes) a pour but de présenter un résultat figé, mettant en lumière les constantes qui demeurent sous le fourmillement des faits divers. Il s'agit d'un processus d'abstraction par lequel l'événement rapporté est vidé de son aspect contingent ; cela suppose une instance narratrice qui réorganise les faits, et surtout dégage leur portée générale pour le public. Sur ce problème, voir l'article de J. Peytard, cité dans la bibliographie.
2. Fonction informative. Phrase nominalisée.
3. Fonction incitative. Elle est fondée sur le rapprochement insolite entre l'univers du sport (la boxe) et l'univers politique (Tito). Ce titre appartient,

par sa forme, à la catégorie des énoncés verbaux. J. Peytard distingue deux types d'intitulés : l'intitulé verbal, qui retranscrit les paroles ou les pensées d'un personnage, et l'intitulé non-verbal, qui constitue un commentaire, un signal ou une description mise en relation avec un personnage particulier. Par opposition aux phrases nominalisées (qui appartiennent à la deuxième catégorie, et qui suggèrent une instance narratrice), les intitulés verbaux simulent la réplique de théâtre et orientent le lecteur vers une "scène" dont il devient le spectateur privilégié. C'est pourquoi ces titres se présentent souvent, comme dans un dialogue théâtral écrit, sous la forme d'un nom propre, suivi de deux points introduisant une phrase entre guillemets au style direct.
4. Fonction informative. Le titre annonce un article de commentaire et d'analyse, marqué par les fonctions référentielle et métalinguistique ("Comment mesurer...").

4 Cet exercice, comme l'exercice suivant, a pour but de montrer aux élèves que tout art suppose la maîtrise d'un code spécifique. Pour représenter une réalité donnée, le romancier peut jouer sur les temps verbaux, la présence ou l'absence des personnages, la relation d'ordre logique ou symbolique qui s'établit entre récit et description. Parallèlement, le langage cinématographique possède une grammaire qui lui est propre ; si les effets produits sont les mêmes, les moyens diffèrent : usage des plans et des angles de prises de vue.

1. Texte de Stendhal (Manuel, p. 143). Plan moyen englobant les deux personnages ou plan de demi-ensemble les situant dans le décor (le jardin devant la maison).. Plan américain ou rapproché montrant Julien Sorel et révélant les détails qui attirent l'attention de Mme de Rénal (son visage pâle, sa chemise bien blanche, sa veste sous le bras).

2. Texte de Balzac. Plan de demi-ensemble sur la salle entière. Plans rapprochés sur les buffets dispersés le long des murs. Gros plans sur les objets énumérés successivement : les carafes, les ronds de moiré métallique, les piles d'assiettes.

3. Texte de Flaubert. Gros plan sur le visage de Frédéric regardant par le vasistas, puis immobile, les yeux ouverts. Gros plan sur les quelques éléments du paysage découpés par le regard de Frédéric : la lanterne éclairant les croupes des limoniers, les crinières des chevaux, leurs haleines. Plan de demi-ensemble montrant la voiture roulant sur une route pavée, dans un paysage noir et indistinct.

4. Texte d'Alain-Fournier. Plans moyens ou de demi-ensemble sur la maison, la cour et le paysage de jardins et de prés qui l'entoure. Quelques gros plans ou des plans rapprochés sur les vignes vierges, les cinq portes vitrées, la petite grille.

5 Texte de Flaubert, Madame Bovary (Manuel, p. 136)
a/ Les plans. Plan de demi-ensemble sur le jardin, avec quelques plans rapprochés sur le cadran solaire, le curé de plâtre. Plan moyen sur Emma montant dans la chambre, suivi de gros plans sur la boîte de coquillages, le bouquet de fleurs d'oranger. Plan moyen montrant la scène où Charles prend le bouquet tandis qu'Emma reste assise, à rêver.
b/ Les angles de prises de vue. Plongée sur le jardin, afin de donner une impression de petitesse et d'écrasement, marquée dans la description par l'abondance des lignes de démarcation et de clôture (entre deux murs - une haie qui le séparait des champs - quatre plates-bandes... entouraient symétriquement). Plongée sur Emma que l'on sent démunie et étrangère dans cette nouvelle maison, ce qui annoncerait son malaise devant la découverte de la chambre conjugale.

Pour d'autres exercices de transposition, on pourra se reporter au livre de Y.R. Baticle cité en bibliographie.

2. Problèmes stylistiques

6 Racine, Phèdre (1677) - (Manuel, p. 167)
- Sur le rôle d'Oenone comme double sombre de Phèdre (incarnant les valeurs de vie et de passion contre celles de la mort et de la pureté), et sur la progression du dialogue, voir ce que nous avons noté plus haut (chap. 20, exercice

2.b). La position et les déplacements des deux actrices suivent la progression de la scène et marquent le passage d'une première partie où les répliques sont des monologues parallèles, à une deuxième partie où s'amorce une communication réelle (à partir du v. 27).

1ère partie : Phèdre est isolée dans son rêve intérieur, assise sur un siège. Le regard de Phèdre est perdu dans le lointain, il traverse l'espace scénique et Oenone sans les voir. Oenone, au contraire, l'entoure, l'observe d'un regard attentif et ponctue ses paroles de gestes qui soulignent son indignation et tentent de ramener Phèdre au réel.

2ème partie : Phèdre, revenant au réel, retrouve sa honte et se détourne, se cachant le visage dans ses mains, pour dissimuler sa rougeur et ses larmes aux regards du Soleil, symbole de pureté, et à ceux d'Oenone. Sentant que Phèdre a renoué le dialogue, Oenone s'approche pour attaquer.Elle a gagné lorsque Phèdre sortant de son silence et de son immobilité, se retourne et s'écrit : "Ah, Dieux !".

- L'hallucination de Phèdre perdue dans son rêve intérieur (v. 24-29) sera transcrite par un débit lent et une intonation chantante qui suivra une mélodie alternativement ascendante et descendante, signes d'un bonheur et d'un équilibre trouvés dans une vision imaginaire. Au contraire, la deuxième réplique illustrant le retour au réel, sera dite avec un débit rapide ; l'intonation sera ascendante en raison de la succession des phrases interrogatives, signes d'angoisse et de malaise.

- Objets-référents. Le texte offre une des rares didascalies du théâtre classique faisant intervenir un accessoire : il s'agit du siège sur lequel Phèdre prend place au début de la scène, et qui concrétise sa faiblesse physique, marquée nettement par le texte. De même, le texte suggère la présence de voiles lourds et d'un diadème dans les cheveux de Phèdre.

- On trouvera de précieuses indications sur la mise en scène de Phèdre dans le livre de J.L. Barrault, Mise en scène de Phèdre de Racine, Seuil, 1972, coll. "Points" (1ère éd., 1946). En suivant la pièce vers par vers, J.L. Barrault décrit tous les éléments nécessaires à la transcription scénique du texte théâtral. Voici comment il évoque la valeur symbolique qui peut être accordée au décor :
"A Trézène règne le contraste ; règne le clair-obscur.

Deux éléments contrastants doivent donc former le décor :
- d'une part : la lumière, le soleil, l'air marin ;
- d'autre part : des coins sombres donnés par les murs et les voûtes.

Aux exhalaisons salées de varechs s'oppose l'opacité âcre des chambres où s'enferment les personnages et que ceux-ci remplissent de leurs insomnies et de leurs obsessions.
Dans ce pays de lumière, on cherche l'ombre ; on s'y cache.
Les nuits sont blanches. Le sommeil a fui ; et dans le jour les hommes errent comme des somnambules.
Il y a du cauchemar à Trézène.
La tâche du décorateur réside donc dans une savante répartition des ombres et des lumières.

Les lumières. On doit sentir constamment la présence du soleil. L'action commence à l'aube et se termine après le coucher du soleil. Le soleil manifestera d'autant plus intensément sa présence que la scène sera traversée de rayons. Jamais ce qu'on appelle un "plein-feu" de théâtre ne donnera autant l'impression brûlante du soleil que si celui-ci perce l'atmosphère par des faisceaux lumineux serrés. La présence du soleil se manifeste avec plus de force à travers les fentes d'une persienne qu'en plein milieu d'une plaine où tout, baigné par lui, est aplati.
Que les projecteurs soient "saignants". Il suffit de fissures justement disposées dans les murs, et à travers lesquelles le soleil s'infiltrera, pour donner une impression de grande luminosité". (Op.cit., pp. 30-31).

On pourra également penser au décor de Max Shöndorff, dans la mise en scène de Jacques Rosner, au théâtre du Marais : le sol recouvert de sel symbolisait à la fois le blanc desséché du paysage grec et du bord de mer, et la violence des sentiments (le sel provoquant un continuel crissement sous le pied).

7 Extrait de France-Soir (17 mars 1981).

- Fonction incitative du titre. L'énigme (ou l'absurdité logique) présentée par le redoublement du nom Watbled, à la fois sujet et complément de verbe, sera élucidée dans le corps de l'article par les paroles du manager.

- L'article se présente comme un récit de presse : a/ Suggestion d'une durée temporelle à travers les repères chronologiques (lundi 8 décembre 1980 ; trois mois plus tard ; il va reboxer jeudi). - b/ Volonté de donner une épaisseur psychologique aux personnages, en leur faisant commenter la situation par des phrases au style direct ; on remarquera que la mise en récit s'accompagne d'une "mise en scène", les répliques du boxeur faisant écho à celle du manager en une sorte de dialogue théâtral (voir plus haut, exercice 1.c, ce que nous avons noté sur l'intitulé verbal). - c/ Intervention directe du narrateur qui commente la situation et analyse les réactions du boxeur.

- Fonction expressive : essentiellement dans les phrases de style direct pour le boxeur et le manager (1ère personne, vocabulaire des sentiments) et dans l'ironie du narrateur à travers la phrase qui reprend le titre de l'article. Fonction impressive : à travers l'avertissement que lance le narrateur au boxeur, et par-delà au lecteur : "mais attention, la victoire devra être nette" (interjection ; emploi du futur à valeur d'ordre).

- Fonction poétique : présente à travers les métaphores et comparaisons (le trou noir - écorché vif), et le rythme de certaines phrases (martèlement des répétitions : sans argent, sans combat ; groupes nominaux découpés qui dramatisent la phrase : une fausse note, une seule - pour un bon moment, cette fois).

- Le communiqué d'agence ne retiendra que des dates précises (celle du dernier combat, le lundi 8 décembre 1980, et celle du futur combat, le jeudi 18 mars 1981), et un fait : le retour sur le ring du boxeur Watbled.

8 Prévert, "Chasse à l'enfant", Paroles (1945).

- Plans et angles de prises de vue. Si l'on considère que le premier vers du poème correspond à des paroles, et non à une image, les plans peuvent se succéder de la façon suivante. Plan général sur l'île ; plan de demi-ensemble de la "meute des honnêtes gens" ; plan moyen sur l'enfant et les gardiens qui lui brisent les dents ; plan de demi-ensemble sur l'enfant étendu sur le sol, puis sur l'enfant poursuivi sur le rivage par la meute des honnêtes gens ; plan général sur la mer où nage l'enfant, et sur le rivage où les honnêtes gens tirent des coups de fusil ; plan rapproché sur les honnêtes gens "bredouilles et verts de rage" ; gros plan final sur l'enfant, pour traduire l'angoissante question du poème : "Rejoindras-tu le continent ?" (ou, au contraire, plan général en plongée sur la mer immense où semble se perdre l'enfant).
On pourra obtenir les effets suivants en variant les angles de prise de vue : plongée sur l'enfant poursuivi pour renforcer l'impression d'accablement et d'hostilité ; contre-plongée sur les gardiens battant l'enfant, pour renforcer l'impression de brutalité sauvage ; utilisation du champ contre champ pour la poursuite sur le rivage : cet angle spécial montre alternativement deux groupes ou interlocuteurs, et donne une impression de vivacité, d'affrontement entre les deux parties.

- Le procédé de la caméra subjective conviendrait particulièrement pour la scène dans la maison de redressement : elle laisserait voir les gardiens en contre-plongée, tels que l'enfant étendu sur le ciment les perçoit. De même, le mouvement éperdu de l'enfant "galopant dans la nuit" peut être rendu par le défilement très rapide des images montrant le paysage environnant.

- Les différentes séquences se succèdent ainsi : poursuite de l'enfant sur le rivage ; scène dans la maison de redressement ; développement de la séquence de la poursuite sur le rivage ; scène de l'enfant fuyant, à la nage, l'île et les honnêtes gens tirant sur lui.

- Comme le montre l'enchaînement des séquences, on peut dégager plusieurs types de montage

. montage par leitmotiv, à la fois sonore (on entend sept fois le vers d'injures : Bandit ! Voyou ! Voleur ! Chenapan !), visuel (évocation répétée de l'île, décor serein, en opposition avec le drame qui s'y déroule), et métaphorique (les honnêtes gens comparés à une meute).

. montage par flash-back : la scène de violence dans la maison de redressement, origine chronologique et logique de la fuite de l'enfant, n'est évoquée qu'au bout de huit vers, créant une rupture dans la séquence de la poursuite, amorcée dès le début du poème.

. On peut même déceler un effet de montage parallèle pour le passage qui décrit alternativement les poursuivants et le poursuivi (<u>il galope dans la nuit / Et tous galopent après lui</u>).

3. <u>Création</u>

9 1. <u>Un bâton</u> : objet-référent, il est utilisé par l'acteur pour frapper un adversaire (exemple : Scapin donnant des coups de bâton à Géronte, dans <u>Les Fourberies de Scapin</u>, III, 2) ; objet-signe, il devient sceptre dans les mains d'un roi, ou épée dans celles d'un soldat fanfaron. - 2. <u>Une écharpe rouge</u> : dans <u>La Machine infernale</u> de Cocteau, Jocaste se sert de son écharpe pour se suicider, après la révélation de la culpabilité d'Oedipe. Mais auparavant, l'écharpe a joué le rôle d'un objet-signe, symbolisant par sa couleur le destin funeste des personnages. Objet-matériau, l'écharpe qu'on noue et dénoue peut également servir à souligner les jeux de mains des acteurs. - 3. <u>Un fauteuil Louis XIV</u> : cet exemple permet d'approfondir la réflexion sur la valeur des objets-référents au théâtre. Même lorsqu'il représente concrètement un élément du réel, l'objet théâtral renvoie toujours à une partie seulement du réel ; il correspond donc à la figure de la métonymie, comme le montre Anne Ubersfeld : "La métonymie est la figure qui montre sur scène, ce que pour des raisons diverses on ne peut montrer, le concret présent figurant un réel absent beaucoup plus vaste : l'objet scénique désigne alors la place du non-figurable" ("La Couronne du Roi Lear, ou Pour une poétique de l'objet théâtral", <u>Pratiques</u>, n° 24, août 1979). C'est pourquoi tout objet, même employé comme métonymie du réel, devient porteur d'une signification métaphorique : "C'est ce <u>recreusement métaphorique</u> que l'on voit à l'oeuvre par exemple dans le fauteuil-trône figurant dans la <u>Phèdre</u> montée par Vitez : ce fauteuil Louis XIV est métonymie sans ambiguïté à la fois du pouvoir royal et du siècle de Louis XIV ; mais la position du trône, la gestuelle des comédiens qui l'investissent ou l'abandonnent, "remétaphorisent" les métonymies, autrement dit rechargent l'objet de sens : ce trône vide ou étrangement occupé devient la métaphore de cette vacuité du trône abandonné par le départ de Thésée, l'objet devient le lieu d'une condensation sémantique". (article cité, ibid.). - 4. <u>Une clé</u> : de même, A. Ubersfeld montre, dans le théâtre de Hugo, l'importance de la clé comme élément de l'intrigue et comme symbole de la toute-puissance ; ainsi dans <u>Ruy Blas</u>, Salluste est l'homme des clés, déléguant ce pouvoir de la clé, dès la première scène, à son valet Ruy Blas (A. Ubersfeld, <u>Le Roi et le Bouffon, Etude sur le théâtre de Hugo de 1830 à 1839</u>, J. Corti, 1974, pp. 430-431).

10 On pourra comparer les deux articles suivants, que nous citons comme documents :

- <u>Le Monde</u>, rubrique "Société", mercredi 8 avril 1981.

<u>QUERELLE D'ENFANTS A COUPS DE FUSIL</u>

Pays de pêche et de chasse. Ce lundi 6 avril, le soleil brille sur le village de Caderousse, non loin d'Orange (Vaucluse). Georges, quatorze ans, Lionel, onze ans, et d'autres camarades s'en vont pêcher dans le Rhône. Ils connaissent bien le pays qu'ils parcourent en tous sens pour leurs jeux d'enfants. Sur le chemin du retour, une querelle éclate, violente, idiote. Dans la maison de Georges, la dispute s'envenime; ils se jettent au visage tout le vocabulaire des insultes qu'on peut connaître à cet âge. Pour apaiser leur colère, ils en seraient venus aux mains sans le fusil du père que Georges va décrocher. Il tire alors sur son ami du matin et tue Lionel devant ses camarades. Puis Georges s'affole, il enferme tous les enfants dans l'appartement et s'enfuit. Les autres crient au secours, les voisins interviennent et découvrent le corps ensanglanté et sans vie de Lionel. Georges, emmené par les gendarmes, est présenté au juge pour enfants du tribunal d'Avignon. "Lionel avait insulté la mère de Georges", expliquent les garçons témoins du drame, mais cette explication reste évidemment insuffisante.

- France-Soir, rubrique "Faits divers", mardi 7 avril 1981.

PRES D'ORANGE (VAUCLUSE) - IL ABAT UN COPAIN DE SON AGE (11 ANS) POUR "VENGER" SA MERE

"Si tu en es capable, tire". Georges, 11 ans, appuie sur la détente du fusil, son copain Lionel, 11 ans lui aussi, est foudroyé par la décharge de plombs. Le drame s'est déroulé lundi vers 16 heures, à Caderousse, un village du Vaucluse, à quelques kilomètres au sud d'Orange.
Que s'est-il passé ? Une dispute ? Un jeu qui tourne au tragique ? Selon les enquêteurs, Lionel aurait insulté la mère de Georges, avec lequel il jouait au domicile de ce dernier. Celuici s'est emparé d'une carabine qui se trouvait dans la maison et a tiré, blessant mortellement son camarade.
Le jeune meurtrier a été arrêté, une demi-heure après le drame, par les gendarmes, au quartier des Cabanes, où il s'était fait conduire par un automobiliste de passage. Lundi soir, il a été présenté au procureur de la République d'Orange, qui dirige l'enquête.

Ce sont deux autres jeunes garçons, témoins du drame, qui ont donné l'alerte. C'est eux aussi qui, semble-t-il, ont confié aux gendarmes que Georges avait voulu "venger sa mère".
Dans le pays, tout le monde est consterné. Ces deux gosses sont tous deux fils de familles très estimées à Caderousse.

Le Monde offre un récit ordonné, qui signale l'enchaînement chronologique des faits, et invite à une réflexion d'ordre sociologique, par la dernière phrase. Au contraire, France-Soir offre un récit fortement dramatisé, dont l'organisation vise à produire des réactions affectives chez le lecteur : l'enchaînement logique et chronologique est rompu, pour mettre en première place l'épisode du meurtre, présenté comme une scène de théâtre avec la reconstitution d'un dialogue.

11 Modifier la perception que l'on a d'un objet, en faisant varier le champ de vision, est un procédé lié à l'utilisation des plans au cinéma. Mais c'est aussi un procédé dont les surréalistes et les poètes ont su tirer des effets inhabituels. Pour métamorphoser un objet banal en objet étrange, les surréalistes l'ont isolé de son contexte habituel ; c'est ce qui se produit, par exemple, dans la fameuse association du parapluie et de la machine à coudre sur une table à disséquer. De même, un des procédés du poète Francis Ponge, pour rajeunir notre regard, est de changer l'échelle de représentation des objets usuels. Par exemple, dans cet extrait :
"Chaque morceau de viande est une sorte d'usine, moulins et pressoirs à sang. Tubulures, hauts fourneaux, cuves y voisinent avec les marteaux-pilons, les coussins de graisse". ("Le Morceau de viande", Le Parti pris des choses).

12 Pour illustrer l'importance du montage, et l'effet de contamination que provoque la succession des images, on pourra faire référence à l'expérience que les cinéastes connaissent comme l'"expérience de Koulechov et Poudovkine" (du nom de deux réalisateurs soviétiques). En voici la description, faite par Y.R. Baticle (op.cit., p. 164) : "Prenant un gros plan de l'acteur Ivan Mosjoukine, ils l'ont fait précéder d'abord d'une table pleine de victuailles appétissantes puis d'une jeune femme morte, puis d'un enfant. Les spectateurs ont cru voir chaque fois une expression nouvelle dans le regard de Mosjoukine (qui provenait de la même image) : gourmandise, tristesse, joie. Le regard ne prenait sa signification que par l'image qui le précédait".

BIBLIOGRAPHIE

- Sur l'expression dramatique :

• A. Ubersfeld, Lire le théâtre, Ed. Sociales, 1977.

Voir la bibliographie proposée au chap. 20.

- Sur l'article de journal :

- R. Barthes, "Structure du fait divers", in Essais critiques, Seuil, 1964 (rééd. Coll. "Points", 1981).

- J. Peytard, "Lecture(s) d'une aire scripturale : la page de journal", in Langue française, n° 28, décembre 1975.

  Le Français aujourd'hui, n° 46 et 47, avril et septembre 1979 : "Fenêtre sur la presse".

- Sur l'image et le film :

- Y.R. Baticle, Clés et codes du cinéma, Magnard, 1973.

- J. Collet, M. Marie, D. Percheron, J.P. Simon, M. Vernet, Lectures du film, Ed. Albatros, 1976.

- R. Barthes, La Chambre claire, Gallimard/Seuil, 1980..

- M. Marie et J. Aumont, Esthétique du film, Nathan, 1983, Coll. "Nathan-Université"
  Analyse des films, Nathan, 1988, Coll. "Nathan-Université".

TABLE DES MATIERES

N° d'Éditeur : 10016245 - (II) - 4 - (OSB) - 80 — Dépôt légal : avril 1993
Imprimé en France par Pollina, 85400 Luçon - n° 16190